# COGNIÇÃO, AFETIVIDADE, E MORALIDADE

Estudos segundo o referencial teórico de **Jean Piaget**

Claudia Broetto Rossetti
e Antonio Carlos Ortega
(Organizadores)

# COGNIÇÃO, AFETIVIDADE, E MORALIDADE

Estudos segundo o referencial teórico de **Jean Piaget**

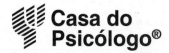

© 2012 Casapsi Livraria e Editora Ltda.
É proibida a reprodução total ou parcial desta publicação, para qualquer finalidade, sem autorização por escrito dos editores.

**1ª Edição**
*2012*

**Diretor Geral**
*Ingo Bernd Güntert*

**Editora-chefe**
*Juliana de Villemor A. Güntert*

**Gerente Editorial**
*Marcio Coelho*

**Coordenadores Editoriais**
*Fabio Alves Melo e Luciana Vaz Cameira*

**Assistente Editorial**
*Maria Fernanda Moraes*

**Editoração Eletrônica**
*Sergio Gzeschenik*

**Capa**
*ERJ Composição Editorial*

**Coordenador de Revisão**
*Lucas Torrisi Gomediano*

**Preparação de Original**
*Ana Paula Girardi*

---

Dados Internacionais de Catalogação na Publicação (CIP)
Angélica Ilacqua CRB-8/7057

---

Cognição, afetividade, e moralidade: estudos segundo o referencial teórico de Jean Piaget / Claudia Broetto Rossetti, Antonio Carlos Ortega (organizadores). - São Paulo : Casa do Psicólogo, 2012.

Diversos autores
ISBN 978-85-8040-098-4

1. Piaget, Jean 2. Cognição 3. Afeição 4. Moralidade 5. Desenvolvimento I. Título II. Rossetti, Claudia Broetto III. Ortega, Antonio Carlos

12-0079

---

**Índices para catálogo sistemático:**
1. Aprendizado - cognição
2. Psicologia infantil – desenvolvimento da criança
3. Psicologia educacional

**Impresso no Brasil**
*Printed in Brazil*

*As opiniões expressas neste livro, bem como seu conteúdo, são de responsabilidade de seus autores, não necessariamente correspondendo ao ponto de vista da editora.*

Reservados todos os direitos de publicação em língua portuguesa à

Casapsi Livraria e Editora Ltda.
Rua Simão Álvares, 1020
Pinheiros • CEP 05417-020
São Paulo/SP - Brasil
Tel. Fax: (11) 3034-3600
www.casadopsicologo.com.br

# Sumário

Agradecimentos ................................................................................... 7

Apresentação ........................................................................................ 9
    *Antonio Carlos Ortega, Claudia Broetto Rossetti, Lino de Macedo*

Jogos e brincadeiras em uma perspectiva piagetiana:
análise das pesquisas realizadas no programa de pós-graduação
em Psicologia da Universidade Federal do Espírito Santo .................. 13
    *Antonio Carlos Ortega, Claudia Broetto Rossetti, Sávio Silveira de Queiroz, Daiana Stursa*

Concepções de professores sobre brincar, jogar,
aprendizagem e desenvolvimento ....................................................... 37
    *Marilda Pierro de Oliveira Ribeiro, Carolina Akerman, Diego Caldas Oliveira,
Priscila Lima Cerqueira Ferreira*

Processo de tomada de consciência: teoria e pesquisas ...................... 53
    *Meire Andersan Fiorot, Antonio Carlos Ortega*

Observáveis, coordenações, leitura e jogo: tecendo laços .................. 69
    *Lino de Macedo*

Tipificação de erros de universitários no jogo da senha
em uma abordagem microgenética ...................................................... 93
    *Sávio Silveira de Queiroz, Antonio Carlos Ortega, Daiana Stursa*

Dos níveis de compreensão aos níveis de análise heurística: novas contribuições conceituais e suas influências metodológicas sobre a psicologia genética que utiliza jogos de regras ..................................................................................... 119
    *Cláudia Patrocinio Pedroza Canal, Sávio Silveira de Queiroz*

Afetividade segundo Jean Piaget: contribuições para a psicologia do desenvolvimento ........................................................... 137
    *Maria Thereza Costa Coelho de Souza*

Oficinas com idosos na perspectiva da psicologia do desenvolvimento ............................................................................... 155
    *Claudimara Chisté Santos, Antonio Carlos Ortega*

A trapaça no contexto do juízo e da ação moral ........................... 179
    *Alice Melo Pessotti, Antonio Carlos Ortega, Heloisa Moulin de Alencar*

Juízos de surdos sobre humilhação no trabalho *versus* sobrevivência da família .............................................................. 195
    *Alline Nunes Andrade, Heloisa Moulin de Alencar*

A generosidade em contraposição à obediência à autoridade: juízos morais de crianças e adolescentes ..................................... 215
    *Liana Gama do Vale, Heloisa Moulin de Alencar*

Sobre os autores ............................................................................. 237

# Agradecimentos

À Profa. Dra. Maria Cristina Smith Menandro, pela assessoria na utilização do *software Alceste*, o qual seria utilizado nesta pesquisa, mas que, por razões técnicas, foi substituído pelo *software Sphinx*.

A Maria Lúcia Fajoli, pela disponibilização dos dados estatísticos sobre o PPGP-UFES.

# Apresentação

Jean Piaget (1896-1980) foi um dos grandes autores do desenvolvimento humano no século XX. Sua obra tem duas características especiais: do ponto de vista teórico, ele se opôs às prevalentes visões do inatismo e do empirismo, propondo o que chamou de estruturalismo genético, e que mais tarde veio a se constituir em uma das principais forças do construtivismo. Do ponto de vista experimental, relatou, em mais de cinquenta obras, pesquisas sobre os modos cada vez mais elaborados de crianças e jovens enfrentarem e resolverem problemas relacionados ao conhecimento científico (sobretudo na área da Matemática ou Física), aos seus modos de compreender estes problemas, ou seja, de construírem recursos cognitivos, necessários para isso (tomada de consciência, processos de abstração, entre tantos outros) bem como lidarem com problemas relacionados ao conhecimento social (construção de regras, argumentação, cooperação, respeito mútuo, entre outros). Graças a isso, ainda que biólogo e epistemólogo de formação, contribuiu teórica e experimentalmente, dentre outras coisas, para refletir sobre dois de nossos maiores problemas, não importa em que enfoque sejam considerados – o da vida e o do conhecimento, em sua dimensão geral (epistêmica) ou particular (psicológica). No século XXI, sua obra, vasta e consistente, continua a inspirar, em várias partes do mundo, teóricos, pesquisadores e educadores.

O presente livro é um exemplo disso. Nele, estão reunidos trabalhos teóricos e empíricos ou de revisão da literatura de autores brasileiros de diversas instituições, nos quais a teoria de Piaget foi a fonte principal de fundamentação. Os capítulos foram organizados com o objetivo de apresentar de forma sistemática os trabalhos que enfatizam as três dimensões – cognição, afetividade e moralidade – que são focalizadas no livro.

O primeiro capítulo, "Jogos e brincadeiras em uma perspectiva piagetiana", tem como autores Antonio Carlos Ortega, Claudia Broetto Rossetti, Sávio Silveira de

Queiroz e Daiana Stursa. Nele, eles fazem uma revisão sistemática das pesquisas realizadas sobre este tema no Programa de Pós-Graduação em Psicologia da Universidade Federal do Espírito Santo.

Marilda Pierro de Oliveira Ribeiro, Carolina Akerman, Diego Caldas Oliveira e Priscila Cerqueira Ferrreira escreveram "Concepções de professores sobre brincar, jogar, aprendizagem e desenvolvimento" que faz parte de um projeto de pesquisa mais amplo, em andamento, que visa a obter subsídios empíricos para implementar intervenções psicoeducacionais. Neles, elas descrevem três estudos relacionados entre si, visando a conhecer concepções de professores, de Educação Infantil e do Ensino fundamental I e II, a respeito do processo de ensino e aprendizagem, bem como da função dos jogos na escola.

Em "Processo de tomada de consciência", Meire Andersan Fiorot e Antonio Carlos Ortega analisam (a) o modelo de Piaget sobre a tomada de consciência e como vincula este processo às relações com o fazer, o compreender e o refletir (via abstração reflexionante), e relatam (b) pesquisas realizadas nos últimos dez anos no Brasil, com base nesses temas.

O quarto capítulo é uma contribuição de Lino de Macedo, intitulada "Observáveis, coordenações, leitura e jogo". Nele, apresenta significações dos dois primeiros termos, como propostas por Piaget, e ilustra sua aplicação e importância em duas situações: a do jogo e a da leitura. Com isso busca mostrar paralelos entre leitura e jogo, e, assim, a importância que a atividade lúdica pode ter no que se considera uma das principais funções da escola fundamental – desenvolver a competência leitora.

O capítulo seguinte, "Tipificação de erros de universitários no jogo da senha em uma abordagem microgenética" de Sávio Silveira de Queiroz, Antonio Carlos Ortega e Daiana Stursa, explorou duas modalidades de jogo da Senha, na tentativa de ampliar conhecimentos sobre esse importante instrumento de diagnóstico, avaliação e análise das capacidades dedutivas dos indivíduos, permitindo ainda ampliar possibilidades de intervenção na clínica ou na escola. Desta maneira, foi investigado o raciocínio procedimental de universitários presente na complexidade dos sistemas Senha de nove e de dezesseis sinais, elaborando uma hipótese de pesquisa, segundo a qual existem oito tipos de erros, diferentes dos atualmente classificados para os jogos de senha com três e com quatro sinais, que determinam nova tipificação específica para o jogo com nove e com dezesseis sinais.

Em "Dos níveis de compreensão aos níveis de análise heurística", Cláudia Patrocínio Pedroza Canal e Sávio Silveira de Queiroz partem dos ensinamentos de Piaget e da Psicologia Genética de base construtivista para promover uma reflexão que sirva de base metodológica para construir análises bem diversificadas nos âmbitos escolares, clínicos e acadêmicos, principalmente para profissionais que utilizam jogos de regras como instrumento de avaliação e de intervenção.

Maria Thereza Costa Coelho de Souza é autora de "Afetividade segundo Jean Piaget", cujo objetivo é apresentar as ideias e teorizações de Jean Piaget sobre afetividade quanto às suas contribuições para o campo da Psicologia do Desenvolvimento.

No capítulo "Oficinas com idosos na perspectiva da psicologia do desenvolvimento", Claudimara Chisté Santos e Antonio Carlos Ortega relatam experiências de oficinas de jogos com idosos e informam que não tem a pretensão de formular um "manual" de regras ou sugestões. Trata-se apenas da descrição de uma experiência, que não pode ser generalizada, mas que permitirá a quem se dedica a essa população ter ideias para futuros trabalhos, de acordo com os objetivos e o perfil dos participantes.

Alice Melo Pessotti, Antonio Carlos Ortega e Heloisa Moulin de Alencar contribuíram escrevendo "A trapaça no contexto do juízo e da ação moral" no qual abordam o tema da trapaça, considerado, ao mesmo tempo, comportamento de indisciplina, desrespeito e problema de conduta. Desta maneira, destacando os estudos que dizem respeito à trapaça, o juízo e a ação moral.

Em "Juízos de surdos sobre humilhação no trabalho *versus* sobrevivência da família", Alline Nunes Andrade e Heloisa Moulin de Alencar procuraram refletir sobre o valor da honra nos juízos de valor moral e de representação da realidade de pessoas surdas acerca da decisão de um dilema moral que contrapõe humilhação constante no trabalho e sobrevivência da família.

Por fim, "A generosidade em contraposição à obediência à autoridade", Liana Gama do Vale e Heloisa Moulin de Alencar investigam em um contexto psicogenético, o lugar da generosidade no universo moral de crianças e adolescentes em contraposição à obediência a uma autoridade.

Esta breve descrição dos temas tratados nos diferentes capítulos talvez seja suficiente para mostrar quanto o leitor poderá beneficiar-se com a leitura desta coletânea. Basta, quem sabe, observar o seguinte: a convergência teórica e metodológica, considerada simultaneamente com a diversidade temática – revisões sistemáticas, ensaios analíticos, descrição de pesquisas, crianças, jovens, adultos e velhos, conteúdos diferentes (brincadeira, jogo, leitura, explicações teóricas, afetividade, moral, ética, educação básica, curso superior, deficiência etc.). Além disso, cada capítulo pode ser lido de modo independente, formando um único todo; ao mesmo tempo, os capítulos relacionam-se entre si de modo interdependente, e expressam – esta foi nossa intenção – o melhor que seus autores puderam oferecer para você, leitor.

*Antonio Carlos Ortega*
*Claudia Broetto Rossetti*
*Lino de Macedo*

# Jogos e brincadeiras em uma perspectiva piagetiana: análise das pesquisas realizadas no programa de pós-graduação em Psicologia da Universidade Federal do Espírito Santo

Antonio Carlos Ortega
Claudia Broetto Rossetti
Sávio Silveira de Queiroz
Daiana Stursa

## Breve histórico

Com a finalidade de situar o leitor no contexto em que ocorreu a presente pesquisa, iniciaremos mostrando, cronologicamente, a evolução acadêmica do Programa de Pós-Graduação em Psicologia da Universidade Federal do Espírito Santo (PPGP--UFES). Suas atividades iniciaram-se, de fato, em agosto de 1992, tendo obtido recomendação da Coordenação de Aperfeiçoamento de Pessoal de Nível Superior (CAPES) em julho de 1994. Desde então, nas seis avaliações realizadas pela referida agência de fomento, obteve conceito B em 1996, conceito 4 em 1998 e conceito 5 em 2001, 2004, 2007 e 2010.

O Curso de Mestrado do PPGP-UFES foi recredenciado pela Portaria 132/MEC, de 02/02/1999, e o curso de Doutorado foi credenciado pela Portaria 1762/MEC de 16/12/1999. Atualmente, o corpo docente permanente é constituído por vinte professores doutores, todos em regime de dedicação exclusiva, vinculados principalmente ao Departamento de Psicologia Social e do Desenvolvimento da Universidade Federal do Espírito Santo.

Ao longo de dezoito anos de existência, o PPGP-UFES tem recebido alunos com diferentes formações em nível de graduação, integrando-os nas temáticas específicas abordadas nos níveis de Mestrado e de Doutorado. O programa conta atualmente com 57 alunos de mestrado e 47 alunos de doutorado. Até dezembro de 2010, haviam sido defendidas cerca de 180 dissertações de Mestrado e 30 teses de Doutorado.

Desde os primeiros anos de funcionamento do PPGP-UFES houve a produção de trabalhos de mestrado e doutorado cujo tema são jogos e brincadeiras sob a perspectiva teórica e metodológica apoiada em Piaget, o que tentaremos demonstrar ao longo deste trabalho, assim como o aumento na quantidade de trabalhos desenvolvidos no contexto do referido Programa sob a temática abordada.

Não coincidentemente, o primeiro autor do presente trabalho, que é professor do PPGP-UFES desde sua fundação, orientou as dissertações de mestrado do segundo e do terceiro autor, que, anos depois (2000 e 2002, respectivamente) também passaram a fazer parte do corpo docente do Programa. Além disso, o primeiro autor orienta a tese de doutorado da quarta autora, fatos que indicam a direção em que vamos.

Assim, o objetivo do presente trabalho é apresentar e analisar de maneira sistemática as pesquisas desenvolvidas no âmbito do PPGP-UFES sobre jogos e brincadeiras em uma perspectiva Piagetiana, no período compreendido entre os anos 1994 e 2010.

Como primeira justificativa para seguir este objetivo, levamos em conta a ideia de que os pesquisadores do PPGP-UFES integram, com pesquisadores de outros Programas de Pós-Graduação, o Grupo de Trabalho "Os jogos e sua importância em Psicologia e Educação" da Associação Nacional de Pesquisa e Pós-Graduação em Psicologia (ANPEPP), desde o ano de 2002.

Uma segunda justificativa é que o presente trabalho poderá ser útil para os muitos pesquisadores deste tema, não apenas como elemento de revisão de literatura, mas também por indicar uma trajetória de pesquisa que pode ser comum ou semelhante à trajetória de muitos outros grupos.

## Materiais e método

Inicialmente, realizou-se um levantamento geral dos trabalhos sobre o tema dos jogos e brincadeiras em uma perspectiva Piagetiana realizados no PPGP-UFES. Nesse levantamento foram incluídas teses de doutorado, dissertações de mestrado, artigos publicados em periódicos indexados e capítulos de livros. Optamos por não incluir os resumos publicados em anais de congresso, até pelas limitações óbvias de um capítulo de livro.

Metodologicamente, nosso trabalho é constituído por duas fases de análise: a primeira permitiu uma organização dos dados em termos quantitativos e descritivos, enquanto a segunda possibilitou uma análise lexical do conteúdo previamente organizado.

Procedeu-se inicialmente um trabalho de catalogação e contagem do material levantado. A produção foi dividida em quatro períodos de tempo diferentes e foi realizada também uma análise da evolução histórica dos tipos de materiais produzidos em cada diferente período. Extraíram-se os títulos, resumos e palavras-chave de cada trabalho e organizou-se um arquivo em Microsoft Word contendo 9.731 palavras que serviu de base para uma tentativa de análise lexical da produção do PPGP-UFES na área, realizada por meio do *software Sphinx Léxica*.

O *software Sphinx* é um conjunto de ferramentas para apoiar o processo de pesquisa e análise de dados gerenciais e acadêmicos que permitem a realização de análises quantitativas e qualitativas e possibilitam a publicação de questionários (coleta) e relatórios (análise) na *web* (Sphinx, 2009). Especificamente, o *Sphinx Léxica* é uma ferramenta avançada para análise de dados qualitativos, permitindo que se investiguem em profundidade entrevistas, discursos, livros, mensagens etc. Os dados podem ser coletados por meio de pesquisas realizadas com o *software* ou, então, importando bases de dados já existentes.

## Análise da evolução da produção sobre jogos e brincadeiras no PPGP/UFES

Todo o material revisado é apresentado de uma maneira esquemática na Figura 1, que mostra a evolução dos diferentes tipos de produção relacionada ao tema dos jogos e brincadeiras em uma abordagem Piagetiana no PPGP-UFES.

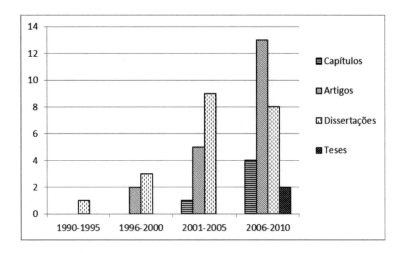

*Figura 1* – Evolução da produção sobre jogos e brincadeiras no PPGP/UFES.

É possível observar que no *primeiro período* analisado, que vai de 1990 a 1995, foi defendida apenas uma dissertação de Mestrado. Isso pode ser explicado pelo fato de serem os anos iniciais de funcionamento do Programa de Pós-Graduação e também por haver apenas um docente orientando na área pesquisada.

Nesta dissertação, Queiroz (1995) investigou o raciocínio lógico em um contexto microgenético, destacando a importância dos erros procedimentais ou funcionais na construção de estratégias de resolução de um jogo de regras. Participaram da pesquisa seis alunos do primeiro período do curso de Psicologia da Universidade Federal Espírito Santo, com idade entre 18 e 25 anos. Foram jogadas nove partidas de jogo da Senha nas versões de nove e dezesseis sinais, sendo duas partidas de adaptação, cinco de avaliação da compreensão dos sujeitos e duas de intervenção baseada no método clínico de Piaget. Os resultados obtidos mostraram que existem oito tipos de erros, diferentes dos atualmente classificados para o jogo da Senha de três e quatro sinais, o que determina uma nova tipificação específica para o jogo de nove e dezesseis sinais, compatível com os níveis de compreensão propostos pela teoria piagetiana.

No que diz respeito ao *segundo período* (1996-2000), observa-se a produção de três dissertações de mestrado (Rossetti, 1996; Alves, 1997; Santos, 1997) e duas publicações de artigos (Santos, 1998; Rossetti, 1998).

Rossetti (1996) estudou, em sua dissertação de mestrado, processos de formação do pensamento dialético por meio da prática do jogo de regras Arca de Noé, composto por dois conjuntos idênticos contendo cada um vinte cartas com figuras de animais. Participaram da primeira etapa da pesquisa 28 escolares das 4ª, 6ª e 8ª séries do

Ensino Fundamental de uma escola pública de Vitória Espírito Santo. Dados obtidos nesta etapa permitiram classificar os sujeitos de acordo com os níveis evolutivos originalmente propostos por Piaget e colaboradores. Participaram da segunda etapa da pesquisa, sete escolares nível I, nove escolares nível II e sete escolares nível III. Objetivando verificar a eficácia da técnica de inversão de papéis, foram realizadas com cada um desses sujeitos, cinco partidas do jogo em questão, sendo que nas primeira, terceira e quinta partidas o desafio era o sujeito descobrir a carta escondida pela experimentadora e nas segunda e quarta partidas, ao contrário, a experimentadora é quem tinha o desafio de descobrir a carta que o sujeito havia escondido. Neste protagonismo, a experimentadora representava o papel de um jogador nível I, nível II, ou nível III. De uma maneira geral, os sujeitos jogaram melhor após realização das partidas com inversão de papéis, notadamente os sujeitos nível I e II que jogaram partidas com a experimentadora representando um jogador nível III. Um artigo derivado da referida dissertação (Rossetti, 1998) foi publicado em periódico de circulação nacional.

Alves (1997) investigou a evolução do pensamento dialético por meio de uma situação de jogo proposta por Piaget e colaboradores, que se diferencia das demais aqui assinaladas, por conter a particularidade de não apresentar, *a priori*, as regras que definem o sistema. Assim, foi solicitado ao sujeito, possuidor de fichas vermelhas e amarelas, que as dispusesse em linha reta e na ordem que queriam. Ao parceiro adulto, que possuía fichas verdes e azuis, cabia construir, paralelamente, sua própria série, colocando sua ficha sempre após cada jogada do sujeito. O conjunto das fichas já alinhadas permanecia sempre à vista do sujeito e lhe era solicitado que descobrisse a ordem ou a regra de sucessão que o parceiro adulto estava seguindo. Participaram sessenta escolares, com idades entre seis e catorze anos, de uma escola particular da cidade de Vitória Espírito Santo. A pesquisa foi realizada em duas etapas, nas quais foram utilizadas três situações experimentais adaptadas da proposta de Piaget e colaboradores. Na primeira etapa, as situações eram apresentadas na seguinte ordem: correspondência horizontal, correspondência vertical e não correspondência à metade dos participantes. Na segunda etapa, estas eram apresentadas em ordem inversa à outra metade dos participantes. Verificou-se que à medida que a idade dos participantes aumentava, diminuía o número médio de jogadas necessárias para a descoberta das regras do jogo. Além disso, o desempenho dos participantes na segunda etapa foi melhor do que na primeira etapa, indicando que iniciar uma partida de não correspondência parece favorecer o desempenho dos sujeitos nas demais situações. Assim, com base nos argumentos utilizados pelos sujeitos nas duas etapas, estes foram classificados em quatro níveis de compreensão das regras do jogo.

Santos (1997) pesquisou o raciocínio de crianças em um contexto psicogenético, por meio da prática do jogo de regras Dominó de Quatro Cores. O objetivo deste jogo é formar um quadrado com dezoito peças de cores e tamanhos diferentes, com a restrição de que peças da mesma cor não podem se tocarem, nem mesmo por um vértice. Participaram 36 crianças entre sete e onze anos, sendo dezoito portadores Síndrome Down e dezoito crianças com desenvolvimento normal. Foram realizadas no máximo quatro sessões individuais de aplicação. Em seguida, realizou-se uma análise do nível estrutural dos participantes, classificando-os em quatro níveis: I, II, Intermediário e III. Os resultados permitiram verificar que os portadores de Síndrome de Down encontravam-se no nível I de compreensão do referido jogo, enquanto o desempenho dos demais participantes oscilou entre níveis II, Intermediário e III. Além disso, observou-se que, no nível dos procedimentos, os portadores de Síndrome de Down agem de forma fixa, revelando uma dificuldade que vai além da escolha dos procedimentos adequados. As demais crianças adotaram procedimentos diversos, porém as dificuldades apresentadas na escolha de estratégias adequadas foram bastante semelhantes nos dois grupos. Ao concluir, a autora enfatiza que a preocupação de seu estudo foi a de realizar uma pesquisa básica que oferecesse subsídios para uma possível intervenção psicopedagógica junto às crianças, e, em especial, aos portadores de síndrome de Down, propiciando condições que possam promover seu raciocínio, não só por meio da construção de estruturas, mas também de procedimentos adequados à solução de uma tarefa. No ano seguinte, foi publicado um artigo (Santos, 1998) em periódico de circulação nacional contendo os dados apresentados acima de uma maneira mais sintética.

A análise do *terceiro período* (2001 a 2005) continua mostrando uma tendência evidente de crescimento em relação ao volume de material produzido sobre o tema no PPGP-UFES. De fato, são nove dissertações (Fiorot, 2001; Silva, 2001; Barcelos, 2002; Louzada, 2003; Pylro, 2004; Resende, 2004; Corrêa, 2005; Miranda, 2005; Silva, 2005), cinco artigos (Fiorot & Ortega, 2001; Ortega, Fiorot & Silva, 2001; Silva & Ortega, 2002; Cavalcante, Ortega & Rodrigues, 2005; Pylro & Rossetti, 2005) e um capítulo de livro produzidos nesse período (Ortega & Fiorot, 2005).

Em relação às dissertações de mestrado, Fiorot (2001), realizou uma pesquisa com o objetivo de relacionar a concepção de professores a respeito dos fatores que interferem no processo de aprendizagem dos alunos e em seu próprio desempenho diante de uma situação-problema. Foram investigados vinte sujeitos, os quais atuam como professores de crianças e adolescentes, por meio de duas entrevistas, dois questionários e duas modalidades de jogo da Senha. Foram analisados os temas: visão construtivista do erro, construção do possível e do necessário, e relação entre fazer e compreender, sendo estes analisados segundo a noção de interdependência proposta por Piaget. Os resultados demonstraram que há uma relação entre a concepção que os professores têm a respeito da aprendizagem dos alunos e a sua própria, o que foi confirmado pela análise do desempenho dos sujeitos no Jogo da Senha. Um recorte da referida pesquisa foi publicado como artigo no mesmo ano (Fiorot & Ortega, 2001).

Silva (2001) investigou a influencia da interação social no nível de compreensão alcançado na resolução do problema contido em um jogo de regras por quarenta crianças de dez e doze anos, alunos de escolas públicas da grande Vitória, Espírito Santo. Foi utilizada uma versão do jogo Quatro Cores, cujo objetivo é pintar uma figura, subdividida em partes, sem repetição da mesma cor nas partes vizinhas. Primeiro, foram comparados o desempenho e o nível de compreensão dos participantes ao pintarem três figuras. Em seguida, os sujeitos foram divididos em quatro grupos e desafiados a pintar individualmente ou em grupos duas outras figuras. Por fim, todos os sujeitos foram reavaliados com os mesmos instrumentos utilizados na primeira etapa. O resultados mostraram que a maioria dos sujeitos de ambas as idades encontra-se no nível 1 de compreensão do jogo. Na segunda etapa, a coelaboração aquiescente foi o tipo de interação social mais utilizada pelos sujeitos que praticaram o jogo em duplas. Observou-se que, na terceira etapa, a maioria dos sujeitos de dez anos manteve-se no nível 1 e a maioria dos sujeitos de doze anos alcançaram nível 2 na compreensão do jogo. Comparando os resultados das duas avaliações, observou-se melhora no nível de compreensão dos sujeitos após a prática do jogo das Quatro Cores. No ano seguinte, essa pesquisa foi publicada como artigo em periódico científico nacional (Silva & Ortega, 2002).

Barcelos (2002) avaliou, a partir de abordagem microgenética e contexto específico do jogo de regras Senha de três e quatro sinais, a deficiência cognitiva em alcoolistas. A pesquisa contou com quatro participantes alcoolistas em tratamento e quatro participantes que não utilizavam qualquer tipo bebida alcoólica. Os participantes alcoolistas jogaram seis partidas de Senha com três sinais e seis partidas de Senha com quatro sinais, nas segunda e quarta semanas de abstinência total. Os participantes não alcoolistas foram submetidos a procedimento equivalente. Os resultados obtidos a partir do desempenho dos participantes no jogo da Senha não permitem afirmar que houve diminuição da deficiência cognitiva nos alcoolistas da segunda para quarta semana abstinência.

Outra dissertação defendida no PPGP-UFES foi a de Louzada (2003), que aborda a importância dos estudos comprobatórios da suscetibilidade da função intelectual aos efeitos das cirurgias cardíacas, enfocando o jogo como um possível instrumento para avaliação das alterações cognitivas decorrentes de tais cirurgias. Dessa maneira, investigou possíveis alterações do desempenho cognitivo dos sujeitos submetidos à cirurgia cardíaca. A pesquisa foi realizada no pré-operatório e no pós-operatório, e foram jogadas, em ambas as situações, quatro partidas da modalidade de três sinais e quatro partidas da modalidade de quatro sinais do Jogo da Senha. Os dados foram analisados, num primeiro plano, pela investigação do desempenho cognitivo dos sujeitos, por meio da avaliação do número médio de erros e número médio de jogadas necessárias para descobrir a senha indicada; e, num segundo plano, pela verificação de quais procedimentos foram adotados pelos participantes nas ações sobre o jogo, levando-se em conta a qualidade das respostas fornecidas, a habilidade com a construção do possível e do necessário e a relação entre o fazer e o compreender. Os resultados indicaram que, através do jogo da Senha, não se pode constatar alterações cognitivas nos sujeitos da amostra, o que sugere possíveis alterações de resultados em função das metodologias de avaliação de desempenho cognitivo adotadas. Dito de outra forma, pesquisas sobre o assunto ainda não teriam o poder conclusivo de generalização de resultados e dependeriam fortemente do controle de muitas variáveis intrínsecas a situação de vida dos pacientes antes e depois das cirurgias, o que seria praticamente impossível pela utilização de instrumentação única de avaliação psicológica.

No ano seguinte, Pylro (2004) estudou as atividades lúdicas preferidas e praticadas por adultos jovens por meio da aplicação de um questionário a 213 universitários entre 21 anos e 40 anos. Verificou-se que pouco tempo tem sido dedicado aos jogos e brincadeiras no dia a dia dos participantes. As atividades preferidas foram: namorar, estar com amigos, ir ao cinema, ouvir música e assistir TV. Entre atividades tipicamente masculinas destacaram-se futebol e jogos/brincadeiras agressivas. Atividades lúdicas consideradas tipicamente femininas estão relacionadas, principalmente aos jogos simbólicos. Entre os fatores que dificultam a prática de atividades lúdicas sobressaíram: trabalho, estudo e cansaço. Houve diferenças marcantes de gênero no que diz respeito às atividades lúdicas praticadas, bem como tempo dedicado tais atividades. Os dados da referida pesquisa foram publicados em revista científica de circulação nacional (Pylro & Rossetti, 2005).

Resende (2004) investigou numa abordagem microgenética, a influência de duas áreas profissionais no processo de tomada de consciência das estratégias e dos procedimentos utilizados por universitários na resolução de um problema contido no jogo Torre de Hanói. Participaram quinze estudantes do curso de Engenharia Civil e quinze do curso de Psicologia. Para analisar o processo de tomada de consciência, caracterizado pela relação entre o fazer e o compreender, foram elaborados seis níveis evolutivos IA, IB, IIA, IIB, IIC e III. Verificou-se que, em relação ao fazer, a maioria dos participantes resolveu o problema contido em todas as torres. No plano do compreender, verificou-se que a maioria dos alunos de Psicologia coordenou pelo menos duas estratégias, enquanto a maior parte dos da Engenharia Civil não conseguiu coordenar nenhuma. Quanto ao processo de tomada de consciência, os resultados mostraram que 33,34% dos alunos de Psicologia encontravam-se no nível IIA, ou seja, alcançaram êxito parcial ao nível do fazer e uma compreensão parcial problema, enquanto 46,66% dos alunos de Engenharia Civil encontravam-se no nível IIC, isto é, atingiram êxito pleno no nível do fazer e uma compreensão parcial do sistema contido no jogo.

Corrêa (2005), em sua dissertação de mestrado, avaliou as possibilidades oferecidas pelo jogo Missão Com-tato, criado especialmente para essa ocasião, com base na teoria de Piaget. Assim, foi reunido um grupo de dez profissionais médicos de uma instituição pública de saúde e foi realizada uma pesquisa em duas etapas: entrevistas preliminares e posteriores, voltadas à verificação da concepção de cooperação e aplicação do jogo Missão Com-tato. A comparação dos dois momentos de entrevista demonstrou a ausência de fidelidade (no sentido de manutenção de uma ideia inicial) dos sujeitos às ideias sobre cooperação. O jogo, aplicado duas vezes, consistiu de escolha de estratégias não cooperativas. A discussão sobre erros, ações e conflitos ocorridos no grupo durante processamento da rodada inicial podem ter favorecido a revisão das ações efetuadas, o que permitiu ao grupo alcançar uma estratégia cooperativa na segunda etapa. Pode-se perceber a importância do jogo no treinamento como possibilidade de produção de desequilíbrios cognitivos que promovam a revisão das condutas relativas à cooperação, mas não o suficiente para garantir a estruturação das noções de cooperação pelos indivíduos.

No mesmo ano, Miranda (2005) investigou a relação entre aspectos contidos no discurso de 22 jogadores frequentes de RPG (Jogo de Interpretação de Papéis) da região da Grande Vitória e a dinâmica própria do jogo, analisando tais fatores a partir de um viés psicológico. Assim, foi possível traçar um panorama das características da atividade, bem como lugar que ela ocupa na vida desses jogadores e suas possíveis consequências. Os dados foram coletados por meio de questionários e entrevistas e foram agrupados em categorias estabelecidas *a posteriori*. Os dados permitiram avaliar o lugar que a prática do RPG ocupa na rotina do grupo de participantes, assim como analisar diversos aspectos psicológicos intrínsecos à prática de tal modalidade de jogo.

Ainda no mesmo ano, Silva (2005) averiguou se o desenvolvimento de estratégias cognitivas implicadas na aprendizagem de uma língua estrangeira poderia ser facilitado por meio da prática de jogos de regras. Três alunos do curso de inglês como língua estrangeira que estavam na classe iniciante participaram da pesquisa. Professores dos participantes preencheram uma ficha de considerações sobre o desempenho anterior e posterior à participação dos alunos nas oficinas, que foram realizadas semanalmente, com duração de uma hora, perfazendo dez encontros, utilizando-se modalidades do jogo da Senha abc e palavra oculta, além do jogo Memória. Durante as oficinas, preencheu-se um protocolo de observação e as partidas jogadas foram registradas em formulários específicos. De uma maneira geral, os participantes tiveram desempenho razoável nas oficinas. As principais questões que surgiram durante os encontros foram referentes à falta de atenção, timidez e falta de confiança. Contudo, foi possível observar a construção de novas estratégias cognitivas em vários momentos dos encontros, o que parece ter refletido no desempenho de cada um dos participantes em sala aula, como foi enfatizado pelos respectivos professores.

Ortega, Fiorot e Silva (2002) publicaram um artigo no qual investigaram a relação entre ação, compreensão e a solução do problema formulado nas situações contidas no jogo Torre de Hanói. Participaram cinquenta escolares entre seis e catorze anos, provenientes de escolas particulares de ensino fundamental. Os resultados mostraram a distância evolutiva que separa a solução prática de uma tarefa de sua compreensão conceitual. Assim, enquanto a maioria dos sujeitos é capaz de obter êxito na maior parte das situações contidas no referido jogo, somente poucos sujeitos mais velhos conseguem explicar os meios utilizados para resolver o problema proposto.

Em outro artigo, Cavalcante, Ortega e Rodrigues (2005) analisaram as formas de interação social de crianças da quarta série do ensino fundamental em situações de competição e não competição, por meio do jogo Mattix. Os resultados indicaram a existência de sete categorias de interação na situação de competição. Entretanto, houve uma variação dessas categorias na situação de não competição, indicando que as formas de interação social de crianças estão relacionadas com as características da situação-problema, do funcionamento cognitivo e da dinâmica sociocognitiva apresentada.

Por fim, Ortega e Fiorot (2005) publicaram um capítulo de livro no qual partem da análise de duas obras de Piaget, publicadas em 1974, que apresentam considerações teóricas e dados empíricos sobre o processo de tomada de consciência, para pesquisar a relação entre o fazer e o compreender por meio das situações contidas em uma modalidade do jogo das Quatro Cores. As relações entre o fazer e o compreender foram analisadas a partir dos níveis evolutivos e possibilitaram demonstrar a defasagem evolutiva que separa a solução prática da tarefa e sua compreensão conceitual.

O *quarto e último período* analisado (2006 a 2010) consolida a tendência de aumento da produção sobre jogos e brincadeiras e traz como novidade as duas primeiras teses de doutorado defendidas no PPGP-UFES sobre a referida temática. Além dessas, pode-se contabilizar quatro capítulos de livro, oito dissertações de Mestrado e treze artigos em periódicos científicos especializados publicados no referido período.

Em relação às teses de doutorado, Fiorot (2006) investigou a relação entre os modos de aprender e de ensinar de professoras da quarta série do ensino fundamental no contexto de um jogo de regras, bem como investigou suas reflexões sobre a prática pedagógica. O procedimento de pesquisa foi organizado em três situações: (1) inicial, constituída por uma entrevista para caracterização dos perfis das participantes, assim como de suas concepções acerca do processo ensino-aprendizagem; (2) de aprendizagem, composta pelas fases de instrução, de experimentação e de problematização, todas utilizando o jogo Traverse; e (3) de ensino, formada pelas fases de instrução e de experimentação, também utilizando o mesmo jogo. Esta terceira situação contou com a colaboração de quatro alunos das referidas professoras. Os resultados obtidos permitiram caracterizar as concepções das professoras sobre alguns temas relacionados ao processo ensino-aprendizagem, assim como os conflitos vividos por elas no cotidiano escolar. Além disso, constatamos que, na situação de aprendizagem, houve uma evolução em seus níveis de compreensão do sistema lógico contido no jogo, com a existência de momentos intermediários que indicam uma tomada de consciência parcial da ação. A principal dificuldade apresentada nesse processo foi a compreensão da dialética Intersistêmica existente no jogo e a observação simultânea das próprias ações e das ações do adversário. No que se refere ao ensino do jogo, houve um predomínio de procedimentos baseados no modelo utilizado pela experimentadora, sendo identificadas algumas dificuldades apresentadas pelas professoras, tanto no momento de instruir quanto no de mediar. Após esta análise, foi possível estabelecer um paralelo entre as duas situações, a de aprendizagem e a de ensino. Desse modo, verificou-se que os principais obstáculos enfrentados pelas professoras para avançar em seus níveis de compreensão do jogo, na situação de aprendizagem, repetiram-se, de modo análogo, no momento de ensinar. Nos três anos seguintes foram publicados três recortes do referido trabalho, sendo dois em forma de artigo (Fiorot & Ortega, 2007; Fiorot, Ortega, Pessotti & Alves, 2008) e um como capítulo de livro (Fiorot & Ortega, 2009).

Por sua vez, Canal (2008) objetivou avaliar a expectativa de autoeficácia, de acordo com a Teoria Social Cognitiva, e o desempenho de estudantes das sexta e oitava séries do ensino fundamental no jogo Mattix, com base em aspectos da Psicologia Genética e da Teoria dos Jogos. Cada participante jogou três partidas, contra dois oponentes de sua própria turma e respondeu, individualmente, a quatro situações--problema. As partidas foram filmadas e analisadas pela pesquisadora e por duas juízas independentes. Entre os resultados, a autora encontrou associações, positivamente orientadas, entre expectativas de autoeficácia e resultado final nas rodadas; diferenças entre níveis de análise heurística, níveis de conduta e níveis de minimax apresentados entre as partidas, indicando melhora de desempenho no decorrer delas; diferenças determinadas pelo sexo dos participantes em relação aos níveis de análise heurística nas partidas e níveis de minimax tanto nas partidas quanto nas situações-problema, com melhor desempenho dos meninos; e diferenças devido à série dos participantes, nos níveis de análise heurística, níveis de conduta, níveis de minimax e procedimento de contagem de pontos nas partidas, com melhor desempenho dos alunos da 8ª série. Ao concluir, a pesquisadora verificou que o jogo Mattix mostrou-se ferramenta importante para avaliação e intervenção nas áreas de Psicologia e Educação, principalmente no que se refere ao conhecimento matemático. Posteriormente, Canal, Queiroz e Ronchi (2009) apresentaram, em um capítulo de livro, uma proposta metodológica para analisar o desempenho de jogadores no Mattix, com base na referida tese.

No que concerne às dissertações de mestrado, Missawa (2006) estudou a possibilidade de utilização de um jogo de regras como instrumento de avaliação do Transtorno de Déficit de Atenção/Hiperatividade (TDAH), por meio do estudo comparativo do desempenho de crianças da quarta série do ensino fundamental, com e sem dificuldades de atenção, no jogo Mancala. Foram aplicadas: Escala de TDAH, versão para professores, e Tabela de Diagnóstico de TDAH, versão para pais. Os participantes foram divididos em Grupo A (apresentavam traços de dificuldade de atenção, e não estavam tomando medicamento específico) e Grupo B (não apresentavam traços dessa dificuldade). Os resultados obtidos apontaram para o fato de que há um prejuízo quanto ao desempenho nas partidas dos sujeitos do Grupo B quando comparados aos sujeitos do Grupo A, contrariando a hipótese inicial. Esses resultados permitiram a ampliação das dificuldades acerca do TDAH e a relativização das limitações que as crianças com tais traços possuem. Os dados relativos ao referido trabalho foram publicados em formato de artigo em uma revista científica de circulação nacional (Missawa & Rossetti, 2008).

Em outra dissertação de mestrado, Cavalcante (2006) analisou aspectos do funcionamento cognitivo e as formas de interação social de crianças da quarta série do ensino fundamental em díades numa situação de competição e não competição, por meio do jogo Mattix. Os resultados obtidos, pela análise qualitativa e quantitativa, indicaram a existência de sete categorias de interação social na situação de competição: cooperação, confrontação, elaboração aquiescente, execução isolada, execução isolada com negação; execução isolada com comentário e exclusão. Na situação de não competição, as categorias de interação social apresentadas pelas duplas variaram um pouco das encontradas na situação de competição. Além disso, houve uma evolução dos níveis de compreensão do sistema lógico contido no jogo Mattix em todos os participantes. Com base nos resultados da pesquisa, verificamos que as formas de interação social estão intimamente dependentes das características da situação-problema proposta, do funcionamento cognitivo de cada criança participante dessa interação e da dinâmica sócio-cognitiva apresentada. Percebemos também, que o progresso cognitivo parece estar associado às condições cognitivas de cada sujeito e a possibilidade de sua inter-relação com os parceiros. Posteriormente, Cavalcante e Ortega (2008) publicaram um artigo em um periódico científico nacional um recorte da referida dissertação de mestrado.

Caiado (2007) realizou um estudo sobre a inserção de jogos de regras na escola como estratégia facilitadora do desenvolvimento de relações cooperativas. De acordo com a abordagem psicogenética, o jogo de regras, ao possibilitar trocas entre iguais baseadas na reciprocidade, acaba por favorecer a cooperação. Buscou-se, então, analisar no cotidiano de duas escolas (uma reconhecidamente construtivista e a outra com métodos de ensino ditos tradicionais) as configurações dadas ao jogo de regras e suas possíveis contribuições para a evolução das trocas cooperativas das crianças. Os dados foram sistematizados de forma descritiva, contando vez ou outra com categorizações e buscando compreender em seu conteúdo análises quantitativas e qualitativas. Os resultados demonstraram que a maior presença dos jogos de regras no contexto da escola construtivista foi acompanhada por um maior desempenho cooperativo de seus alunos. Dois anos depois, Caiado e Rossetti (2009) publicaram em um periódico de circulação nacional um artigo contendo os dados da referida dissertação de mestrado.

O trabalho de Saleme (2007), cuja amostra compunha-se por alunos do ensino médio, investigou, por meio da análise microgenética, a possibilidade de descrição da interação social num mundo virtual, o do jogo computadorizado The Sims. A escolha do jogo deu-se pelo fato desse jogo tornar viável a simulação de situações sociais reais, muitas vezes difíceis de serem reproduzidas experimentalmente. As interações entre os jogadores, os personagens e utensílios do ambiente de jogo foram classificadas por categorias criadas para esta pesquisa e, a partir das classificações, foram identificados os modos de operar dos participantes, bem como realizadas relações entre as interações dos sujeitos e o diagrama das relações interpessoais de Piaget. Como resultado, pôde-se verificar que todos os jogadores detiveram-se, na maior parte do tempo, em satisfazer as necessidades dos personagens por eles criados, de acordo com o que definiram como objetivo inicial; oito deles definiram os atributos físicos e de personalidade de seus personagens com base em suas próprias características. Os resultados obtidos permitem ainda constatar que, ao menos no ambiente do jogo The Sims, há viabilidade de descrição das interações por meio da teoria piagetiana de trocas sociais. Uma parte desta dissertação foi publicada no ano de 2006 como capítulo de livro (Saleme & Queiroz, 2006) e, posteriormente, a outra parte foi publicada como artigo (Saleme & Queiroz, 2009).

Santos (2007) pesquisou, em uma abordagem microgenética, aspectos do funcionamento cognitivo de idosas e adolescentes por meio do jogo Quoridor, com base no processo de tomada de consciência. Para analisar os mecanismos da tomada de consciência, elaboraram-se níveis evolutivos adaptados para o jogo Quoridor, com base na proposta de Piaget: I/A, I/B, II/A, II/B, II/C, III. Os resultados obtidos em relação à tomada de Consciência permitiram verificar que: (1) no grupo de adolescentes uma participante alcançou o nível II/A e três o nível II/B e (2) no grupo das idosas, duas participantes alcançaram o II/C, uma o II/B e outra o II/A. Assim, observou-se que duas idosas atingiram níveis mais elevados que as demais participantes. Quanto aos níveis de compreensão do jogo, duas adolescentes alcançaram o nível II/A e duas o nível II/B, enquanto uma idosa atingiu o nível III/A, duas o II/B e uma não evoluiu, ficando no nível I. Os resultados apontaram para uma variabilidade individual multideterminada por fatores genéticos e ambientais, tal como propõe Piaget. Os dados obtidos no estudo piloto da referida pesquisa foram publicados por Santos, Rossetti e Ortega (2006) e dados obtidos na dissertação foram publicados em dois periódicos especializados (Santos & Ortega 2008, 2009a) e em um capítulo de livro (Santos & Ortega, 2009b).

A pesquisa de Merizio (2008), desenvolvida com alemães, brasileiros e libaneses, teve por objetivo descrever, comparar e analisar as brincadeiras e a formação de amizades, a partir de recordações dos participantes, que vivenciaram a infância em seus países de origem e que residem no Brasil. A autora realizou entrevistas semiestruturadas e constatou que a brincadeira auxilia na manutenção dos relacionamentos de amizade, independente das tradições culturais. Além disso, investigar a díade brincadeira-amizade sob a luz de aspectos culturais específicos possibilita ao indivíduo a constituição de si mesmo enquanto sujeito imerso no ambiente sociocultural. Assim, a expressão humana por meio do lúdico demonstra que o brincar é eficaz nos relacionamentos interpessoais de amizade. Um artigo contendo os dados da referida pergunta foi publicado posteriormente (Merizio & Rossetti, 2008).

Stursa (2008) avaliou e comparou a noção de conservação de quantidades discretas em 24 crianças de cinco a cinco anos e onze meses, doze nascidas prematuras e com baixo peso (G1) e doze crianças nascidas a termo e com peso acima de 2500 gramas (G2). Os instrumentos usados foram a prova operatória piagetiana de correspondência termo a termo e o jogo de Dominó. O procedimento de coleta de dados foi realizado em quatro sessões devidamente filmadas, para aplicação da prova operatória piagetiana, de três partidas de Dominó e das três situações-problemas com esse jogo. Durante a coleta, foram feitas perguntas baseadas no Método Clínico piagetiano. Os dados foram tratados por meio de análise descritiva e estatística. Os resultados apontam desempenho semelhante tanto na prova operatória piagetiana quanto no jogo de Dominó entre os participantes e a defasagem da noção de conservação de quantidades discretas tanto para G1 como para G2, em relação ao esperado para a idade. Os dados da referida dissertação foi publicado por Stursa, Queiroz e Enumo (2010) em um periódico de circulação nacional.

Por fim, Pessotti (2010) investigou, em uma perspectiva psicogenética, a trapaça no que diz respeito à relação entre o juízo hipotético, a observação da ação e o juízo da própria ação de crianças de cinco e dez anos em uma situação de jogos de regras. Nessa pesquisa, foram utilizados como instrumentos uma história e um roteiro de entrevista envolvendo a trapaça no Jogo da Velha; o jogo Cara a Cara e um roteiro de entrevista pós-jogo Cara a Cara. A pesquisa foi realizada em três fases: (a) juízo hipotético sobre a trapaça, (b) observação da ação da trapaça e (c) juízo a respeito da ação da trapaça. Os resultados permitiram observar que, ao serem solicitadas a estabelecerem um juízo a respeito da atitude narrada, a totalidade dos participantes disse que o ato de trapacear estava errado, sendo que o maior número de justificativas mencionadas entre as crianças de cinco anos foi de *"argumentos circulares"*. Em contrapartida, a categoria citada mais vezes pelos participantes de dez anos foi *"desobedeceu à regra do jogo"*. No que concerne à observação, foi possível notar que, na ausência da experimentadora, a trapaça ocorreu mais entre as crianças de cinco anos do que entre as de dez anos. Contrariamente, na presença da experimentadora, não foi verificada diferença relevante na frequência de trapaça entre as duas idades. Além disso, constatamos uma variedade de comportamentos para trapacear. Em relação ao juízo a respeito da ação da trapaça, notamos que, quando perguntados indiretamente sobre a ação, as crianças de cinco anos fazem menção mais frequentemente a respeito da trapaça. Do mesmo modo, ao perguntarmos diretamente sobre a atitude mantida durante o experimento, mais crianças de cinco anos dizem ter trapaceado do que de dez anos. Por meio desses resultados, foi possível notar que as crianças sabem que trapacear não é correto, mas muitas trapaceiam e poucas admitem, principalmente entre os mais velhos.

Novamente mostrando o aproveitamento das produções internas do PPGP para a divulgação científica, complementamos nossa revisão lembrando que as dissertações de mestrado de Fiorot (2001) e Resende (2004) também foram objeto de elaboração de artigos (Fiorot & Ortega, 2006; Resende & Ortega, 2008).

## Análise lexical da produção sobre jogos e brincadeiras no PPGP-UFES

Espera-se que uma análise lexical utilize um procedimento estatístico que auxilie o tratamento de textos volumosos, objeto de análise de conteúdo, tornando o trabalho menos dispendioso (Freitas & Moscarola,1996). Desse modo, tornam-se possíveis as categorizações, medidas e associações léxicas; a verificação de segmentos repetidos; exames de classificações e de redes temáticas ou semânticas.

Apesar de nossa base de dados não ser oriunda de instrumentação adequada ao formato do *software Sphinx Léxica®*, adotado como ferramenta de tratamento de dados na presente pesquisa, posto que foram colhidos, em sua maioria, antes mesmo da existência dessa ferramenta, buscou-se realizar uma análise de dados textuais baseada na frequência de palavras componentes de um texto formado pela aglomeração dos conteúdos dos diversos trabalhos de pesquisa selecionados previamente. Coube, evidentemente, aos pesquisadores considerar se as palavras mais frequentes eram representativas do contexto abordado.

Novamente considerando a natureza de nossa base de dados seria impossível realizar análise estatística de qualidade, sobretudo com apresentação de gráficos, diagramas e tabelas em exatidão. Contudo, duas análises qualitativas derivadas de métodos próprios do *software* nos foram possíveis: a "análise de quase segmentos repetidos" e a "análise de léxico reduzido". A primeira trabalha com junção de palavras ou palavras compostas de maior evidência no texto; a segunda é derivativa da "aproximação lexical seletiva", a qual

> ... permite o trabalho sobre um léxico reduzido após eliminação de palavras-ferramentas (definição daquelas palavras que podemos "deixar de lado" ou desprezar, todas armazenadas em um dicionário específico), concentrando a atenção no exame de

nomes, verbos, adjetivos; tudo via utilização de dicionários e do lematizador. (Freitas & Moscarola, 1996)

No Figura 2 aparecem listados em ordem alfabética, os "Principais quase segmentos repetidos" encontrados, seguidos de considerações gerais sobre alguns dos mais importantes.

> análise desempenho; análise heurística; análise microgenética; aspectos cognitivos; atividades lúdicas; baixo peso; compreensão sujeitos; desempenho sujeitos; dificuldades atenção; estratégias cognitivas; estratégias utilizadas; formação docente; interação social; níveis de análise heurística; níveis de conduta; níveis evolutivos; noção conservação; noção conservação quantidades_discretas; Processo de tomada de_consciência; processos formação; prova operatória piagetiana; relação fazer-compreender; roteiro entrevista; teoria piagetiana; testes psicométricos

*Figura 2* – "Principais quase segmentos repetidos" encontrados no texto analisado.

Por essa listagem, vê-se que as análises (desempenho, heurística e microgenética) são predominantes nos trabalhos. A análise heurística, na verdade, é um conceito repetido muitas vezes em um mesmo trabalho (Canal, 2008), o qual inaugura sua utilização em metodologia da psicologia genética. Esta observação mostra uma deficiência da nossa base de dados em adequar-se ao sistema *Sphinx*, não permitindo a detecção de um termo repetido muitas vezes num mesmo estudo. Tais dados remetem à verificação dos níveis de análise heurística, de conduta e evolutivos.

Os estudos sobre cognição têm sido realizados principalmente por meio da verificação de aspectos cognitivos, compreensão dos sujeitos, desempenho dos sujeitos, estratégias cognitivas/utilizadas, processo de tomada de consciência e da relação fazer-compreender. As situações mais pesquisadas têm sido as atividades lúdicas, o baixo peso de nascimento, as dificuldades de atenção, a formação docente, a interação social e os processos de formação docente.

Inequivocamente, a teorização de base piagetiana serviu a todos os trabalhos analisados, demonstrando a fidelidade do grupo a essa teoria. Os instrumentos mais comuns baseiam-se nas provas operatórias (investigação das noções de conservação), nas entrevistas e nos testes psicométricos. Ou seja, a psicologia genética não se mostra, no contexto dos estudos analisados, como excludente de outras abordagens compatíveis. Contudo, são as entrevistas realizadas de acordo com o método clínico o suporte metodológico mais utilizado nas pesquisas.

Ainda sob uma perspectiva eminentemente qualitativa, temos a "Lista das palavras mais frequentes do léxico reduzido", que aparecem listadas na Figura 3.

> Jogo_de_regras; crianças; nível; professores; Cognição; Processos; escolares; desempenho; Piaget; Social; ensino; Aprendizagem; alunos; compreensão; tomada_de_consciência; estratégias; adolescentes; entrevista; Jogo_da_Senha; idosos; Jogos; interação; Desenvolvimento; formação; cooperação; situações_problema; evolutivos; atenção; Funcionamento cognitivo; jogo Traverse; microgenética; nível_compreensão; discretas; docente; heurística; juízo; memória; Competências; competição; conduta; deslocamentos; gênero; jovens; pensamento_dialético; Brincadeira; Construtivismo; Epistemologia Genética; respeito; erro; fazer_compreender; Fundamental; Jogo_Mattix; jogo_Quoridor; construção; Envelhecimento; possível; jogo_Quatro_cores; oficinas; jogo_Dominó; conservação; contexto_psicogenético; Jogo_The_Sims; método_clínico;_piaget; teoria_Piaget; avaliação_intervenção; culturais; Engenharia; interação_social; lúdico; minimax; psicométricos; raciocínio; tabuleiro; TDAH; alcoolistas

*Figura 3* – "Lista das palavras mais frequentes do léxico reduzido" encontradas no texto analisado.

Jogos em geral, mas, sobretudo os jogos de regras, ocupam posição fundamental no conjunto dos trabalhos. Os estudos mais frequentes têm como participantes crianças/escolares e professores. O léxico reduzido sobre o termo "processo" demonstra sua ampla utilização, ocorrendo exatamente o contrário com a ausência do termo "estado" ou baixa ocorrência de seus correlatos. Análise mais minuciosa tende a mostrar que processos foram estudados ou citados intensamente, o que deve ser considerado ainda pela predominância dos termos cognição, aprendizagem, tomada de consciência, estratégias, interação, construção e microgenética, todos denotativos de verificações contínuas sob utilização de métodos genéticos.

## Considerações finais

Importante salientar que boa parte dos trabalhos mencionados como revisão neste capítulo sofreram influências benéficas (por vezes bem diretas) de muitos componentes do Grupo de Trabalho "Os jogos e sua importância para a Psicologia e Educação", da Associação Nacional de Pesquisa e Pós-Graduação (ANPEPP). Ou seja, para além das reuniões em que nos encontramos a cada dois anos, uma verdadeira rede de produção científica funciona de modo permanente. Por ela, metodologias são discutidas e aperfeiçoadas; novos instrumentos ou suas reinvenções são incorporadas pelos grupos regionais de pesquisa; teorias são revisitadas e ampliadas. Enfim, um trabalho incessante sobre a Psicologia Genética, em sua vertente dos jogos, faz parte da nossa vida e do nosso cotidiano.

Talvez seja esta, precisamente, a nossa missão na Universidade Federal do Espírito Santo: continuar um trabalho iniciado há décadas, desde os primeiros contatos entre os professores Lino de Macedo, da Universidade de São Paulo (USP), e Antonio Carlos Ortega, da UFES. Gostamos desse labor que em muitos momentos chega a ser lúdico.

Nosso presente capítulo, ao cumprir seu objetivo, reflete essa dinâmica e nossa tendência, mostra novas possibilidades de pesquisa, sobretudo aquelas que demandam maior integração dos grupos em atividade. Sentimos a necessidade de estudos longitudinais e de pesquisas mais constantes sobre estado da arte. A aplicação dos resultados dos estudos sobre atividades clínicas e educacionais também é desafio, sobretudo se nossa intenção for a de realimentar (dialeticamente) mais pesquisas.

Incentivamos firmemente a outros grupos para que realizem trabalhos semelhantes ao que ora apresentamos, de modo a que tenhamos um panorama cada vez mais atualizado da produção na área. Porém, para isso, investimentos em tecnologia de análise léxica aparecem como soluções promissoras.

Para nós, foi interessante notar a firmeza numa linha teórica e as relações entre metodologias empregadas e o cerne da Psicologia Genética. A preocupação crescente com setores sociais essenciais, como a formação de professores e a intervenção com escolares aparece como outro fator relevante.

Por fim, o crescente aumento da produção científica no âmbito do programa de pós-graduação contribuiu para o aperfeiçoamento dos professores e demais pesquisadores, com reflexos muito positivos para o ensino de graduação, o que pode ser melhor avaliado pelo aumento de alunos interessados na continuidade de seus estudos em nível de pós-graduação, considerando-se sobretudo a área de psicologia do desenvolvimento.

# Referências

Alves, R. M. (1997). *A interdependência na descoberta das regras de um jogo: uma análise piagetiana*. Dissertação de mestrado não publicada, Universidade Federal do Espírito Santo, Vitória.

Barcelos, S. A. (2002). *Avaliação do deficit cognitivo de alcoolistas utilizando o jogo da Senha em uma abordagem microgenética*. Dissertação de mestrado não publicada, Universidade Federal do Espírito Santo, Vitória.

Caiado, A. P. S. (2007). *Análise psicogenética da inserção dos jogos de regras e das relações cooperativas no ambiente escolar*. Dissertação de mestrado não publicada, Universidade Federal do Espírito Santo, Vitória.

Caiado, A. P. S., & Rossetti, C. B. (2009). Jogos de regras e relações cooperativas na escola: uma análise psicogenética. *Psicologia Escolar e Educacional, 13*(1), 87-95.

Canal, C. P. P. (2008). *Menos com menos dá mais? Avaliação de desempenho de alunos de 7º e 9º anos da escola fundamental no jogo Mattix*. Tese de doutorado não publicada, Universidade Federal do Espírito Santo, Vitória.

Canal, C. P. P., Queiroz, S. S., & Ronchi, J. P. (2009). Como analisar desempenho de jogadores no Mattix? Proposta metodológica. In L. de Macedo (Org.). *Jogos, psicologia e educação: teoria e pesquisas* (pp. 149-177). São Paulo: Casa do Psicólogo.

Cavalcante, C. M. B. (2006). *Análise microgenética da interação social e do funcionamento cognitivo de crianças por meio do jogo Matix*. Dissertação de mestrado não publicada, Universidade Federal do Espírito Santo, Vitória.

Cavalcante, C. M. B, Ortega, A. C., & Rodrigues, M. M. P. (2005). A interação social de crianças no jogo de regras. *Arquivos Brasileiros de Psicologia, 57*(1-2), 28-45.

Cavalcante, C. M. B., & Ortega, A. C. (2008). Análise microgenética do funcionamento cognitivo de crianças por meio do jogo Matix. *Estudos de Psicologia (Campinas), 25*(3), 449-459.

Corrêa, M. C. C. B. (2005). *"Missão com-tato": a dinâmica do jogo cooperativo na organização*. Dissertação de mestrado não publicada, Universidade Federal do Espírito Santo, Vitória.

Fiorot, M. A. (2001). *Como aprendem os que ensinam? Aprendizagem e jogos de regras em uma perspectiva construtivista*. Dissertação de mestrado não publicada, Universidade Federal do Espírito Santo, Vitória.

Fiorot, M. A. (2006). *Como aprendem os que ensinam e como ensinam os que aprendem: um estudo com professoras no contexto do jogo Traverse*. Tese de doutorado não publicada, Universidade Federal do Espírito Santo, Vitória.

Fiorot, M. A., & Ortega, A. C. (2001). Aprendizagem escolar e jogos de regras em uma perspectiva construtivista. *Revista Educação e Ensino, 6*(2), 43-53.

Fiorot, M. A., & Ortega, A. C. (2006). Aprendizagem dos que ensinam: um estudo com o jogo da senha. *Luminis, 1*(1), 7-21.

Fiorot, M. A., & Ortega, A. C. (2007). Competências de ensino: um estudo com professoras no contexto do jogo Traverse. *Estudos de Psicologia (Natal), 12*(3), 221-231.

Fiorot, M. A., & Ortega, A. C. (2009). Modos de aprender e de ensinar de professoras em situações com o jogo Traverse. In: L. de Macedo (Org.) *Jogos, psicologia e educação: teoria e pesquisas* (pp. 97-124). São Paulo: Casa do Psicólogo.

Fiorot, M. A., Ortega, A. C., Pessotti, A. M., & Alves, V. T. (2008). Análise do processo de tomada de consciência de professoras por meio do jogo Traverse. *Psico-USF, 13*(2), 165-175.

Freitas, H. M. R., & Moscarola, J. (1996). *Pelo resgate de alguns princípios da análise de conteúdo: aplicação prática qualitativa em marketing*. Canoas, RS. Recuperado em 15 de abril de 2010, de: http://www.sphinxbr.com.br.

Louzada. E. G. (2003). *O jogo da senha como possível instrumento avaliador do distúrbio cognitivo após cirurgia cardíaca*. Dissertação de mestrado não publicada, Universidade Federal do Espírito Santo, Vitória.

Merizio, L. Q. (2008). *Brincadeira e amizade: um estudo com alemães, brasileiros e libaneses*. Dissertação de mestrado não publicada, Universidade Federal do Espírito Santo, Vitória.

Merizio, L. Q., & Rossetti, C. B. (2008). Brincadeira e amizade: um estudo com alemães, brasileiros e libaneses. *Psicologia Argumento, 26*(55), 329-339.

Miranda, E. S. (2005). *Libertando o sonho da criação: um olhar psicológico sobre os jogos de interpretação de papéis (RPG)*. Dissertação de mestrado não publicada, Universidade Federal do Espírito Santo, Vitória.

Missawa, D. D. A. (2006). *O Jogo Mancala como instrumento de ampliação da compreensão das dificuldades de atenção*. Dissertação de mestrado não publicada, Universidade Federal do Espírito Santo, Vitória.

Missawa, D. D. A., & Rossetti, C. B. (2008). Desempenho de crianças com e sem dificuldades de atenção no jogo Mancala. *Arquivos Brasileiros de Psicologia*, 60(2), 60-74.

Ortega, A. C., & Fiorot, M. A. (2005). O fazer e o compreender no jogo das quatro cores: uma análise psicogenética. In S. S., Queiroz, A. C. Ortega, S. R. F. Enumo (Orgs.). *Desenvolvimento e aprendizagem humana: temas contemporâneos* (pp. 11-25). Vitória: UFES, Linhares: UNILINHARES.

Ortega, A. C., Fiorot, M. A., & Silva, L. C. M. (2002). O jogo Torre de Hanói em um contexto psicogenético. *Acta Scientiarum*, 24(1), 151-158.

Pessotti, A. M. (2010). *Moralidade e trapaça: um estudo com crianças de 5 e 10 anos.* Dissertação de mestrado não publicada. Programa de Pós-graduação em Psicologia, Universidade Federal do Espírito Santo, Vitória.

Pylro, S. C. (2004). *Preferência lúdica entre adultos: um estudo com univesitários capixabas.* Dissertação de mestrado não publicada, Universidade Federal do Espírito Santo, Vitória.

Pylro, S. C., Rossetti, C. B. (2005). Atividades lúdicas, gênero e vida adulta. *Psico-USF*, 10(1), 77-86.

Queiroz, S. S. (1995). *Tipificação de erros em um jogo de regras: uma abordagem construtivista.* Dissertação de mestrado não publicada, Universidade Federal do Espírito Santo, Vitória.

Resende, A. C. R. (2004). *Área profissional e processo de tomada de consciência: análise microgenética do jogo Torre de Hanói.* Dissertação de mestrado não publicada, Universidade Federal do Espírito Santo, Vitória.

Resende, A. C. R., & Ortega, A. C. (2008). Área profissional e processo de tomada de consciência. *Arquivos Brasileiros de Psicologia*, 60(2), 172-186.

Rossetti, C. B. (1996). *O pensamento dialético no jogo de regras: uma abordagem piagetiana.* Dissertação de mestrado não publicada, Universidade Federal do Espírito Santo, Vitória.

Rossetti, C. B. (1998). O jogo Arca de Noé como instrumento de avaliação e intervenção psicopedagógica. *Psicopedagogia*, 17(43), 33-38.

Saleme, S. B. (2007). *InterFACES virtuais: análise microgenética de processos de interação social no jogo "The Sims".* Dissertação de mestrado não publicada, Universidade Federal do Espírito Santo, Vitória.

Saleme, S. B., & Queiroz, S. S. (2006). Identificando operações lógicas e infralógicas por meio da análise operatória do jogo computadorizado "The Sims". Anais do Congresso da SBC WIE, 26 e do Workshop de Informática na Escola, 12 (pp. 215-222). Campo Grande, MS.

Saleme, S. B., & Queiroz, S. S. (2009). Descrição e classificação de interações sociais virtuais no jogo The Sims. Ciências & Cognição, 14(2), 210-224.

Santos, C. C. (1997). O raciocínio de crianças no jogo das quatro cores em um contexto psicogenético. Dissertação de mestrado não publicada, Universidade Federal do Espírito Santo, Vitória.

Santos, C. C. (1998). O raciocínio de crianças no jogo das quatro cores em um contexto psicogenético. Revista Psicopedagogia, 17(45), 13-17.

Santos, C. C. (2007). Análise microgenética de aspectos do funcionamento cognitivo de adolescentes e de idosos por meio do jogo Quoridor. Dissertação de mestrado não publicada, Universidade Federal do Espírito Santo, Vitória.

Santos, C. C., Rossetti, C. B., & Ortega, A. C. (2006). Funcionamento cognitivo de idosos e de adolescentes num contexto de jogo de regras. Estudos Interdisciplinares sobre o Envelhecimento, 9, 53-74.

Santos, C. C., & Ortega, A. C. (2008). Evolução do nível de compreensão do jogo Quoridor: uma comparação entre idosas e adolescentes. Revista Brasileira de Geriatria e Gerontologia, 11(2), 223-243.

Santos, C. C., & Ortega, A. C. (2009a). O jogo de regras como recurso para avaliação e intervenção: um estudo piagetiano com adolescentes. Ciências & Cognição, 14(1), 26-49.

Santos, C. C., & Ortega, A. C. (2009b) Jogo Quoridor no contexto de uma pesquisa com idosas. In L. de Macedo (Org.) Jogos, psicologia e educação: teoria e pesquisas (pp. 67-96). São Paulo: Casa do Psicólogo.

Silva, L. C. M. (2001). Aspectos Psicogenéticos da Interação Social em um Contexto de Jogos de Regras. Dissertação de mestrado não publicada, Universidade Federal do Espírito Santo, Vitória.

Silva, L. C. M., & Ortega, A. C. (2002). Aspectos psicogenéticos da prática do jogo das quatro cores. Estudos de Psicologia (Natal), 7(2), 289-298.

Silva, S. T. (2005). Desenvolvimento de estratégias cognitivas implicadas na aprendizagem de uma língua estrangeira no contexto de oficina de jogos. Dissertação de mestrado não publicada, Universidade Federal do Espírito Santo, Vitória.

Stursa, D. (2008). *Avaliação da conservação de quantidades discretas de pré-escolares prematuros e a termo: um estudo investigativo com o jogo de dominó.* Dissertação de mestrado não publicada, Universidade Federal do Espírito Santo, Vitória.

Stursa, D., Queiroz, S. S., & Enumo, S. R. F. (2010). Investigação da noção de conservação de quantidades discretas em pré-escolares nascidos prematuros e a termo por meio do jogo de Dominó. *Revista Brasileira de Crescimento e Desenvolvimento Humano, 20*(2), 238-249.

# Concepções de professores sobre brincar, jogar, aprendizagem e desenvolvimento

Marilda Pierro de Oliveira Ribeiro
Carolina Akerman
Diego Caldas Oliveira
Priscila Lima Cerqueira Ferreira

O ensinar e o aprender, ou a relação professor-aluno-conhecimento, constituem fenômeno complexo, explicado de diferentes formas pelas abordagens científicas em psicologia. Dependendo de como se concebe a relação sujeito-objeto de conhecimento e a natureza dessa relação orientam-se as ações voltadas ao ensinar. No entanto, pode-se questionar se aqueles que ensinam têm consciência das concepções que estão por trás de suas ações pedagógicas e as consequências delas no que tange à aquisição de conhecimentos e à formação do educando. É então pertinente, no âmbito da pesquisa educacional, perguntar o que orienta as ações pedagógicas, os fazeres do professor, sua escolha pelos procedimentos empregados com o objetivo de propiciar a aprendizagem dos conteúdos escolares pelos alunos.

Em trabalho recente, Montoya (2009) chama a atenção para as diferentes conotações que a noção de aprendizagem assumiu na psicologia do século XX, dependendo das concepções epistemológicas que a fundamentam. Há concepções que interpretam a aprendizagem como puro resultado de mecanismos associativos, privilegiando a ação do meio sobre o sujeito. Há aquelas que pressupõem elementos de pré-formação, privilegiando a ação de fatores endógenos na elaboração dos conhecimentos e aquelas que pretendem conciliar tanto a ação de processos internos quanto de processos externos, introduzindo fatores de autorregulação, como na teoria de Piaget. Essas noções divulgadas e estudadas nos meios acadêmicos, e também repercutidas de forma mais superficial por meio de diferentes instrumentos da cultura, têm contribuído para a formação de um saber de senso comum que muitas vezes influencia ações dos docentes sem que eles próprios apercebam-se disso. Sem que tenham a oportunidade de tomar distanciamento de suas ações cotidianas e de refletir sobre elas, seus fazeres repetem-se representando, por vezes, uma contradição em relação às intenções e aos princípios afirmados em seus discursos.

Como aquilo que genericamente poderíamos denominar de os "fazeres do professor" engloba muitas possibilidades, delimitamos como foco de nossas preocupações, neste trabalho, refletir sobre o que pensam docentes da Educação Infantil e do Ensino Fundamental sobre o brincar e os jogos de regras, bem como sobre as possibilidades de promoção dessas atividades no cotidiano da sala de aula. Mas conhecer o que pensam professores sobre o papel ou a função do brincar e jogar na escola sem estabelecer relações com suas concepções a respeito de como a criança aprende e desenvolve-se psicologicamente seria dar ao tema um tratamento um tanto superficial. Assim sendo, abordaremos também noções de aprendizagem e desenvolvimento.

## A pesquisa

Como parte de um projeto de pesquisa mais amplo, em andamento, que visa a obter subsídios empíricos para implementar intervenções psicoeducacionais, foram realizados três estudos relacionados que tinham como objetivo conhecer concepções de professores de Educação Infantil e do Ensino fundamental I e II, a respeito do processo de aprendizagem, da função dos jogos na escola e das possibilidades de utilização desses recursos em sala de aula.

Esses estudos foram também motivados por um trabalho de revisão bibliográfica (Ribeiro & Rossetti, 2009) que analisou pesquisas de orientação piagetiana realizadas entre 2005 e 2008, sobre jogos de regras, e mostrou que, dentre os trabalhos empíricos encontrados, apenas 18,9% relacionavam-se às concepções de educadores sobre os jogos e possibilidades de sua utilização em sala de aula. Os realizados com professores da Educação Infantil apontaram a limitação dos conhecimentos dos educadores a respeito do brincar e a necessidade de promover seu aperfeiçoamento profissional, visando a uma efetiva utilização da brincadeira no cotidiano escolar; os que focalizaram professores de outro nível de escolaridade identificaram suas dificuldades para intervir nos jogos e observar suas ações durante o jogo que também interfere nas possibilidades de intervenção. O trabalho conclui pela relevância e necessidade de orientar a pesquisa sobre jogos para o cotidiano da escola; ampliar o conhecimento que se tem a respeito das concepções dos professores sobre o jogo como um recurso que favorece a aprendizagem; avaliar os procedimentos de implantação de jogos em salas de aula com número elevado de alunos; e planejar e avaliar procedimentos de formação de professores, com vistas à sua capacitação, como aquele que planeja e conduz trabalhos com jogos em sala de aula, assim como analisa as condutas das crianças em favor de seu desenvolvimento e da aprendizagem de conteúdos escolares.

## Método

Participaram das investigações doze professoras de escolas públicas estaduais e municipais da cidade de São Paulo, sendo quatro da Educação Infantil, quatro do Ensino Fundamental I e quatro do Ensino Fundamental II. Uma delas possuía apenas o antigo curso normal, outra estava cursando pedagogia e uma terceira não havia concluído o curso de graduação em Letras; as demais tinham feito graduação em Pedagogia, Letras, Geografia ou Psicologia, sendo que uma tinha feito também pós--graduação em Psicopedagogia.

Para identificar o nível de ensino a que pertencem as professoras, no momento de apresentar os resultados obtidos neste trabalho, elas serão identificadas por uma sigla, P (de participante), seguida de numeração; as da Educação Infantil utilizando-se os dígitos de um a quatro (P1, P2 etc.), as do Ensino Fundamental I os de cinco a oito (P5, P6 etc.) e as do Ensino Fundamental II os de 9 a 12 (P9 etc.).

Os dados foram coletados por meio de entrevistas individuais semiestruturadas, inspiradas em Szymanski, Almeida e Prandini (2002), que se iniciavam por questões gerais – cujo objetivo era desencadear o discurso do professor a respeito dos temas de interesse da pesquisa –, e prosseguiam com questões visando a aprofundar ou focalizar esse discurso. No presente trabalho, faremos análise e reflexões sobre as respostas obtidas para as seguintes questões:

a) Questões desencadeadoras: O que é brincar? O que é jogar? Como você acha que a criança aprende? O que leva a criança a desenvolver-se?

b) Questões de aprofundamento: o brincar na escola; papel do professor no brincar/jogar; relações entre aprendizagem/desenvolvimento/brincar/jogar.

O projeto foi encaminhado ao Comitê de Ética da PUC SP em abril de 2009 e recebeu aprovação em 25 de maio de 2009.

As entrevistas foram gravadas, transcritas e submetidas a várias leituras, de modo a compreender os significados expressos nas falas das participantes para depois proceder-se às sínteses.

Na apresentação dos resultados, adotaremos o recurso da transcrição literal de excertos de algumas falas com o intuito de exemplificar uma ideia consensual ou, por outro lado, para evidenciar diferenças na compreensão dos temas abordados nas entrevistas.

# Resultados

## Concepções sobre brincar e jogar

### Professoras da Educação Infantil - estudo 1

A ideia de que o brincar é algo fundamental para as crianças, um meio para a aquisição de conhecimentos e habilidades, tem lugar privilegiado e ocorre frequentemente na rotina escolar e é consenso entre as professoras da Educação Infantil. É visto também, por algumas, como algo prazeroso e, por outras, como forma de comunicação e interação com o mundo, ou como espaço para criar e fantasiar. Concordam em relação ao fato de que o brincar tem caráter livre e o jogar é um brincar com regras ou um brincar dirigido. Duas delas, P1 e P3, ressaltam a importância da socialização possibilitada por essas atividades, tanto no que se refere à interação grupal, quanto no que concerne à compreensão da função das regras.

As intervenções das professoras da Educação Infantil visam, nas brincadeiras livres, a evitar ou resolver conflitos entre as crianças e, nas brincadeiras dirigidas ou nos jogos, ajudá-las a compreender as regras, não se desviarem das propostas ou adquirirem conhecimentos.

Trabalhando em escola bilíngue, escola de línguas e Escola Municipal de Educação Infantil (EMEI), P1 diz:

*Ah, brincar é fazer algo que você gosta, que é prazeroso. Assim, para mim, acho que o essencial é ser algo de lazer. O brincar não aparece como obrigação. Eu mesma tentava brincar o tempo todo com as crianças... se eu ia passar o conceito das cores, eu pegava uns cartões com as cores, deixava no meio da sala, e jogava elefante colorido. Ai perguntava que cor é essa? E elas tinham que responder "blue" e ai a gente saia procurando coisas que tivessem aquela cor, e cada hora que encontrassem elas gritavam "blue".*

Acrescenta que na brinquedoteca deixa as crianças livres para brincarem do jeito que quiserem, e sua intervenção ocorre nos jogos, os quais entende como um brincar dirigido:

*... quando eu preciso fazer uma atividade mais direcionada. Caso eu esteja querendo passar algum conteúdo e elas estão muito longe, preciso trazê-las de volta. Por exemplo, essa semana eu estava ensinando os tipos de moradias. Aí eu passei para elas fazerem desenho com as coisas que tinham dentro de casa.*

P2 trabalha em uma EMEI, onde há obrigatoriamente tempo reservado para formação em serviço e realizam estudos sobre psicanálise, infância, formas de pensamento e expressão da criança. Para ela:

> ... o brincar é central na educação infantil. O brincar é a linguagem da criança, é como ela se expressa, como ela sente o mundo. Além disso, através do brincar ela expõe as suas fantasias. O brincar também é uma forma de como construir conhecimento.

De forma semelhante a P1, diferencia brincadeira livre de dirigida na qual inclui os jogos com regras, mas também outro tipo de atividade como o desenho.

Concebe o brincar como meio de construir conhecimentos e de expressão da criança, intervindo no sentido de orientar quanto à observação das regras e atendimento aos objetivos, no caso dos jogos. Diferentemente das outras professoras, vê nessas atividades um modo de observar e conhecer a criança, o que lhe dá elementos para trabalhar com ela em outros momentos.

> Ao observar, você consegue ver quais brincadeiras elas gostam, também as relações das crianças com o mundo e consigo mesma... E isso você consegue usar depois... Eu consigo aprender como cada criança lida com o mundo, e aí na hora que eu for me relacionar com ela eu já sei como ela lida. Pra falar a verdade, não dá pra pegar as brincadeiras que elas gostam e passar na sala, pela falta de tempo, mas vale a pena por aprender como elas são.

Assim como P2, a professora aqui designada como P3 continua tendo oportunidade de se aperfeiçoar por meio de grupo de estudos, na EMEI, e também numa atividade de supervisão que alia a discussão articulada de sua prática e de teorias. Diz:

> Para mim, brincar é ser feliz! É algo muito sério para a criança. Se as pessoas dessem mais importância para o brincar durante a infância, hoje teríamos adultos mais criativos... Porque criança que não brinca, é uma criança sem criatividade, sem convivência social, sem crítica, e isso faz com que ela se torne um adulto sem essas coisas também... Por isso que eu falo que o brincar é algo muito sério para a vida.
>
> ...
>
> Para você jogar, você tem um grupo ou pelo menos uma dupla, e todos seguem ou pelo menos sabem as regras. E como o jogar é uma parte inserida no brincar, ele também estimula o raciocínio e a criatividade.

Usa algo que poderia se encaixar na pedagogia de projetos em que os temas são tirados da curiosidade das crianças. Vale a pena também destacar o tipo de intervenção que faz quando as crianças brincam:

*Eu dou aula no estágio três, então todos já têm cinco anos. Então o jogo de regra aparece em tudo, e é bom porque eu consigo aproveitar e passar vários conceitos para elas. Eu tento ensinar para elas que um jogo bonito é aquele que tem a parceria. Então, bonito é passar a bola, porque, afinal, eles não vão ganhar se só um for bom e o resto ruim, então eles têm que fazer de tudo para que todos sejam bons. Depois do jogo, eu sento em roda de novo e converso sobre as estratégias usadas por eles.*

P4, ainda estudante de Pedagogia, diz que na própria grade curricular tem seminários sobre o brincar e ela própria escolheu disciplinas que a ajudaram a interessar-se pelo tema. Logo no início da entrevista expõe sua concepção de brincar e as relações dessa atividade com a aprendizagem e com o desenvolvimento.

*A criança se relaciona com o mundo através da brincadeira, da fantasia, do faz de conta. Então o brincar é o modo de comunicação da criança. Ela transpõe da vida real para o mundo dela, e o brincar, inclui a imitação do que o adulto faz, pelos comportamentos, afinal é o que ela vê... E ela passa isso através da brincadeira... Através do brincar ela age no mundo, interage com as outras pessoas, mesmo que seja através do personagem fictício criado pela criança na brincadeira. E esse processo resulta no desenvolvimento. Ela aprende e apreende as informações. É esse fixar que provoca o desenvolvimento.*

Semelhante ao discurso das outras professoras, o de P4 também ressalta a importância do brincar, mas neste caso englobando nele, aparentemente, todas as formas de interação da criança com o mundo. O professor aparece como tendo o mesmo papel de propor, orientar e envolver as crianças nas brincadeiras.

Em seu conjunto, as falas das professoras da Educação Infantil englobam as principais características atribuídas ao brincar pelos teóricos que se dedicam ao assunto e, do mesmo modo, o diferenciam do jogar pela existência neste de regras e de objetivos pré-definidos. Por outro lado, não podemos deixar de evidenciar que os discursos de algumas delas (P1 e P2) englobam na categoria brincar vários tipos de atividades com objetivos eminentemente pedagógicos, o que pode nos levar a perguntar o que não é brincar na Educação Infantil. De forma complementar, se o brincar envolve todo tipo de interação da criança com o mundo (P4), poderíamos perguntar se na infância não há lugar para qualquer outro tipo de conduta que não seja o brincar ou o jogar.

Esses pontos serão retomados mais à frente, quando interpretarmos os resultados desta pesquisa à luz da perspectiva piagetiana.

## Professoras do Ensino Fundamental I e II – estudos 2 e 3

Em vários aspectos do assunto aqui abordado encontramos semelhanças entre as concepções das professoras de Educação Infantil e do Ensino Fundamental. Para a maior parte destas, seis em oito, o jogo distingue-se da brincadeira pela regra ou por ter um objetivo, sendo a primeira considerada uma atividade mais descontraída. Algumas variações nas respostas foram encontradas entre duas professoras que não veem distinção, pois uma considera que também, na brincadeira, há regra e outra que ressalta o caráter competitivo dos jogos de regras, acrescentando, no entanto, que existe a possibilidade de "brincar jogando e jogar brincando", tornando-o também descontraído.

Concordam que os jogos são muito importantes para a criança e os usam como uma estratégia de ensino auxiliar. Os veem como uma ótima ferramenta de trabalho que dinamiza a aula, faz com que a escola seja mais atrativa, ajuda na concentração e no raciocínio dos alunos.

> *A escola hoje em dia ela não é muito atrativa pra criança. Eles não têm um período de tempo muito longo de concentração em nada que eles fazem. Você aguenta... eles aguentam quinze minutos ali e já estão começando a dispersar. E muitas vezes em um jogo... ih!!... eles vão embora e não percebem que estão trabalhando, que estão produzindo, que estão aprendendo. (P5, 4ª série)*

Entendem que uma das vantagens dos jogos é que trabalham com algo concreto, o que facilita a compreensão da criança sobre um conteúdo novo, ou permite exercitar uma operação antes que sua formalização e registro sejam ensinados.

P7 (1ª série), usa jogos principalmente para ensinar matemática:

> *Eu acho que [o jogo] contribui muito para o raciocínio, porque na matemática a gente tem que trabalhar muito o concreto com eles para depois estar passando para o abstrato. Então, colabora e ajuda muito a questão do raciocínio mesmo.*

As professoras do Fundamental I promovem brincadeiras, mas com menos frequência que os jogos, principalmente nas séries mais adiantadas, pois elas não têm objetivos pré-definidos e o professor não tem como intervir do ponto de vista das metas pedagógicas. Isso ocorre principalmente às sextas-feiras quando consideram necessário promover momentos de descontração. As do Fundamental II, uma vez por mês ou por bimestre, e destacam a questão disciplinar, considerando que os alunos não diferenciam brincadeira de "bagunça".

Como as professoras do Fundamental I, as do Fundamental II também concordaram ser possível conciliar a brincadeira e o jogo com o currículo escolar, destacando a necessidade de planejamento e conhecimento do jogo por parte do professor.

Diferentemente das professoras da Educação Infantil, não surgiram entre as professoras do Fundamental I confusões entre jogos e atividades pedagógicas. Quando mencionaram jogos que utilizam, citaram dominó, batalha naval, damas, jogo da velha, entre outros, e também os tirados de livros didáticos. Por outro lado, duas do Fundamental II identificaram como jogos atividades pedagógicas em que os alunos participam ativamente do processo de construção do conhecimento.

P12 (6ª e 7ª séries), professora de Português, ao precisar o que entende por jogar diz:

*O brincar e o jogar é quando o aluno consegue desenvolver uma atividade . . . (hã...) que não dependa de um só instrumento, que dependa de mais de um instrumento também; e se concluir, terminar em algo pertinente ao currículo dele, ao programa dele de português, então, acho que é o que eu pretendo.*

*(Pesquisadora: Como assim, mais de um instrumento?)*

*É... leitura, montar e desmontar texto, inventar a sua própria história, que ele leia esta história para os colegas, esse tipo de... na minha prática, este tipo de atividade.*

*. . . Eu vejo como algo que possibilita uma maneira muito eficiente de interiorizar aquilo que o aluno estuda.*

P11 (sala de leitura), solicitada a descrever algum jogo que utiliza em sala de aula, menciona uma atividade de leitura em voz alta em que introduz competição entre os alunos.

Com exceção de uma das professoras que diz assumir papel de aluno ao utilizar jogos, delegando o papel de organizador e orientador a um dos estudantes, as outras se consideram mediadoras.

*Eu me torno aluno. . . . todo dia tem um que é escolhido como ajudante do dia e o ajudante do dia se torna professor e eu me torno aluno. Aí eles escolhem a brincadeira que quiserem e eu participo. Então, são eles que fazem. O ajudante do dia que é o responsável. Isso ajuda muito a autoestima da criança . . . (P6, 3ª série)*

P5 (4ª série) entende por mediar dar orientações relacionadas ao cumprimento das regras e objetivos:

... [verifico] *se aquelas regras que eu passei estão sendo seguidas, se eles conseguem obedecer a regra... e se o objetivo que queria está sendo alcançado.*

P7, por outro lado, defende a importância em se questionar a criança no jogo visando a verificar seu desempenho:

*Então, eu acho que essa é a função do professor, não é simplesmente dar o jogo e deixar eles fazerem por fazer, mas é questionar, desafiá-los, colocar questões para ver como irão se sair naquele momento.* (P7, 1ª série)

P9 (sala de leitura e 8ª série), destaca a importância de

... *observar os alunos para estar atento a alguma demanda específica de cada um deles.*

Diferentemente das professoras de Educação Infantil, estas professoras disseram não ter suporte institucional para aprender sobre o assunto jogo na escola, buscando por elas mesmas atualização sobre esse assunto. As orientações que encontram é o material contido nas instruções dos livros didáticos. Apenas uma delas diz ter comparecido a uma palestra, na qual se tinha como assunto o jogo e a educação. Outra diz que não teve oportunidade de aprender sobre o assunto nem no seu curso de graduação.

## Concepções sobre aprendizagem e desenvolvimento

Para iniciar a apresentação dos resultados sobre estes tópicos é preciso fazer duas considerações que se aplicam aos três estudos realizados.

A primeira é sobre o modo como foram introduzidos nas entrevistas. Por considerarmos complexo discorrer sobre os processos de aprendizagem e de desenvolvimento psicológico, fizemos, aos professores, questões que consideramos mais fáceis de serem respondidas, pois não exigiam a explicitação de conceitos. Assim sendo, como já descrito no método, as questões desencadeadoras relativas a esses tópicos não solicitavam uma resposta para a indagação "O que é aprendizagem/desenvolvimento?", mas para as perguntas "Como você acha que a criança aprende?" e "O que leva a criança a desenvolver-se?"

A segunda consideração importante a ser feita é a de que, em se tratando de uma entrevista reflexiva em que a posição dos participantes vai revelando-se na interação com o entrevistador, este último deve poder identificar ambiguidades, contradições ou mesmo a necessidade de explorar certos aspectos na fala do entrevistado e propor outras questões. Diferentemente do que ocorreu em relação aos assuntos brincar e jogar, os entrevistadores não deram conta de fazer o mesmo ao tratarem dos processos de desenvolvimento e aprendizagem na coleta de dados1. Assim sendo, os resultados obtidos refletem esta limitação e devem assim ser considerados.

Dentre as quatro professoras da Educação Infantil, três foram indagadas sobre esses tópicos. Todas acharam difícil responder e não diferenciaram aprendizagem de desenvolvimento.

Os excertos abaixo ilustram suas concepções:

*Ah, para mim aprendizagem é o desenvolvimento. Tanto intelectual, emocional e corporal de cada um. São as habilidades de se relacionar com os outros, consigo mesmo e com o mundo. Isso posteriormente vai levar a um conhecimento científico.* (P2)

P3 fala da importância do prazer na aprendizagem, menciona a existência de ritmos diferentes de desenvolvimento, mas acaba por considerá-los a mesma coisa:

*Então quando eu ensino para a criança o pular corda ao mesmo tempo em que ela canta, ela aprende a fazer duas coisas ao mesmo tempo, prestando atenção nas duas, e eu também a ajudo a desenvolver as habilidades da motricidade.*

P4 diz que aprendizagem é uma capacidade latente, que o indivíduo "externa" a partir das condições que o meio proporciona-lhe. Vai discorrendo sobre o assunto e no final de sua fala, aparentemente, toma consciência da dificuldade em distinguir este processo do de desenvolvimento e conclui:

*Falando agora, o desenvolvimento e a aprendizagem parecem próximos, não é?*

Dentre as professoras do Ensino Fundamental, apesar de não haver clara distinção entre esses processos, a tendência foi destacar o papel sujeito no processo de aprendizagem, valorizando o construir em oposição ao absorver um conhecimento, a

---

[1] Os dados foram coletados por pesquisadores em formação, bolsistas do Programa Institucional de Bolsas de Iniciação Científica (PIBIC) também coautores deste trabalho.

interação social, o fazer, ou seja, "praticar", experienciar. Denotam também a preocupação em adequar as estratégias de ensino de modo a envolver os alunos.

> ... tudo que a criança consegue descobrir por ela só, ela aprende mais fácil. Mesmo quando ela está "aprendendo" por ela só, entre aspas, não é? Você está indicando o caminho, mas ela acha que ela descobriu sozinha. Então... nada como botar a mão na massa, ela mesmo ir fazer e buscar o caminho dela.... Mas aí, a partir do momento que ele está interagindo com as outras crianças, ela às vezes faz o papel do professor, e quando eles estão em grupo um ensina o outro. Se ensina é porque aprendeu. E aí do outro ele vai aceitar que ensine ele, talvez muito melhor do que o professor. (P5)

Para a maioria destes professores o desenvolvimento do indivíduo é consequência de diversos fatores, todos eles externos ao sujeito: atenção da família e do professor, situação familiar, nutrição, entre outros.

## As concepções dos professores à luz da perspectiva de Piaget

Em A formação do símbolo na criança, Piaget (1978) concebe o jogo – incluindo nele também as atividades comumente denominadas brincar livre e brincar com regras – como uma variedade de condutas que surgem no processo evolutivo da criança e atende a diferentes necessidades das etapas de seu desenvolvimento, distinguindo-o, claramente, das condutas de adaptação. Por considerar que vários teóricos falharam, ao tentarem diferenciar o jogo de outros tipos de conduta, procurando nele elementos – tais como espontaneidade, liberdade ou criatividade – que não seriam encontrados em outras atividades, defende que seu o significado real só pode ser bem compreendido se sua análise for apoiada na noção de assimilação. Nessa perspectiva, diferentemente das condutas adaptativas da inteligência, que representam um equilíbrio entre a assimilação e a acomodação, o jogo é tido como uma atividade em que a assimilação extravasa os limites da adaptação; como um "fazer por fazer" que atende às necessidades do eu e, portanto, subordina o real ao eu.

No início do desenvolvimento infantil, os mecanismos de assimilação e acomodação não estão completamente equilibrados e toda a infância e adolescência são períodos em que este equilíbrio vai aos poucos sendo conquistado. Até aproximadamente os quatro anos, a imitação, entendida como um prolongamento da acomodação, complementa o jogo; este, na forma de jogo de exercício ou faz de conta, representa o outro polo, o da assimilação, ou um estado em que a assimilação predomina sobre a acomodação, permitindo que as realidades exteriores sejam incorporadas aos esquemas do sujeito favorecendo, ao mesmo tempo, a transformação desses esquemas de acordo com essas realidades. Com o desenrolar do desenvolvimento e com a socialização da criança, os jogos vão transformando-se em atividades cada vez mais adaptadas às exigências do meio, estruturando-se como jogos de regra ou de construção, sendo este último não propriamente um jogo, mas uma transição entre jogo e trabalho. O jogo seria, então, algo essencial para o indivíduo, um contraponto ao esforço adaptativo ou, em outros termos, um espaço de "folga" que permitiria às crianças aprimorarem seus recursos cognitivos e afetivos para lidarem com as exigências de sua vida, com os desafios colocados pelo ambiente físico e social, muitas vezes difíceis de suportar (Macedo, 1994).

Tendo como base esta fundamentação teórica, podemos agora retomar, em outro plano, algumas colocações que destacamos do discurso de nossas entrevistadas, iniciando pela questão da não diferenciação entre jogo e atividades pedagógicas.

Nesse sentido, caberia em primeiro lugar uma pergunta: se o jogar por jogar é fundamental para a evolução da criança, mas implica subordinação do real ao eu, como garantir uma educação que promova o desenvolvimento integral do educando, mais do que simplesmente a aprendizagem de conteúdos, se, constantemente, subordina-se as brincadeiras a um objetivo pedagógico? E não seria aquela a meta da Educação Infantil? Não seria a meta da escola em todos os seus níveis?

Em segundo lugar, faz-se necessário pontuar que essa não diferenciação pode representar, a nosso ver, um perigo. Como alerta Oliveira (2002), identifica-se, atualmente na Educação Infantil, algumas tendências pouco desejáveis, dentre elas a institucionalização da infância. No que concerne ao tema de que estamos tratando isso implicaria não reconhecer que "o brincar por brincar" deve ter lugar de destaque na educação escolar de crianças, correndo-se o risco de só considerar relevante atividades instrumentais, atreladas a objetivos pré-determinados pelo professor.

Considerar que a brincadeira é o currículo da Educação Infantil não implica subordinar a brincadeira a objetivos pedagógicos, mas ao contrário, extrair do brincar elementos que deem sentido aos conteúdos que devem ser trabalhados em outros contextos, como coloca uma das entrevistadas.

A não consideração do jogo em si mesmo como algo fundamental para o de desenvolvimento cognitivo, afetivo e social da criança também se configura, a nosso ver, como algo relevante para os professores entrevistados dos níveis de educação mais adiantados. As professoras do Ensino Fundamental I propõem-no principalmente às sextas-feiras, quando identificam a necessidade de situações mais descontraídas, empobrecendo, dessa forma, sua função. A maioria do Fundamental II emprega-o com uma frequência muito menor e coloca restrições à sua utilização alegando problemas disciplinares. A alternativa seria então promover apenas atividades reprodutivas ou que propõe a aplicação de conteúdos em exercícios desprovidos de significado para os alunos? Conseguiríamos, assim, atingir as metas do Ensino Fundamental, dentre as quais as de promover cidadãos críticos e autônomos no uso de seus conhecimentos e habilidades?

É legítima a preocupação desses professores quando procuram atender às exigências da escola, no que tange à aprendizagem de uma quantidade cada vez maior de conteúdos à medida que se avança pelos níveis de ensino. No entanto, o que se defende não é que o jogo substitua outras situações de aprendizagem, mas que possa ocupar seu devido lugar na educação. Não se defende, em conformidade com Macedo et al. (1997), que os conteúdos escolares sejam necessariamente ministrados na forma de jogo, mas que a escola esqueça um pouco sua função estritamente instrumental e possa tratar o conhecimento como jogo ou possa adotar o "espírito do jogo" (Macedo, et al. 2005). Mas para que estas propostas tenham sentido é preciso, pelo que se pode tirar dos dados obtidos nesta pesquisa, promover condições para que aqueles que ensinam tenham a possibilidade de articular a teoria com uma tarefa eminentemente prática que é a de conduzir o processo de ensino e aprendizagem escolar.

No que se refere ao tema jogo, resta ainda abordar o papel que nossas entrevistadas assumem quando o promovem no contexto escolar. Apesar de a maioria atuar apenas no sentido de garantir a compreensão das regras e o seu cumprimento, há também as que atuam no sentido de observar as ações dos jogadores para melhor conhecê-los ou para propor perguntas ou desafios. Esta é a postura defendida por Macedo et al. (2005) e por aqueles que têm estudado jogos na perspectiva piagetiana, como Ribeiro e Rossetti (2009), pois jogar não é apenas apropriar-se das regras. Há, necessariamente, uma etapa em que se aprende a jogar e, nesse momento, importa conhecer os objetivos do jogo, seu material, o que pode ou não ser feito. Entretanto, isso não basta para jogar bem. No caso do jogo ser utilizado como recurso pedagógico, a ação do professor também deveria ser no sentido de levar o aluno a refletir sobre suas jogadas relacionando-as com o objetivo que pretende atingir; pensar sobre como modificá-las; saber antecipá--las; poder considerar o tempo todo as ações dos outros jogadores.

A respeito das concepções sobre como a criança aprende e fatores relacionados ao desenvolvimento, apesar das limitações dos resultados conforme anteriormente comentado, merece ser destacada a dificuldade das nossas entrevistadas de diferenciar os dois processos e, no caso dos professores do Ensino Fundamental, o teor de certa forma contraditório de suas afirmações: todos valorizam o papel do sujeito no processo de aprendizagem, mas ao mesmo tempo, em sua maioria, identificam apenas fatores externos como determinantes do processo de desenvolvimento, como se tais processos não fossem relacionados.

Algumas falas levam-nos a inferir que o termo desenvolvimento tem uma conotação diferente entre docentes e psicólogos. Em Psicologia o termo refere-se a aspectos do desenvolvimento do indivíduo sejam eles físicos e, principalmente, psicológicos. Para pelo menos alguns professores, desenvolver tem a conotação de evoluir na aprendizagem de conteúdos, o que poderia explicar os resultados encontrados.

Estas falas podem ser tomadas como indicadoras do que se acabou de colocar:

*Desenvolvimento e aprendizagem em leitura fica refletido nas outras matérias . . . (P10)*

*Como numa aula de ciências: olhar um livro e ler aquela experiência é horrível para a criança. Ela teria que ter material para ela, para desenvolver naquela experiência. (P5)*

Na nossa perspectiva, entender as relações entre os processos de desenvolvimento e aprendizagem é relevante tanto para fundamentar o fazer dos professores, quanto para permitir-lhes entender a relevância de suas ações não só para a construção dos conhecimentos pelos alunos, como também para a promoção de seu desenvolvimento mental.

## Considerações Finais

Os estudos realizados tinham como meta obter dados que pudessem orientar intervenções junto a professores no que tange ao emprego do jogo como um recurso pedagógico. Sem a pretensão de fazer generalizações, parte dos resultados obtidos – aqueles relativos às noções sobre os jogos, sua importância e possibilidades de compatibilização com o currículo escolar – permitiram identificar aspectos que, dentro da perspectiva teórica adotada, deveriam ser objeto de maior aprofundamento entre os docentes. Permitiram constatar também que, se as docentes entrevistadas tivessem a oportunidade de compartilhar suas ideias sobre brincar, jogar e aprender um passo importante já seria dado, pois muitas dessas ideias complementam-se, o que já indica um caminho para futuras intervenções psicoeducacionais. Pode-se concluir, então, que nossos objetivos foram atingidos.

Quanto às noções de aprendizagem e desenvolvimento, os resultados apontam a necessidade de dar mais oportunidade de tematizá-las durante as entrevistas com professores. Como dito no início deste capitulo, os estudos relatados fazem parte de um projeto de pesquisa mais amplo em andamento. Nas novas pesquisas em fase de elaboração testaremos outras formas de abordar esses tópicos. Além das questões desencadeadoras serão necessárias outras, de aprofundamento, de modo a permitir aos entrevistados exporem suas concepções sobre esses dois processos, sobre suas relações entre si e suas relações com os jogos. Na nossa perspectiva, apoiada no construtivismo piagetiano, o brincar e os jogos só adquirirão sua real importância e significado para os docentes quando estes puderem compreender que aprendizagem e desenvolvimento são processos intimamente relacionados, sendo a aprendizagem um dos fatores que promove o desenvolvimento; e quando puderem compreender também que o jogo quando bem mediado pelo adulto, promove a aprendizagem de procedimentos para jogar bem e sua compreensão, o que acaba por constituir-se em um meio para favorecer o desenvolvimento cognitivo e social dos alunos.

Para finalizar, resta ainda fazer algumas considerações sobre a entrevista reflexiva (Szymanski, Almeida & Prandini, 2002), instrumento de coleta de dados que inspirou o procedimento utilizado nesta pesquisa. Por basear-se na interação entre pesquisador e participante da investigação, representa uma tarefa complexa para quem a conduz, o que exige uma preparação especial dos entrevistadores. No entanto, favorece não apenas uma melhor compreensão do ponto de vista do entrevistado, como também a oportunidade deste pensar sobre seus próprios pontos de vista. Nesse sentido, é ela própria um instrumento de intervenção com potencial para promover a construção de conhecimentos, no nosso caso, conhecimentos relativos ao jogar, aprender e desenvolver-se pelos professores.

# Referências Bibliográficas

Macedo, L. (1994). A importância dos jogos de regras para a construção do conhecimento na escola. *Revista Construção Pedagógica, 2*(2), 21-24.

Macedo, L., Petty, A. L., & Passos, N. C. (1997). *4 cores, Senha e Dominó: oficinas de jogos em uma perspectiva construtivista e psicopedagógica*. São Paulo: Casa do Psicólogo.

Macedo, L., Petty, A. L., & Passos, N. C. (2005). *Os jogos e o lúdico na aprendizagem escolar*. Porto Alegre: Artmed.

Montoya, A. O. D. (2009). *Teoria da aprendizagem na obra de Jean Piaget*. São Paulo: Ed. UNESP.

Oliveira, Z. R. (2002). *Educação Infantil: fundamentos e métodos*. São Paulo: Cortez.

Piaget, J. (1978). *A formação do símbolo na criança* (3ª ed.). Rio de Janeiro: Guanabara Koogan. (Trabalho original publicado em 1946).

Ribeiro, M. P de O., & Rossetti, C. B. (2009). Os jogos de regras em uma abordagem piagetiana; o estado da arte e as perspectivas futuras. In L. de Macedo, (Org.). *Jogos, psicologia e educação. teoria e pesquisas* (pp. 11-33). São Paulo: Casa do Psicólogo.

Szymanski, H., Almeida, L. R., & Prandini, R. C. A. (2002). *A Entrevista na Pesquisa em Educação: a prática reflexiva*. Brasília: Editora Plano.

# Processo de tomada de consciência: teoria e pesquisas[1, 2]

Meire Andersan Fiorot
Antonio Carlos Ortega

O presente capítulo tem por objetivo apresentar a proposta piagetiana sobre a tomada de consciência e suas relações com o fazer e o compreender, além do conceito de abstração reflexionante. Para tanto, recorremos a algumas conceituações e princípios apresentados por Piaget (1977, 1978, 1995), em três de suas obras (1) *A tomada de consciência*, (2) *Fazer e compreender* e (3) *A abstração reflexionante: relações lógico-aritméticas e ordem das relações espaciais*, sendo que as duas primeiras foram publicadas originalmente em 1974 e a terceira em 1977. Além disso, apresentamos uma análise das pesquisas que foram realizadas nos últimos dez anos no Brasil, com base neste referencial teórico.

## Processo de Tomada de Consciência na Obra de Piaget

Na obra *A tomada de consciência*, publicada originalmente em 1974, Piaget (1977) estudou a passagem da forma prática do conhecimento (saber fazer) para o pensamento (compreender), mostrando que essa passagem efetua-se por intermédio da tomada de consciência, que é um processo que possibilita reconstruir, no plano da representação, o que ocorre no plano da ação. Em uma linguagem piagetiana, a tomada de consciência pode ser definida como um processo por meio do qual um esquema de ação é transformado em um conceito. Esse processo foi investigado nessa obra por meio de atividades que envolvem ações de êxito precoce, tais como: o engatinhar, o movimento de volta de uma bola de pingue-pongue e de um arco, o choque de bolas, a seriação etc. Por meio da análise das ações e das respostas dos sujeitos ao tentarem resolver as

---

[1] Trabalho derivado da tese de doutorado intitulada *Como aprendem os que ensinam e como ensinam os que aprendem? Um estudo com professoras no contexto do jogo Traverse* (Fiorot, 2006), defendida pela primeira autora sob a orientação do segundo.

[2] Agradecemos à Profª Claudimara Chiste Santos, por sua contribuição na revisão crítica deste capítulo.

situações-problema propostas pelos experimentos, Piaget (1974/1977) formaliza seu modelo teórico para o processo de tomada de consciência, aperfeiçoando sua proposta já formulada em seu livro O *raciocínio na criança* (1924).

Ao iniciar a análise desse processo, o autor faz referência ao conceito de inconsciente na teoria freudiana e afirma que também a consciência deve ser pensada como um sistema dinâmico e em permanente atividade, assim como o inconsciente é considerado por Freud. Ao reconhecermos que consciente e inconsciente são dois processos diferentes, devemos considerar, segundo Piaget (1974/1977), "... que a passagem de um ao outro exija reconstruções e não se reduza simplesmente a um processo de iluminação" (p. 197). Ele parte então da proposta de Claparède, ampliando-a, visto que, ao preocupar-se com as razões funcionais que desencadeiam a constituição da tomada de consciência, afirma que é preciso ir além das inadaptações, considerando o mecanismo das regulações que irá possibilitar as readaptações.

O termo regulação refere-se, na teoria piagetiana, à tentativa do sujeito de recuperar o equilíbrio rompido pelos obstáculos ou resistências do objeto. O sujeito age no sentido de compensar a perturbação produzida no sistema ao tentar assimilar o objeto novo. Quando um sujeito interessa-se por assimilar um objeto, pode encontrar resistências, obstáculos, nesse objeto. Quanto maior a resistência, maior o desafio de acomodação proposto ao sujeito. Dessa maneira, a resistência do objeto provoca uma perturbação no sujeito, a qual pode romper com o estado de equilíbrio momentâneo produzindo um desequilíbrio. Esse novo estado demonstra a insuficiência de recursos do sujeito e possibilita a construção de novos esquemas para o fechamento do ciclo e a restauração do equilíbrio.

Entretanto, nem todos os obstáculos ou resistências do objeto provocam perturbações no sujeito, já que, conforme Torres (2001), "... uma perturbação pressupõe, do ponto de vista do sujeito, uma estrutura cognitiva que possa assimilar um objeto ou um acontecimento perturbador" (p. 28). Dessa maneira, se o sujeito não possui um sistema cognitivo desenvolvido a ponto de assimilar os obstáculos do objeto como perturbações, a equilibração não ocorrerá. Nesse caso, o sujeito não realiza modificações em seus esquemas por manter a "ilusão" de ter alcançado o êxito. Todavia, se um objeto perturba realmente o sujeito, essa perturbação pode provocar uma regulação; e, consequentemente, a equilibração.

Essa regulação é inicialmente inconsciente. Piaget (1974/1977) distingue os diferentes tipos de regulações, a saber:

- A regulação inconsciente exerce um controle retroativo do processo;

- A regulação ativa refere-se àquela presente na aprendizagem por ensaio e erro;
- As regulações conscientes são aquelas cujos controles são exercidos previamente à ação do sujeito, implicando a capacidade de representar o mundo do possível.

Outro aspecto diz respeito ao caráter construtivo da autorregulação, já que o controle das nossas ações e dos nossos processos mentais requer uma reelaboração e a criação de novos esquemas de compreensão da tarefa. Esse aspecto implica a compreensão do conceito de equilibração majorante, posto que para Piaget (1974/1977), a equilibração, os desequilíbrios e as reequilibrações "... caracterizam de maneira geral o devir dos conhecimentos" (p. 204). Abordaremos esse conceito a seguir.

As estruturas cognitivas evoluem por meio da adaptação a situações novas, sendo que esse avanço não depende somente das experiências do sujeito com os objetos, nem somente de sua herança genética, mas é resultado de construções contínuas e elaboração de novas estruturas que ocorrem por um processo no qual o sujeito avança de um estado de equilíbrio para outro qualitativamente diferente, passagem esta que implica muitos desequilíbrios e reequilibrações.

O equilíbrio cognitivo depende dos processos de assimilação e de acomodação, que possibilitam ao sujeito interagir com o mundo. Na assimilação, ocorre a integração de elementos novos aos esquemas conceituais ou estruturas já existentes. A maioria dos esquemas do sujeito não é simples como os de natureza reflexa, pelo contrário, são construídos pouco a pouco pelo indivíduo, envolvendo diferenciações mediante acomodações a situações novas. A acomodação consiste numa modificação dos esquemas, por influência das características próprias do elemento a ser assimilado. Sempre que um esquema cognitivo não for suficiente para responder a uma situação e resolver o problema, surge a necessidade de o esquema modificar-se, acomodando-se em função da situação.

As interações estabelecidas nos processos de assimilação e de acomodação são necessárias à construção do conhecimento, sendo mecanismos complementares. A equilibração entre esses dois mecanismos é o que possibilita a adaptação do sujeito.

Os desequilíbrios momentâneos, causados pelas situações novas, permitem ao sujeito desenvolver os sistemas cognitivos, uma vez que somente os desequilíbrios levarão o sujeito a vencer o seu estado atual, ultrapassando-o, em busca de novas direções. Qualquer alteração no sistema de interação pode causar diversos desequilíbrios e o que interessa ao sistema é como ele reage a essas transformações ou perturbações enfrentadas, já que a verdadeira fonte do progresso está na reequilibração que implicaria um aperfeiçoamento da forma de equilíbrio anterior, ultrapassando os desequilíbrios.

O que caracteriza o construtivismo é essa ideia de evolução, de progresso. Para afirmar a ocorrência do progresso, é preciso ter um olhar retroativo e ao mesmo tempo uma referência, considerar o presente em função do passado, no sentido do que já foi alcançado, e do futuro, no sentido do "por vir". Ao pensarmos no futuro, devemos considerar o possível no sistema e não o desejável ou idealizado. Sendo assim, progresso é recorrência e extrapolação, pois implica a superação de algo, a melhoria (Macedo)[3].

Esse progresso não é linear, ocorre por meio de desequilíbrios e reorganizações. A cada nova reestruturação, o sistema encontra um novo equilíbrio relativo, que nega a estrutura anterior como todo, mas a reafirma como parte. Por exemplo, um sujeito que alcança o estádio operatório apresenta mais progressos em termos de esquemas de ação do que aquele que está no estádio sensório-motor.

O processo em questão é denominado equilibração majorante e expressa uma troca resultando em uma estrutura qualitativamente melhor, já que a formação do conhecimento ocorre mediante a passagem de um estado elementar para um estado superior de conhecimento, sendo este mais estável em relação ao primeiro e que, por sua vez, constituirá a base de sustentação do estado seguinte. Cada momento específico é, ao mesmo tempo, um progresso e um obstáculo, pois cada sucesso obtido deverá, um dia, ser ultrapassado, retrabalhado, reorganizado.

Após o esclarecimento desses conceitos necessários para a compreensão do modelo teórico proposto por Piaget (1974/1977) para explicar o processo de tomada de consciência, podemos retomar a discussão a respeito da sua preocupação, citada anteriormente, em demonstrar que as inadaptações não são suficientes para explicar a tomada de consciência. Esse aspecto é demonstrado no primeiro capítulo da obra *A tomada de consciência*, exemplificado pela atividade de engatinhar. Nessa atividade, fica claro que a formação de tomadas de consciência tardias pode ocorrer sem que haja intervenção de inadaptações nessas ações. Piaget (1974/1977, p. 199) explica as razões funcionais da tomada de consciência em um contexto mais amplo do que o das inadaptações, propondo o seguinte modelo teórico:

---

[3] Esta referência diz respeito às aulas expositivas ministradas na disciplina *A pesquisa em uma visão construtivista*. Curso de Pós-Graduação em Psicologia da Aprendizagem e do Desenvolvimento Humano. São Paulo, Instituto de Psicologia da Universidade de São Paulo, 2002.

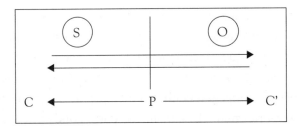

*Figura 1* – Modelo teórico sobre as razões funcionais da tomada de consciência.

As letras utilizadas no esquema acima referem-se ao sujeito (S), ao objeto (O), à região central relativa ao sujeito (C), à região central relativa ao objeto (C') e à região periférica (P) relativa ao sujeito ou ao objeto.

O ponto de partida do percurso é P, tanto com relação ao sujeito quanto ao objeto, sendo a periferia definida pela reação mais imediata e exterior do sujeito em face do objeto, referindo-se aos objetivos e resultados da ação. Esses dois aspectos da ação são conscientes desde o início. Como ilustrado na obra citada pelos vários experimentos apresentados, a criança, ao realizar a ação, tem êxito ao alcançar seu objetivo; no entanto, ela não sabe como procedeu, ou seja, não sabe explicar os meios empregados para alcançar o resultado. Esse aspecto que permanece inconsciente refere-se ao mecanismo interno da ação, às suas regiões centrais.

O processo de tomada de consciência realiza-se segundo a lei periferia-centro. Sendo assim, o conhecimento procede da interação entre o sujeito e o objeto, marcado pelo ponto P da figura apresentada anteriormente, e caminha para os mecanismos centrais C da ação do sujeito, e para as propriedades intrínsecas, e, portanto, também centrais C' do objeto. Ao buscar a realização de um objetivo, o sujeito depara-se com o êxito ou o fracasso, sendo essa constatação do resultado um aspecto consciente do processo. Quando ocorre o fracasso, o sujeito tenta encontrar os motivos de sua ocorrência, o que o leva à tomada de consciência das regiões mais centrais da ação, isto é, dos meios empregados para realizá-la. Nesse momento, o sujeito passa das razões funcionais da tomada de consciência para o mecanismo que torna consciente os elementos que estavam inconscientes, ou, passa do "porquê" da ação para o seu "como". Esse processo consiste, conforme Piaget (1974/1977), "... numa passagem da assimilação prática (assimilação do objeto a um esquema) a uma assimilação por meio de conceitos" (p. 200).

Os vários experimentos realizados por Piaget serviram como apoio a essa interpretação. Ao observarmos a análise que o referido autor realiza dos experimentos, verificamos que ele admite a existência de diferentes graus de consciência, os quais dependem de diferentes graus de integração. Dessa forma, o processo não ocorre por passagens bruscas da inconsciência à consciência, mas sim por diferentes graus de integração. Assim, uma ação precocemente bem sucedida é acompanhada de estados momentâneos de consciência dos meios empregados; todavia, esses estados são tão fugazes que não dão origem a nenhuma integração conceitual, permanecendo o sistema no nível sensório-motor. Esse momento corresponde à ação material, na qual o sujeito deforma os dados de observação e recalca a fonte do conflito, não sentindo a contradição.

Para Piaget (1974/1977), entre a ação de êxito precoce e os inícios errôneos da tomada de consciência, existem momentos intermediários que apontam para uma consciência incompleta da ação. Esses momentos intermediários justificam-se pelo fato de a conceituação ser considerada como um processo, logo, não pode ser imediata e sim deve passar por diferentes graus de consciência. Conforme o autor, a tomada de consciência é "... um processo de conceituação que reconstrói e depois ultrapassa, no plano da semiotização e da representação, o que era adquirido no plano dos esquemas de ação" (p. 204). Ainda de acordo com Piaget (1974/1977), tomada de consciência significa apropriar-se dos mecanismos da própria ação, visto que o avanço do sujeito na direção do objeto, no sentido de apreender o mundo, acontece à medida que ele apreende a si mesmo como sujeito, apreende a sua prática, a sua ação.

A questão que Piaget (1974/1977) coloca-se é a de estabelecer como ocorre a evolução da ação em suas relações com a conceituação, já que é esse o processo que caracteriza a tomada de consciência. Segundo ele, um dos principais resultados de suas pesquisas, além da sistematização da tomada de consciência, está em mostrar que

> ... a ação em si mesma constitui um saber, autônomo e de uma eficácia já considerável, porque, embora se trate apenas de um *savoir faire* e não de um conhecimento consciente no sentido de uma compreensão conceituada, ele constitui, no entanto, a fonte desta última, uma vez que a tomada de consciência se encontra em quase todos os pontos em atraso, e com frequência de forma muito sensível, em relação a esse saber inicial que é, portanto, de uma eficiência notável, conquanto ele mesmo não se conheça. (Piaget, 1974/1977, p. 207)

Essa passagem dos esquemas de ação para a conceituação inclui, já no plano da ação, construções e coordenações que se sucedem segundo uma ordem ao mesmo tempo progressiva e regressiva. Esse aspecto teórico é investigado por Piaget (1974/1978) na obra *Fazer e compreender*, por meio de atividades que envolvem ações de êxitos sucessivos. Nessa obra, o autor estudou as analogias e diferenças entre conseguir, que é o resultado do "saber fazer" e compreender, que é próprio da conceituação, quer esta suceda à ação ou, ao contrário, a preceda e oriente.

De acordo com Piaget (1974/1978), o *fazer* refere-se a uma compreensão no plano da ação de um problema proposto, o que permite ao sujeito alcançar um resultado favorável. Então, o fazer é produto da coordenação de ações articuladas no espaço e no tempo com transformações (relações causais) entre objetos orientados à realização do objetivo proposto. *Compreender*, por sua vez, implica o êxito em dominar pelo pensamento as mesmas situações, significa extrair as razões que conduziram ao fracasso ou ao êxito, ou seja, reconstruir – o que significa interpretar – as ações no pensamento.

Assim, enquanto o fazer preocupa-se apenas com os aspectos periféricos da ação (objetivos e resultados), o compreender volta-se para o como e o porquê (aspectos centrais da ação). Nessa obra, a relação entre o fazer e o compreender foi estudada por intermédio de algumas tarefas, tais como: a construção de um castelo de cartas, a queda sucessiva dos dominós enfileirados, a transmissão do movimento, o equilíbrio da balança, a manobra de carrinhos, o reflexo da luz no espelho, entre outras.

Para esse autor, tanto no caso da ação quanto no da conceituação, o mecanismo formador é sempre retrospectivo e construtivo, pois, ao mesmo tempo, retira seus elementos de fontes anteriores e cria novas ligações.

Conforme Piaget (1974/1978), "... a ação constitui um conhecimento (um *savoir faire*) autônomo, cuja conceituação somente se efetua por tomadas de consciência posteriores" (p. 172). Inicialmente, o sujeito realiza ações e consegue êxito sem conseguir observar, no entanto, as razões que o estariam levando a esse sucesso no plano da ação. Essa inconsciência impede a compreensão conceitualizada, assim, a autonomia da ação emerge antes da tomada de consciência. Progressivamente, essa situação inverte-se, uma vez que a conceituação atinge o nível da ação e, posteriormente, ultrapassa-a acabando por influenciá-la e comandá-la. A partir daí, o sujeito passa a programar e a planejar a ação antes de executá-la. A tomada de consciência fica caracterizada quando a conceituação torna-se precursora da ação, orientando-a.

A falta de conceituação provoca uma defasagem entre o sucesso na tarefa e a capacidade de expressar como se consegue esse sucesso. Essa capacidade será construída posteriormente no processo de desenvolvimento do sujeito. Dessa forma, esses dois tipos de solução de problemas, aqueles baseados em uma solução prática e aqueles que envolvem uma compreensão conceitual da tarefa, não aparecem concomitantemente no processo evolutivo do indivíduo, isto é, a conceituação emerge do fazer, sendo que existe uma defasagem temporal e uma diferença qualitativa entre essas duas capacidades do sujeito. Segundo Piaget (1974/1977), essa defasagem entre o fazer e o compreender ilustra o papel do recalcamento cognitivo nesse processo. O recalcamento cognitivo é a impossibilidade do sujeito de perceber como um problema, no plano consciente, as incoerências entre o que ele pensa e faz e, portanto, pensar nos "comos" e nos "porquês" das ações.

Tomar consciência da ação implica ultrapassar o recalcamento cognitivo, compreendendo no plano consciente o que ocorre no plano inconsciente, as coordenações motoras ou mentais que utilizamos para produzir essas ações.

Assim, apesar de no plano do fazer o sucesso diante de uma tarefa ocorrer em alguns sujeitos, é somente quando ele compreende a estrutura do problema que podemos afirmar a existência da tomada de consciência.

De acordo com Piaget, tomar consciência não é falar da coisa, mas compreendê-la, ou seja, coordenar no plano do pensamento sua estrutura e suas leis de composição. Requer que o sujeito domine, no pensamento, o porquê e o como das ações realizadas. Então, a tomada de consciência é sempre de uma ação. Se a ação é consciente, isto é, observável, nem sempre o que a possibilita, as coordenações mentais que a estruturam, também o são.

Com base nessas considerações teóricas e nos dados empíricos apresentados por Piaget (1974/1977; 1974/1978) nos seus estudos sobre a relação entre a ação e a compreensão, podemos concluir que todas as situações analisadas oferecem resultados similares. Em outros termos, que em todas elas as ações apresentam diferentes níveis, tendo em vista a possibilidade de compreensão.

Ao finalizar a obra *A tomada de consciência*, o autor aborda os dois processos opostos, mas solidários, que partem da periferia para as regiões centrais da ação (P à C) e da periferia para as regiões centrais dos objetos (P à C'), os quais ele denomina, respectivamente, interiorização e exteriorização. O processo de interiorização leva à construção das estruturas lógico-matemáticas e o de exteriorização à elaboração das explicações físicas (causalidade), sendo que o progresso de um acarreta o do outro. Esse progresso ocorre nos seguintes níveis de conhecimento: no nível da ação material, no da conceituação e no das abstrações refletidas.

Quanto ao nível das ações materiais, a interiorização leva a assimilações de esquema e a coordenações cada vez mais centrais da ação, o que possibilita uma lógica dos esquemas, anterior à linguagem e ao pensamento, que já inclui os principais elementos das futuras estruturas operatórias. O processo de exteriorização, por sua vez, "... é marcado, desde os níveis sensoriomotores, por acomodações sempre maiores dos esquemas de assimilação aos objetos..." (Piaget, 1974/1977, p. 209).

No que se refere ao nível da conceituação, a interiorização é marcada pela tomada de consciência da ação própria, isto é, as ações materiais são interiorizadas por meio das representações. No entanto, essa tomada de consciência ocorrerá de duas formas em função dos dois tipos possíveis de abstração, a saber: a abstração empírica e a abstração reflexionante. A abstração empírica é responsável pela descrição dos dados de observação, enquanto a abstração reflexionante possibilita a construção de coordenações inferenciais que permitem o desenvolvimento das estruturas ou formas operatórias. No caso do movimento de exteriorização, ele também é responsável por processos análogos: a abstração empírica fornece a representação dos dados de observação, enquanto a abstração reflexionante permite a interpretação dedutiva dos acontecimentos. Tanto no processo de interiorização quanto no de exteriorização o mecanismo permanece inconsciente.

Somente no nível das abstrações refletidas é que a tomada de consciência torna-se uma reflexão do pensamento sobre si mesmo. Dessa forma, no movimento de interiorização, o sujeito torna-se capaz de teorizar; e, no de exteriorização, apto a variar suas experimentações. Com isso, o processo de interiorização conduz a uma tomada de consciência, por meio da abstração reflexionante e do funcionamento interior, e ao alcance de um sistema superior de equilíbrio.

Enfim, Piaget (1974/1977), ao apresentar seu modelo teórico para a tomada de consciência, o faz na perspectiva interacionista, à medida que concebe o conhecimento como resultado da relação circular que se passa entre um sujeito e um objeto, de modo que um não pode ser pensado sem o outro.

A tomada de consciência das condutas depende de um processo em que o sujeito desliga-se dos objetivos e dos resultados da ação e passa a se interessar por sua razão, isto é, quais os caminhos mais adequados para se chegar à solução do problema. O avanço nos níveis evolutivos ocorre primeiramente no plano do fazer, já que a aquisição da capacidade de conceituar deve-se às ações anteriores e à sua coordenação.

A capacidade para expressar como o êxito foi alcançado é construída *a posteriori* no processo de desenvolvimento do sujeito. Assim, os níveis evolutivos caracterizam as estruturas cognitivas, as quais evoluem mediante adaptação a situações novas, sendo resultado de construções contínuas e elaboração de novas estruturas. Esse processo ocorre gradativamente, posto que cada nível deriva do precedente e o amplia. Cada novo nível não substitui os anteriores, mas os incorpora, resultando uma mudança qualitativa.

Piaget (1974/1977; 1974/1978) coloca a ação no centro de suas explicações sobre o desenvolvimento cognitivo; todavia, essas explicações não se restringem às ações práticas, mas sim, expandem-se e detêm-se no estudo da ação sobre a ação, a abstração. Para complementar as pesquisas realizadas no Centro de Epistemologia Genética e preencher uma lacuna relativa aos estudos sobre a abstração e as relações entre suas duas formas distintas, o autor, publicou em 1977 a obra *Abstração reflexionante*. Nesta, Piaget (1977/1995) trata dos mecanismos da abstração reflexionante e de suas relações complexas com a abstração empírica, aprofundando o que já havia sido assinalado na obra *A tomada de consciência* (1974/1977).

A abstração empírica retira as informações dos objetos físicos ou dos aspectos materiais da própria ação e visa a um dado que é exterior aos esquemas do sujeito. Apesar de esses esquemas construídos anteriormente serem necessários para extrair qualquer propriedade do objeto, tais como seu peso ou sua cor, eles se limitam a encaixar formas que possibilitarão captar tal propriedade. Desse modo, o sujeito retira as características dos objetos ou das características materiais da sua ação, sem realizar coordenações entre ações ou conceituações.

A abstração reflexionante, por sua vez, baseia-se nas coordenações das ações do próprio sujeito, podendo ser chamada de *abstração pseudoempírica* ou de *abstração refletida*. A abstração é denominada *pseudoempírica* "quando o objeto é modificado pelas ações do sujeito e enriquecido por propriedades tiradas de suas coordenações" (Piaget, 1977/1995, p. 274). Apesar da proximidade com a abstração empírica, a diferença consiste em que as propriedades constatadas nos objetos são neles introduzidas pela atividade do sujeito; dessa maneira, o sujeito retira do objeto o que colocou nele, pelas coordenações de suas ações, e não o que já lhe pertencia. De outro modo, há *abstração refletida* quando o resultado de uma abstração reflexionante torna-se consciente, quando ocorre uma reflexão sobre a reflexão.

A abstração reflexionante possui dois aspectos complementares, o *reflexionamento* e a *reflexão*. No primeiro, existe uma projeção para um plano superior daquilo que é retirado de um patamar inferior; no segundo, ocorre a reconstrução e reorganização no novo plano daquilo que foi extraído do primeiro. A abstração reflexionante, nestes dois sentidos, pode ser observada desde os níveis sensório-motores até os níveis superiores, quando a reflexão é obra do pensamento. Para Piaget (1977/1995), a abstração reflexionante é um dos motores do desenvolvimento cognitivo, visto que cada novo patamar exige uma reconstrução do que foi projetado a partir do precedente. Há um processo em espiral com uma alternância ininterrupta de reflexionamentos e reflexões, em direção a domínios cada vez mais amplos, sem fim e sem começo absoluto.

Desta maneira, a teorização piagetiana sobre as relações entre o fazer e o compreender e sobre a abstração reflexionante são fundamentais para a compreensão do processo de tomada de consciência.

## Pesquisas Contemporâneas

Com base na revisão da literatura de pesquisas realizadas no Brasil, no período de 2000 a 2010 sobre a teorização apresentada no item anterior (Piaget, 1974/1977, 1974/1978 e 1977/1995), foram encontradas vinte e cinco investigações, das quais oito foram desenvolvidas no contexto da *psicologia do desenvolvimento*, (três realizadas com crianças e adolescentes, três com jovens e adultos, e um com idosos e adolescentes); e dezessete no contexto de *ensino e aprendizagem* (nove desenvolvidas com alunos, cinco com professores, e três com alunos e professores), conforme pode ser observado na Tabela 1.

Tabela 1 – Pesquisas realizada nos últimos 10 anos no Brasil sobre o processo da tomada de consciência

| Contexto da Psicologia do Desenvolvimento | | | |
|---|---|---|---|
| Crianças | Crianças e Adolescentes | Adultos Jovens e Adultos | Idosos e Adolescentes |
| Silva e Ortega, 2002 | Ortega, Silva e Fiorot, 2002; Silva, 2004; Ortega e Fiorot, 2005 | Fiorot e Ortega, 2006; Fiorot, Ortega, Pessotti e Alves, 2008; Resende e Ortega, 2008 | Santos, Rossetti e Ortega, 2006 |
| Contexto de Ensino e Aprendizagem | | | |
| Alunos | | Professores | Alunos e Professores |
| Leite e Silva, 2009; Teixeira, 2008; Moro, 2005; Ferreira e Lautert, 2003; Pereira e Calsa, 2009; Machado, 2006; Silva, 2004; Cezar, França, Calsa e Romualdo, 2007; Rizzardo, 2007 | | Silva e Chakur, 2009; Fávero e Machado, 2003; Mendonça, 2009; Picetti, 2008; Vieira, 2008 | Martins, 2007; Saladini, 2006; Fiorot e Ortega, 2009 |

Tendo em vista que este capítulo compõe um livro que aborda aspectos da área da psicologia do desenvolvimento, apresentamos de uma maneira mais detalhada apenas as pesquisas realizadas neste contexto.

Em um primeiro trabalho realizado com crianças, Silva e Ortega (2002) investigaram, em uma perspectiva psicogenética, a influência do tipo de prática (individual ou em dupla) no nível de compreensão alcançado por crianças de dez e doze anos no jogo das Quatro Cores. A pesquisa foi realizada em três etapas: na primeira, avaliou-se o nível de compreensão das crianças quando pintavam três figuras; na segunda, realizou-se uma prática do jogo por meio de outras duas figuras, sendo que metade das crianças tentou pintá-las individualmente e o restante em dupla; e na terceira, as crianças foram reavaliadas com base nos mesmos instrumentos utilizados anteriormente. Comparando-se os resultados das duas avaliações, os autores verificaram uma melhora no nível de compreensão, após a prática do jogo.

Por outro lado, três outros estudos, foram desenvolvidos com crianças e adolescentes: Ortega, Silva e Fiorot (2002); Ortega e Fiorot (2005); Silva (2004). Os dois primeiros foram realizados com escolares, com idade variando entre seis e catorze anos, os quais investigaram, em um contexto psicogenético, a relação entre o fazer e o compreender na solução de problemas formulados em situação contidas, respectivamente, no jogo Torre de Hanói e no jogo das Quatro Cores. Os resultados obtidos nos dois estudos permitiram verificar a distância evolutiva que separa a solução prática de uma tarefa de sua compreensão conceitual. Desse modo, enquanto a maioria dos participantes é capaz de obter êxito na maior parte das situações contida nos referidos jogos, somente poucos participantes mais velhos conseguem explicar os meios utilizados para resolver os problemas propostos. Já a terceira pesquisa, efetuada por Silva (2004), analisou a tomada de consciência no jogo de Xadrez em participantes "experts" de oito a dezessete anos. Segundo o autor, os resultados parecem indicar que os processos cognitivos envolvidos no êxito e no fracasso em uma partida do referido jogo podem ser explicados pelo conceito de tomada de consciência.

Por sua vez, Fiorot e Ortega (2006); Resende e Ortega (2008); Fiorot, Ortega, Pessotti e Alves (2008) desenvolveram suas pesquisas com adultos jovens (universitários) e adultos (professores) sendo que a primeira investigou o desempenho de estudantes de pedagogia em duas modalidades do jogo da Senha, analisando quais os procedimentos e estratégias foram utilizados ao jogar. Os resultados mostraram que a maioria dos participantes não conseguiu articular as partes e integrá-las no sistema como um todo. Assim, as conclusões dos jogadores não foram coerentes e comprometidas com os diversos aspectos presentes no jogo. A segunda pesquisa analisou a influência de duas áreas profissionais (engenharia civil e psicologia) no processo de tomada de consciência das estratégias utilizadas na resolução de um problema contido no jogo Torre de Hanói. Os principais resultados obtidos permitiram verificar que, no plano do fazer, os alunos de Engenharia Civil demonstraram um melhor domínio no jogo: e, no plano do compreender, os alunos de Psicologia apresentaram uma relativa superioridade em conceituar as estratégias utilizadas na solução do problema. Na terceira pesquisa, realizada com adultos, Fiorot, Ortega, Pessotti e Alves (2008) investigaram em uma abordagem microgenética o processo de tomada de consciência de professoras por meio do jogo Traverse. Os resultados constaram uma evolução nos níveis de compreensão do sistema lógico contido no jogo, com a existência de momentos intermediários que indicaram uma tomada de consciência parcial da ação. A principal dificuldade apresentada, nesse processo, foi a compreensão da dialética intersistêmica existente no jogo.

Por outro lado, Santos, Rossetti e Ortega (2006) estudaram o processo de tomada de consciência de idosos e adolescentes por meio do jogo Quoridor. Os resultados indicaram que, em muitos aspectos, o processo de tomada de consciência dos idosos e adolescentes assemelhou-se. No entanto, diferenças qualitativas foram observadas na totalidade da análise dos dados, podendo indicar uma direção para o desenvolvimento de intervenção nos aspectos cognitivos de idosos.

Com base em uma análise destas pesquisas, constatamos, em primeiro lugar, que todas foram realizadas com jogos de regras, os quais têm-se revelado como um importante instrumento de investigação tanto em relação ao processo de tomada de consciência (Santos, Queiroz & Ortega, 2010), quanto no que diz respeito a outros temas teóricos piagetianos (Ribeiro & Rossetti, 2009).

Em segundo lugar, verificamos que, apesar de a maioria dos trabalhos investigar aspectos do funcionamento cognitivo, torna-se necessário o desenvolvimento de novas pesquisas que proponham avanços metodológicos, possibilitando a realização de análises microgenéticas mais aprofundadas, nas quais serão levados em consideração tanto os aspectos cognitivos quanto os afetivos.

# Referências

Cezar, K. P. L., França, F. F., Calsa, G. C., & Romualdo, E. C. (2007). Alunos com dificuldade de aprendizagem em escrita: um olhar psicopedagógico. *Psicopedagogia On Line*. São Paulo. Recuperado em 12 de novembro de 2010, de http://www.psicopedagogia.com.br/artigos/artigo.asp?entrID=977.

Fávero M. H., & Machado, C. M. C. (2003). A tomada de consciência e a prática de ensino: uma questão para a psicologia escolar. *Psicologia: Reflexão e Crítica*, 16(1), 15-28.

Ferreira, S. P. A., & Lautert, S. L. (2003). A tomada de consciência analisada a partir do conceito de divisão: um estudo de caso. *Psicologia: Reflexão e Crítica*, 16(3), 547-554.

Fiorot, M. A., (2006). *Como aprendem os que ensinam e como ensinam os que aprendem: um estudo com professoras no contexto do jogo Traverse*. Tese de doutorado não publicada., Universidade Federal do Espírito Santo, Vitória.

Fiorot, M. A., & Ortega, A. C. (2006). Aprendizagem dos que ensinam um estudo com o jogo da Senha. *Luminis*, 1(1), 7-21.

Fiorot, M. A., & Ortega, A. C. (2009). Modos de aprender e de ensinar de professoras em situações com o jogo Traverse. In L. de Macedo, (Org.). *Jogos, psicologia e educação: teoria e pesquisas* (pp.97-124). São Paulo: Casa do Psicólogo

Fiorot, M. A., Ortega, A. C., Pessotti, A. M., & Alves, V. T. (2008). Análise do processo de tomada de consciência de professoras por meio do jogo Traverse. *Psico-USF*, 13(2), 165-175.

Leite, L. F. D., & Silva, D. L. (2009). Fazer e compreender em uma experiência de inclusão digital: o projeto Lan House da brincadoteca da UFSJ. Anais Eletrônicos do Encontro Nacional da Abrapso, 15. Recuperado em 10 de novembro de 2010, de http://www.abrapso.org.br/siteprincipal/images/Anais_XVENABRAPSO/617.%20%20fazer%20e%20compreender%20em%20uma%20experi%CAncia%20de%20inclus%C3o%20digital.pdf

Machado, J. M. (2006). *Tomada de consciência no jogo "O Caminho para o Tesouro do Pirata" de alunos com dificuldades de aprendizagem em fração que freqüentam sala de recursos*. Dissertação de mestrado não publicada, Universidade Federal do Paraná, Curitiba.

Martins, L. C. (2007). *Abstração reflexionante e aprendizagem de proporção: ensino de matemática na sexta série*. Dissertação de mestrado não publicada. Universidade Federal do Rio Grande do Sul, Porto Alegre

Mendonça, I. R. M. M. (2009). *Tomada de consciência e formação do educador infantil na iniciação matemática da criança pequena*. Tese de doutorado não publicada. Universidade Federal do Paraná, Curitiba.

Moro, M. L. F. M. (20050. Estruturas multiplicativas e tomada de consciência: repartir para dividir. *Psicologia: Teoria e Pesquisa*, 21(2), 217-226.

Ortega; A. C., & Fiorot, M. A. O fazer e o compreender no jogo das quatro cores: uma análise psicogenética. In S.S. de Queiroz, A. C. Ortega, S. R. F. Enumo. (Org.). *Desenvolvimento e aprendizagem humana: temas contemporâneas* (pp. 11-25). Vitória: Ufes, Programa de Pós-Graduação em Psicologia; Linhares: Unilinhares, Curso de Psicologia.

Ortega; A. C., Silva, L. C. M., & Fiorot, M. A. (2002). O jogo Torre de Hanói em um contexto psicogenético. *Acta Scientiarum*, 24(1), 189-199.

Pereira, L. A., & Calsa, G. C. (2009). Prevenção de dificuldade na construção do espaço topológico por meio de intervenção pedagógica com ênfase na área psicomotora e tomada de consciência com alunos na educação infantil. *Anais Eletrônicos do Seminário de Pesquisa do PPE, Universidade Federal de Maringá*. Recuperado em 15 de novembro de 2010, de http://www.ppe.uem.br/publicacoes/seminario_ppe_2009_2010/pdf/2009/44.pdf.

Piaget, J. (1977). *A tomada de consciência*. São Paulo: Melhoramentos; Edusp. (Trabalho original publicado em 1974).

Piaget, J. (1978). *Fazer e compreender*. São Paulo: Melhoramentos; Edusp. (Trabalho original publicado em 1974).

Piaget, J. (1995). *Abstração reflexionante: relaçoes lógico-aritméticas e ordem das relações espaciais*. Porto Alegre: Artes Médicas. (Trabalho original publicado em 1977)

Picetti, J. S. (2008). *Formação continuada de professores: da abstração reflexionante à tomada de consciência*. Tese de doutorado não publicada, Universidade Federal do Rio Grande do Sul, Porto Alegre.

Resende, A., & Ortega, A. C. (2008). Área profissional e processo da tomada de consciência. *Arquivos Brasileiros de Psicologia*, 60(2), 172-186.

Rizzardo, J. C. C. (2007). A adição no processo de tomada de consciência: um estudo de caso. *Anais Eletrônicos do Congresso de Leitura do Brasil*, 16. Recuperado em 10 de novembro de 2010, de http://www.alb.com.br/anais16/.

Saladini, A. C. (2006). *A educação física e a tomada de consciência da ação motora da criança*. Tese de doutorado não publicada. Universidade Estadual Paulista, Marília.

Santos, C. C., Ressetti, C. B., & Ortega, A. C. (2006). O funcionamento cognitivo de idosos e de adolescentes num contexto de jogo de regras. *Estudos Interdisciplinares sobre o Envelhecimento*, (9), 53-74.

Silva, E. P., & Chakur, C. R. S. L. (2010). A tomada de consciência da crise de identidade profissional em professores do ensino fundamental. *Schème*, 2(3), 221-241. Recuperado em 20 de novembro de 2010, de http://www.marilia.unesp.br.

Silva, L. C. M. & Ortega, A. C. (2002). Aspectos psicogenéticos da prática do jogo das Quatro Cores. *Estudos de Psicologia (Natal)*, 7(2), 289-298.

Silva, V. E. V. (2004). Necessária, sim, mas não suficiente. *Anais Eletrônicos da Reunião Anual da Anped, 19*. Recuperado em 19 de outubro de 2010, de http://www.ufrrj.br/emanped/paginas/conteudo_producoes/docs_27/necessaria.pdf.

Silva, W. (2004). *Processos cognitivos no jogo de Xadrez*. Dissertação de mestrado não-publicada. Universidade Federal do Paraná, Curitiba. Recuperado em 8 de dezembro de 2010, de http://www.fexpar.esp.br/Leituras/mestradowilson/processos_cognitivos_no_xadrez.pdf.

Teixeira, M. (2008). *Interação social e tomada de consciência a partir do desenho de adultos*. Dissertação de mestrado não publicada. Universidade Federal do Paraná, Curitiba.

Torres, M. Z. (2001). *Processos de desenvolvimento e aprendizagem de adolescentes em oficinas de jogos*. Tese de doutorado não publicada. Universidade de São Paulo, São Paulo.

Vieira, D. O. (2008). *A tomada de consciência no desenvolvimento de competências conceituais em professoras: uma pesquisa de intervenção com foco no autismo*. Tese de doutorado não publicada. Universidade Federal do Rio Grande do Sul, Porto Alegre.

# Observáveis, coordenações, leitura e jogo: tecendo laços

Lino de Macedo

Em A *tomada de consciência* e A *equilibração das estruturas cognitivas*, dois termos ganharam grande prevalência na teoria de Piaget (1974, 1975, respectivamente). Para este autor, observar e coordenar tornaram-se a síntese do necessário, possível ou impossível em nossas relações interdependentes com as coisas. Sem eles e suas múltiplas interações, como construir conhecimentos? Em verdade, ele não diz observar, mas observáveis. O que significam observáveis e coordenações? Nosso objetivo, aqui, é responder a esta pergunta. E o faremos utilizando aspectos da leitura e do jogo como exemplos.

Segundo Salles (2002, p. 167), observar é o mesmo que "proteger e guardar". "Observar é proteger, porque é guardar". Seus sentidos clássicos são "prestar atenção", "reter", "vigiar". Observar tem valor de conhecimento, porque qualifica o observado, conferindo-lhe um grau de "nobreza" (admirável). Para este autor, "nobre, do latim *nobilis*, quer dizer 'o que merece ser conhecido' . . . Seu oposto é *ignóbil*, desprezível, indigno de ser conhecido" (p. 165). Estas significações são interessantes, porque lembram-nos da qualidade afetiva do observar para conhecer. Nossas observações dependem de dois aspectos, um cognitivo, relativo ao procedimento (como observar?), e outro afetivo: por quê?, o quê?, para quem? Segundo Piaget (1954/2001), por exemplo, o período sensório motor, cognitivo, corresponde, em paralelo, ao estádio dos "afetos perceptivos". Aqui, observar é querer ver, ouvir, pegar, tocar, sentir, ao preço de construir procedimentos (esquemas de ação), que otimizem esta necessidade. É querer guardar com as sensações e motricidade as coisas do mundo que interessam ou chamam a atenção da criança. É aprender a admirar as coisas que cercam a criança e preenchem seu mundo.

As significações de observar relacionam-se ao problema do ser vivo: "O que observar para continuar vivendo?" E, complementar a ele, um segundo problema: "Como fazer para observar?". Respostas ao primeiro problema consistem em prestar atenção aos objetos, ou seja, aos seus observáveis, àquilo que nos possibilitam entrar em contato, ou sermos afetados por eles. Trata-se, neste sentido, de um problema de presentificação, representação ou simbolização, de guardar e proteger um conteúdo. Observar é, aqui, como dissemos, ver, ouvir, tocar, cheirar, sentir o gosto, mas também imaginar, pensar, desenhar, dramatizar, evocar, cantar, ler, falar, escrever, enfim, quaisquer formas de construção ou reconstrução em nós, daquilo que pertence ou "é" objeto, acontecimento, experiência. A condição é o sujeito, aquele que conhece, criar procedimentos que permitem a observação do objeto, daquilo que conhece. Esquemas presentativos, no primeiro caso, e esquemas procedimentais, no segundo caso, compõem, assim, segundo este autor (Piaget, 1987), duas formas irredutíveis e complementares de conhecimento. Uma, representa ou presentifica a coisa conhecida; a outra, procede, realiza ou compreende para observar, e conhecer. Percepção ou linguagem e técnica são, pois, dois recursos de conhecimento; um, cria ou recria o objeto, o outro, procede em favor de sua efetiva assimilação pelo sujeito.

## Observáveis e leitura

Na teoria de Piaget (1974, 1975), observar ou observação são sempre referidos como "observáveis", em sua dupla condição: "Observáveis do sujeito" (Obs. S) e "observáveis do objeto" (Obs. O). É que, para ele, em uma situação de interação, não interessa considerar o objeto e o sujeito "em si mesmos", mas o que estão podendo ser em dada relação. Por isto, a formulação adjetiva de observar é, assim, mais adequada. Observável é aquilo que pode ser observado, ou não, dependendo de o sujeito poder observar, ou do objeto, expressar. "Observar o que é", corresponde, pois, aos observáveis do objeto (Obs. O). "Como está observando o que é", corresponde aos observáveis do sujeito (Obs. S). No primeiro caso, trata-se de assimilar o objeto através das significações que o sujeito pode nele observar. Não se trata de uma redução ou mentalização do objeto pelo sujeito. Trata-se de um limite imposto por uma relação interdependente sujeito-objeto. Por impossível, não podemos notar em um objeto, algo que nele não é notável. Mas, só notamos nele, também por impossível, aquilo que temos capacidade ou condições para notar. Daí a importância da inteligência simbólica: em primeiro momento (período pré-operatório), ensinar ao sujeito imaginar, simular, fantasiar, criar, inventar o mundo, como se isto fosse possível (Piaget, 1945/1978). E, em segundo momento (período formal), comprometer estas simbolizações com a coisa simulada – objetos ou acontecimentos, e, ao mesmo tempo, com a própria linguagem (coerência e coesão estrutural, por exemplo) que cria tais objetos ou acontecimentos (Inhelder & Piaget, 1955/1976; Macedo, 1983).

As relações sujeito-objeto são, para Piaget (1980/1996b), interdependentes. O sujeito é irredutível ao objeto, e vice-versa. Somos livres para criar o objeto, mas responsáveis, em termos objetivos ou ficcionais, pelos produtos de nossa criação. Por isso, em uma interação, objeto e sujeito são complementares. Um objeto só pode ser para um sujeito (individual ou coletivo); um sujeito só pode ser para um objeto. Objeto é a parte que falta a um sujeito para formar um todo; sujeito é a parte que falta a um objeto para formar um todo. Esta complementaridade e irredutibilidade, no entanto, são consequências de um longo e complexo processo de desenvolvimento, segundo Piaget. Nos primeiros sete anos de nossa vida, por exemplo, a criança só pode conhecê-los por indiferenciação, em que sujeito e objeto formam uma continuidade, sem contornos, que definem sujeito e objeto como formas de conhecimento. Neste sentido, penso ser possível imaginar o sentimento de uma criança, quando doente. Se ela tem dor de barriga, o leite de sua mãe ou as comidas estão "estragadas"! Se "minha mãe" fica brava deste jeito, é porque não gosta de mim! Os limites do sujeito são os observáveis de um objeto; os limites de um objeto são os observáveis do sujeito. A "vida funcional" de um objeto, nestes termos, é aquilo que o sujeito faz, pensa, sente a respeito dele. É o como procede em relação a ele. Pensar, fazer e sentir são esquemas de ação aplicados ao objeto. Por esta razão, o terceiro termo de uma interação, com qualidade interdependente, é o critério do indissociável, isto é, ainda que não confundidos, sujeito, objeto e suas relações formam um sistema em que as partes ou elementos que o compõem são irredutíveis, complementares e indissociáveis. Ou seja, integradas, por diferenciação sujeito-objeto, mas não dissociação entre um e outro. Esta integração, por suposto, só se alcança no período formal ou hipotético dedutivo, e haverá de ser, eternamente, o grande problema de nossa vida. Como compor um todo, se só podemos ser parte? Daí que ser autônomo, não é só se tornar independente, livre, mas ganhar pertencimento, ser como o outro, objeto de nossa assimilação.

Para ilustrar a complexidade e importância destas interações entre observáveis do sujeito (Obs. S) e observáveis do objeto (Obs. O) pensemos em um texto e seu leitor. Um texto é um objeto sociocultural, com forma (estrutura linguística) e conteúdos (expressão simbólica, ou imagens daquilo que o escritor quis comunicar ou criar) objetivados nos sinais e significações inscritas em seu portador – livro, papel etc. Como objeto linguístico pode ser estudado ou analisado em si mesmo, ou seja, não pensado na perspectiva de seu leitor. Por suposto, neste caso está-se fazendo a abstração do leitor que o estuda ou analisa, e considerando, por hipótese, a possibilidade de se analisar um texto "em si mesmo", por sua estrutura ou conteúdo. Em nosso caso, interessa pensar um texto, enquanto objeto, e sua leitura por um sujeito. "Só" podemos ler o que está escrito ou inscrito no papel; mesmo as fantasias que despertam, devem-se a eles ou acontecem a partir deles. O escrito ou ilustrado, neste caso, são os observáveis do objeto (Obs. O). Observáveis porque se referem a um texto em particular, por exemplo, certo conto ou poesia, as palavras ou imagens que o expressam, e que podem ser lidas. A leitura corresponde à atividade ou aos procedimentos de ler de certo leitor, sob certas condições. Se for o caso, de uma leitura em voz alta, os observáveis do sujeito (Obs. S) referem-se aos procedimentos utilizados pelo leitor. Como ele lê? O tom de voz é alto ou baixo? Considera a plateia? Observa os sinais de pontuação e os coordena com sua respiração? Lê de forma alegre, ativa, ou entediada? Como se relaciona com o texto, seu conteúdo, e para quem ele lê? Demonstra compreender aquilo que lê? Modula sua forma de ler em função de características do texto, da plateia, e das circunstâncias (limites de tempo, objetivo da leitura etc.) que delimitam sua realização?

A experiência de ler supõe uma atividade "real" de leitura, e o que se lê está condicionado ao que está escrito, que constitui os fatos, acontecimentos, descrições, ilustrações a serem lidos:

1. Mas a leitura não depende só daquilo que os olhos pensam estar lendo; às vezes, "lemos" coisas, como se estivessem no texto; em outras palavras, legível e lido são duas realidades diferentes, funcionalmente a primeira (o legível, ou o que pode ser lido) está condicionada à segunda (à leitura).

2. Assim, em uma prática de leitura o texto, em sua condição legível, depende ou se reduz ao que e ao como o sujeito efetivamente lê.

3. Uma leitura depende do texto que se lê, mas igualmente do que o sujeito pode compreender, mesmo que de forma deturpada, daquilo que lê; em outras palavras, texto lido e ato de leitura são duas formas interdependentes de relação sujeito-texto. O ato de ler não cria o texto lido, mas influencia, às vezes, deforma aquilo que nele está escrito. A apreensão do que está escrito é influenciada, pois, pelo nível de compreensão do leitor, ou pelas suas condições de leitura.

4. A leitura de agora é influenciada por leituras anteriores, seja quanto ao conteúdo (assunto), seja pela forma (procedimentos de leitura).

5. Uma coisa é o que observamos no texto; outra é o que observamos em nossos procedimentos de leitura. Observáveis do sujeito – como lemos? Rápido ou devagar? Respeitando os sinais da escrita, ou não? Em voz muito alta, ou muito baixa? Considerando a plateia que está nos ouvindo, ou não? Observáveis do objeto: o que está escrito? Palavras desconhecidas? Ideias principais?

Para Piaget (1974), o conhecimento dos observáveis do sujeito (Obs. S) e observáveis do objeto (Obs. O) acontecem por intermédio de um processo de tomada de consciência. Esse autor sintetiza o processo de tomada de consciência pelo esquema, apresentado na Figura 1. As relações sujeito e objeto começam de forma indiferenciada, ou seja, "periférica" em relação ao sujeito e, igualmente, ao objeto. Leitor e leitura, conteúdo e forma do texto estão indiferenciados. Daí que os primeiros aspectos que se tem consciência de uma leitura são: o próprio ato de ler e o sentimento (fracasso ou êxito) de sua compreensão. Em outras palavras, tudo começa por um objetivo ou problema (querer ler) e um resultado ou desfecho (fracasso ou êxito). Atenção: dizer periférico ao sujeito e ao objeto não significa desimportante para "eles".

Na leitura, como na vida, é este encontro (leitor-texto, vivente-vida), que define a jornada de um em relação ao outro. Mas ao preço de uma diferenciação. É em afastando-se do objeto que o sujeito encontra-o. É em afastando-se do sujeito que o objeto constitui-se "para ele", ou em relação a ele. Tomar consciência expressa o longo e necessário processo por intermédio do qual, pouco a pouco, o sujeito adentra regiões centrais (C') do objeto, e, simultaneamente, regiões centrais (C) de seu modo de proceder em relação a ele. É bom lembrar que, para esse autor, a significação de um objeto para um sujeito caracteriza-se pelo que ele faz, sente ou pensa em relação a ele (Piaget & Garcia, 1987/1997). O que o sujeito faz com o objeto de sua leitura? O que diz, observa, sente ou pensa?

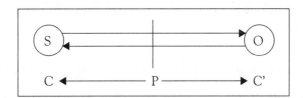

*Figura 1* – Modelo da tomada de consciência, para Piaget (1974, p. 264).

Tomar consciência é, pois, observar características do objeto. O que ele está lendo? Qual é a cor da capa? O tamanho das letras? As ilustrações? O cheiro, a forma do livro? Sobre o que ele diz, isto é, qual é o assunto? O que propõe o sumário? Quantas páginas? Letras grandes ou pequenas? Fáceis ou difíceis de ler? É preciso usar dicionário para entender certas palavras? Quem o escreveu? Que história ele conta? Pode-se compreender o que está escrito, ou não? O texto, ou sua história, é parecido com outras? Qual é a estrutura textual? Historicamente, o texto situa-se em que época? Qual é o estilo do autor? Qual seria um bom resumo do texto? Quais são suas palavras-chave? Enfim, há muitos e muitos modos de observarmos um texto. De ganharmos intimidade ou conhecimento dele. De apreciarmos sua "nobreza", o que tem de admirável, e que o faz merecido de nossa atenção.

Tomar consciência é, também, observar procedimentos de leitura de um texto. Como fazer um resumo? Como encontrar fácil e rapidamente palavras desconhecidas e importantes no dicionário? Como ler em voz alta? Como ler de modo silencioso? Como discutir com colegas o texto lido? Como fazer crítica e autocrítica, isto é, observar a leitura dos outros e a nossa leitura para manter, corrigir ou conviver com certas formas de procedimento adotadas? Como reconhecer uma estrutura textual? Como ler, de modo diferenciado, textos narrativos, poéticos, instrucionais? Como ler para se divertir, para aprender, para fazer uma prova, para apresentar as ideias principais em um seminário? Como compreender e entregar-se à sabedoria deste antigo pensamento?

> Os livros não transformam o mundo.
> *São as pessoas que transformam o mundo.*
> Os livros transformam as pessoas.

Proponho que terminemos estas consideremos sobre significações de observáveis do sujeito e do objeto, transcrevendo, de modo adaptado, o texto de Piaget (1975). Proponho ao leitor, entre temeroso e excitado, que avalie o que dissemos até agora sobre observáveis do sujeito e do objeto, utilizando aspectos da leitura como ilustração. Que avalie, tomando como referência as significações de observáveis, segundo Piaget (1975, p. 50):

- São o que a experiência permite notar por uma leitura imediata dos fatos.
- É insuficiente definir os observáveis apenas por suas características perceptivas, porque o sujeito crê perceber o que na realidade não percebe.
- São aquilo que o sujeito crê notar e não aquilo que pode ser notado.
- Nunca são independentes dos instrumentos de registro (esquemas de assimilação) de que o sujeito dispõe. Estes instrumentos são perceptivos, mas também esquemas pré-operatórios ou operatórios aplicados à percepção atual e capazes de modificar os dados num sentido quer de precisão suplementar, quer de deformação.
- São, na maioria das vezes, condicionadas por coordenações anteriores. O observável no estado N depende dos observáveis e coordenações no estado N-1 e assim sucessivamente.

- Subdividem-se em (a) observáveis notados pelo sujeito sobre suas próprias ações (Obs. S) e (b) observáveis registrados sobre o objeto (Obs. O). Exemplo: quando a bolinha de argila é transformada em salsicha, (a) é a observação da ação de alongar e (b) é a do alongamento do objeto.

## Coordenações e leitura

O segundo critério indicado por Piaget, para a construção do conhecimento como interação, são as coordenações. Observar e coordenar, interagir. Interagir, sofrer influência das coisas e pessoas com as quais interagimos, e sofrer influência dos efeitos de nosso próprio comportamento, sem o qual não haveria interação. Trata-se, portanto, de um jogo recíproco de influências. Uma proveniente do objeto, a outra, do sujeito da interação. Sofrer influência, perturbar-se, enfrentar desequilíbrios, ter de observar o que não foi suficiente, o que surpreendeu, aperfeiçoar para superar as perturbações. Coordenar os conteúdos da interação de outra forma. Para isto, observar, para mais do que isto, coordenar. É que coordenar expressa a dimensão "epistêmica" do sujeito (Piaget, 1980/1996b). Observar, sua dimensão "psicológica" (Inhelder & Cellérier et al., 1992/1996).

Coordenar significa "dispor segundo certa ordem", "organizar". Trata-se de pensar, ou observar segundo dada referência. Consideremos, por exemplo, o ato de classificar. Classificar é reunir, material ou simbolicamente, objetos ou coisas que admitem um critério comum. Para isso, temos de observar, "ao mesmo tempo", dois critérios: a referência para a classificação e a coisa classificada. Se queremos juntar coisas amarelas devemos saber, em algum nível de compreensão ou imaginação, o que é "amarelo" e aplicar esta referência às coisas julgadas como amarelo. Afirmar ou negar um predicado de objetos diferentes (ser amarelo), pautado em um conceito ou ideia (o do próprio amarelo) é um problema muito difícil. Supõe julgar ou avaliar, dizer sim ou não, inferindo, pela observação que tais objetos possuem o predicado. Assim, conceito ou ideia de "amarelo", predicado ou característica de "amarelo", julgamento de certa cor (o "amarelo"), e inferência, afirmação ou conclusão de que tal objeto possui (definitiva ou temporariamente) tal predicado compõem um quaterno muito importante e difícil de considerar na dialética de nossas relações interdependentes com as coisas.

Para ler um texto necessitamos de algum saber, não importando aqui seu nível de "verdade" ou verificação, sobre as coisas lidas. Este saber, conjunto de experiências, sentimentos, informações, noções ou conceitos, possibilita-nos atribuir significações à coisa lida. Mas as coisas lidas e coordenadas como texto compõem uma estrutura (ou forma) traduzida nos conteúdos que lhe dão vida ou sentido. Ou seja, não é apenas o sujeito que depende de suas coordenações para ler um texto. O texto, objeto de nossa leitura, ele próprio requer coordenações ou relações internas a si mesmo. Estas relações, por exemplo, dão-se entre as palavras, os sinais, a história, informação, descrição ou proposição formulada, entre seu autor e aquilo que ele dizer por escrito, a língua e o nível de sua comunicação, os aspectos ortográficos, semânticos.

Igual aos observáveis, temos, pois, dois tipos de coordenações: a do sujeito e a do objeto. Coordenações são o mesmo que suas operações ou procedimentos de organizar, atribuir significação, agir em relação ao que observa. Ouvir, cheirar, tocar, lamber, andar, falar, classificar, ordenar, comparar, identificar, reconhecer, orientar, mudar de posição, resolver, compreender, analisar, interpretar, supor, imaginar, antecipar, inferir, planejar, concluir, manter um objetivo, perseverar são exemplos de coordenações. Em relação aos objetos, comportam-se como procedimentos, mas em relação a si mesmas e sua parte na estrutura (sensório-motora ou simbólica) que as caracteriza são coordenações. São formas de agir ou de pensar pelas quais coordenamos "pontos de vista", observamos uma coisa em relação à outra, estabelecemos ou criamos nexos. Mas estas coordenações do sujeito aplicam-se a um objeto, àquilo que busca conhecer, entrar em contato, interagir. O objeto, mesmo que desconhecido para o sujeito, ele mesmo tem suas coordenações – de objeto. No caso de um texto, por exemplo, estrutura textual, palavras, sinais, espaços, ilustrações, ideias, gramática, significados, significantes relacionam-se entre si, organizam-se para criar um texto.

Os observáveis do sujeito dependem dos observáveis do objeto. No caso das coordenações dá-se o contrário: são as coordenações do objeto que dependem das coordenações do sujeito. É que o limite de um texto, daquilo que ele "é" ou comunica, depende das estruturas de compreensão, dos sentimentos, da experiência de seu leitor, das significações que ele, só ele, pode atribuir ao texto. Não basta a um texto ser uma "narrativa" em si mesmo, não basta um especialista afirmar que é uma narrativa, porque possui tais ou quais elementos constituintes. A "existência" desta "narrativa" no plano da interação depende de seu leitor, depende de suas interações com o texto. E o texto, nem seu especialista podem dizer por ele. Texto e especialistas dizem que tais coisas estão lá, mas não vemos. É insuficiente, pois, dizer ou estar lá, se nossos esforços de observação ou o nível de nossas coordenações são insuficientes para ver ou constatar. Não basta que os observáveis do sujeito "vejam", se suas coordenações são insuficientes para compreender. Não basta que os observáveis do objeto expressem, se suas coordenações não podem ser "alcançadas" pelas coordenações do sujeito. Em outras palavras, os observáveis do sujeito não dependem só dos observáveis do objeto;

ao mesmo tempo, e reciprocamente, dependem também do nível de desenvolvimento de suas coordenações, do nível de suas estruturas, de sua capacidade de relacionar as coisas entre si, de atribuir-lhes uma significação. São estas coordenações do sujeito que serão atribuídas ao objeto, conferindo-lhe, certo ou errado, insuficiente ou suficiente, os elementos que possuem e o modo como articulam-se formando um sistema, ou texto. Em outras palavras, um texto compõe-se de relações complexas entre conceitos e predicados que contam uma história, que descrevem ou sintetizam um fenômeno ou acontecimento, que instruem sobre um procedimento, que criticam ou criam ideias, apresentam fórmulas ou ilustrações, provocam sentimentos ou questões a pensar. Mas estas relações entre conceitos e predicados, entre coisas para ler, dependem dos julgamentos e inferências de seu leitor. Do quanto ou como ele pode apreciá-los, se sentir, emocionar, ganhar prazer ou compreensão. Do quanto ele pode inferir, antecipar, "entrar" no texto e ser dele um participante ativo.

Transcrevemos a seguir, de modo adaptado, as significações que Piaget (1975, p. 51-52) atribui às coordenações:

1. Compreendem inferências necessárias, implícitas ou explícitas, que o sujeito considera ou utiliza como se fossem-lhe impostas, com todos os intermediários entre esta evidência subjetiva e a necessidade lógica.

2. As inferências (necessárias ou pseudonecessárias) não são generalizações indutivas, isto é, passagem extensional de algumas observações para "todas" no que se refere às relações observáveis. Consistem em construção de relações novas que ultrapassam a fronteira do observável.

3. Há coordenações não enganosas, mas delimitadas resultando em observação errônea. Exemplo: baseada na ideia de qualquer transmissão mediata implica uma leve translação dos mediadores, o sujeito "vê" moverem-se mediadores imóveis (na transmissão do movimento).

4. Há coordenações lacunares ou excessivamente globais resultando em observação falsa. Exemplo: Por ser concebido como dependente, apenas da forma do bocal, sem relação com referências exteriores e interfigurais, um nível da água pode ser "observado" como não horizontal.

5. Subdividem-se em:
    (a) Coordenações entre as ações (Coord. S), que são pré-operações ou operações do sujeito. Exemplo de – transitividade de relações estabelecidas pelo sujeito.

(b) Coordenações entre os objetos (Coord. O) na medida em que se presume que atuam uns sobre os outros, isto é, são operações atribuídas aos objetos (modelo causal). Exemplo de – transmissão do movimento entre objetos, que é ainda uma espécie de transitividade, mas atribuída aos poderes dos próprios objetos.

(c) Coordenações que incidem em propriedades momentâneas dos objetos, mas nestes introduzidas pelo sujeito. Exemplo: equivalência entre duas filas de fichas que o sujeito tenha ordenado em correspondência termo a termo. Há aí uma coordenação entre ações ou operações do sujeito e não entre objetos, embora a leitura dos resultados faça-se sobre os objetos.

De fato:

a) A ação que incide sobre os objetos não os modifica, mas acrescenta-lhes novas propriedades que se mantêm momentâneas: ordem, correspondência perceptível, soma de cada fila etc.

b) A leitura deste quadro operatório imposto aos objetos apenas incide no seu aspecto extratemporal, menosprezando, conforme as intenções do sujeito, as durações, velocidades e dinamismo que presidiram estes arranjos.

c) Esta leitura despreza, com tanto mais razão, os caracteres cinemáticos e dinâmicos dos objetos (resistência, peso etc.)

Voltemos, para ilustrar, ao ato de leitura. Antes de nossos comentários, talvez seja interessante saber das relações entre inteligência, leitura e coordenação, ou lógica, segundo indicado por Salles (2002):

> *Inteligência* (as escolhas diárias). Saber escolher as melhores alternativas que se nos apresentam diariamente é ser inteligente: ler nas entrelinhas da vida – e das oportunidades. A palavra vem do latim *intellegere*, composta de *inter-*, "entre", e *legere*, que é "recolher", "fazer escolhas" ou ler (este último sendo semanticamente "escolher e juntar as letras"). "Saber ler nas entrelinhas" é a tradução etimológica do latim *intelligencia*, e tudo isto está ligado, é lógico, com a ... lógica. É que as palavras latinas *logicus* e *elege* vêm, ambas, do mesmo grego logos, "palavra", ou ainda "pensamento" e "razão" (o verbo original grego, *legein*, tanto era "falar", quanto "ler", ou "escolher". (p. 129)

Observemos que na etimologia da palavra "inteligência", tão cara a Piaget, está também o ato de leitura, como ação de escolher e juntar palavras, pensamentos, sentimentos. Ser inteligível, desafio de um texto; ser inteligente, desafio de seu leitor! Por exemplo, quando lemos em voz alta, recitamos palavra por palavra, não há como fazer diferente em seu sentido "físico", mas compreendemos destacando, escolhendo, coordenando o lido ou ouvido, com outros aspectos que o complementam, enquanto ato de leitura: o que sabemos sobre o assunto, nosso interesse ou objetivo de leitura, aspectos que nela nos chamaram a atenção, estilo do autor, modo de dizer, estrutura do texto etc. Em sua sabedoria, pessoas que não puderam estudar, de fato, relacionam leitura com inteligência, capacidade para pensar, observar e coordenar as coisas em um processo de interação em que os elementos internos e os externos tornam-se interdependentes. E sofrem, por sua impossibilidade ou dificuldade, de não saber ler. E admiram e dependem da "magia" de seus decifradores.

Ler, pode-se dizer, é um ato inferencial. Trata-se de julgar o que está escrito, atribuindo-lhe um nome ou sentido, uma ideia ou pensamento. Isto depende do quanto sabemos sobre os conceitos e os predicados das palavras constituintes do texto, e, por suposto, daquilo que elas representam ou significam para nós, neste ato. Atuamos, pois, segundo Piaget (1996b, p. 38), no círculo dialético dos predicados → conceitos → julgamentos → inferências. Um texto é uma forma ou proposta de predicação, através de imagens ou palavras, a respeito de alguma coisa. Para entender os predicados e suas relações que compõem um texto, dependemos de saber minimamente conceitos relativos a eles. Este saber na prática da leitura, implica um tipo de julgamento do leitor sobre a coisa lida. Para este julgamento, dois aspectos operam de modo interdependente: o que se observa, ou lê porque "está escrito ou presentificado", de um lado, e o que se infere, coordena, conclui, de outro.

Trata-se, portanto, na perspectiva do leitor, de um encontro, marcável nos diversos níveis de suas possibilidades, entre esquemas simbólicos ou presentativos e esquemas procedimentais, coordenados por esquemas operatórios. Por isso ler é um ato de inteligência, definido por uma interação leitor – texto, e o problema ou razão que a motivou e sustenta a leitura, em que observar e coordenar, na perspectiva de um (o leitor) e outro (o texto), definem o sucesso ou fracasso deste encontro. O leitor observa (Obs. O) o texto, lê, e considera seus procedimentos de leitura (Obs. S). Estes procedimentos são considerados em relação ao que se lê em particular e às coordenações do sujeito: nível de desenvolvimento ou capacidade de abstrair, comparar, atribuir significação etc. (Coord. S). Estas coordenações, igualmente, são tudo o que, na perspectiva do leitor, ele conta para compreender o texto que está sendo lido, não como conteúdo, mas como forma (Coord. O): estrutura textual, autor, tipo de linguagem, intencionalidade.

Piaget (1975), em A *equilibração das estruturas cognitivas: problema central do desenvolvimento*, apresentou o modelo destas interações entre observáveis e coordenações do sujeito e do objeto:

$$\begin{array}{c} \overbrace{\text{OS}} \\ (\text{Obs. S} \rightarrow \text{Coord. S}) \leftrightarrow (\text{Obs. O} \leftarrow \text{Coord. O}) \\ \underbrace{\phantom{xxxxxxxxxxxxxxxxxxxxxxxx}}_{\text{SO}} \end{array}$$

*Figura 2* – Modelo do tipo II das interações sujeito-objeto, segundo Piaget (1975, p. 59).

Nosso modo de leitura deste modelo é a seguinte. Lemos, guiados pela orientação das setas →, em sua condição de mútua dependência, a partir da relação Obs. O e Obs. S. Este é, assim, nosso modo de ler este modelo: os Obs. O dependem, em uma interação, dos Obs S. Os Obs. S dependem dos Obs. O e das Coord. S. As Coord S. dependem dos Obs. S e das Coord. O. As Coord. O dependem das Coord. S e dos Obs. O. As relações entre observáveis definem o processo OS (objeto-sujeito). As relações entre coordenações definem o processo SO (sujeito-objeto). Analisando de outro modo, a estrutura de um objeto lhe pertence, é sua (Coord. O). Mas, do ponto de vista funcional, ela se apresenta por seus observáveis (Coord. O), e, depende, simultaneamente das compreensões ou explicações que lhe atribuem um sujeito (individual ou coletivo), nos limites de suas coordenações (Coord. S). O que este sujeito observa depende, simultaneamente dos observáveis do objeto (Obs. O) e de suas coordenações.

Conforme propôs Piaget (1975), o desenvolvimento de nossa inteligência depende da trama ou dos laços que se tecem nas relações, nas mútuas influências e interdependências entre observáveis e coordenações do objeto e do sujeito. Conforme ensinou o dicionarista (Salles, 2002), inteligência é saber "ler" entre fazer escolhas, juntar, organizar, selecionar. Inteligência e leitura. Leitura e inteligência. Conhecimento do sujeito sobre um objeto. Um objeto que, por um ato, influência, transforma, perturba um sujeito. Ler é conhecer. Conhecer é ler, é atribuir significações ou legibilidade às coisas, objetos de nossas interações.

## Jogo e leitura

Nos últimos trinta anos nosso esforço de pesquisa e estudo, junto com orientados e colegas (Macedo, 2009), consistiu em observar e promover processos de desenvolvimento e aprendizagem em situação de jogo, e em um contexto de oficinas. Teoria de Piaget e características metodológicas de suas investigações serviram de fundamento a este trabalho. Como aprender a jogar? Jogar para aprender o quê? Por que o jogo como recurso metodológico? Por que jogos de regras? Quais jogos? Em que condições? Como orientar ou mediar relações entre jogador e jogo? Como fazer do jogo um recurso para superar dificuldades, não importa se causadas ou produzidas por uma multiplicidade de fatores? Como explicar conceitos ou a teoria de Piaget, usando a experiência vivida em uma situação de jogo? Como "ler" ou "encontrar" Piaget em um jogo? Estas e muitas outras perguntas animaram nosso trabalho, justificaram teórica ou praticamente nosso fazer. Neste ensaio, o interesse é refletir sobre relações entre certos conceitos da obra de Piaget e processos de jogar e ler. Já o fizemos em relação ao observar, coordenar e ler. Agora é a vez de pensarmos aspectos comuns, por correspondência, ao jogar e ler.

Na primeira parte deste capítulo, o objetivo foi analisar o problema das relações leitor-leitura na perspectiva de dois modelos de Piaget: a da Tomada de Consciência (Figura 1) e o das interações entre observáveis e coordenações do sujeito e do objeto (Figura 2). Na segunda parte, incluímos um terceiro elemento, que sempre nos foi tão caro: o jogo. Nossa hipótese, é que pode ser interessante pensar correspondências entre ler e jogar.

Jogar e ler supõem um sujeito ativo. Literalmente, com sono, desinteressado, passivo, entediado, preguiçoso não dá para ler, nem para jogar. Como ser um protagonista, decidir a melhor jogada, antecipar, recuperar "terreno perdido", calcular, dialogar consigo mesmo ou com a equipe, fora da condição sujeito ativo? Como ler sustentando um objetivo, atribuir significações, acompanhar as idas e vindas do texto, encontrar ideias principais, compartilhar sentimentos, acompanhar descrições, ou apreender informações, fora da condição sujeito ativo? Nos dois casos, trata-se de agir, nos limites do possível, com autonomia, isto é, liberdade e pertencimento. Liberdade, porque ninguém pode jogar ou ler *pelo* outro. Pode-se ler ou jogar *para* o outro. E isso em muitas circunstâncias é bom. Por exemplo, os pais ou a professor leem uma história para a criança. Os jogadores de futebol apresentam-se para uma plateia. Mas não se pode fazer ambas as coisas pelo outro, em seu lugar. Liberdade, neste caso, significa independência, domínio mínimo, ou o suficiente para ter uma relação de sujeito ativo.

Pertencimento, porque saber jogar e saber ler implicam fazer parte de uma comunidade que pratica tais atividades, significa tornar-se membro de uma cultura escrita, em um caso, ou cultura lúdica, no outro. Este, ao menos no caso da leitura, é o compromisso da escola: "Transformar o aluno em todos os momentos em leitor ativo, isto é, em alguém que sabe por que lê e que sabe e assume sua responsabilidade ante a leitura, aportando seus conhecimentos e experiências, suas expectativas e questionamentos" (Solé, 2008, p. 114). Graças a isso, "... as crianças se tornam protagonistas da atividade de leitura, não só porque leem, mas porque transformam a leitura em algo seu" (p. 108).

Na leitura, como no jogo, ter ou considerar um objetivo é fundamental. O objetivo, aquilo que se quer alcançar, o que justifica a relação, pode ser entendido de dois modos. De um lado, por sua versão afetiva ou motivacional. Querer jogar ou ler não são necessários apenas para desencadear o início destas atividades, mas este interesse ou intenção é que sustenta a jornada até o fim. De outro lado, dizer objetivo implica dispor de ou construir procedimentos que tornem possível sua realização. Não basta querer ler, é preciso aprender a ler. Igualmente, não basta querer jogar, é preciso jogar e, em jogando, arcar com as consequências dos atos praticados. No jogo, o objetivo é o que define sua razão. Jogar para que? Para completar números em um tabuleiro, para ser o primeiro a alinhar peças segundo certos critérios, e, o mais importante, para vencer o adversário. Na leitura, se não temos ou não criamos um objetivo, esta atividade fica sem sentido, desinteressa. Além disso, mesmo se começamos a ler sem um objetivo definido, logo um objetivo se delineia, e passa a regular nosso propósito de leitura. Tal objetivo pode ser lúdico como no jogo. Em ambos, o desejo – de ler e compreender, ou de jogar e ganhar – preside os atos, mas não dá conta da construção dos procedimentos necessários para tais realizações.

Jogar e ler supõem fazer previsões, formular hipóteses, e verificar, em seguida, se o que foi suposto confirmou-se, ou não. Solé (2008, p. 107) afirma: "Toda a leitura é um processo contínuo de formulação e verificação de hipóteses e previsões sobre o que sucede no texto". O mesmo acontece quando jogamos. Há de considerar-se o tempo todo as consequências da ação, as implicações das escolhas a fazer. Segundo Solé (2008) a professora pode ajudar os alunos a fazerem previsões antes da leitura, formulando perguntas: "O que pensa encontrar neste texto?" (p. 107). Antecipando, igualmente, que estas previsões, ainda que necessárias, têm um limite: "Pode ser... não sabemos" (p. 108). As perguntas, no jogo e na leitura, não são indiscriminadas. É preciso aprender a fazer boas perguntas, perguntas pertinentes, importantes para o objetivo que se tem em vista. Mas perguntas, previsões ou hipóteses necessitam ser verificadas. Elas não substituem o ler ou o jogar, em si mesmos.

"Formular hipóteses, fazer previsões, exige correr riscos, pois por definição não envolvem a exatidão daquilo que se previu ou formulou", afirma Solé (2008, p.108). Quero destacar aqui a importância do correr riscos. Em um jogo frequentemente não se tem certeza plena, ou controle, da situação. O que o oponente pode fazer? No jogo as coisas nem sempre são evidentes. É preciso pensar, corrigir, verificar, arriscar-se. O objetivo, ganhar a partida, justifica o esforço, mas, em si mesmo, não é suficiente. Em um texto desconhecido também é assim. Não se sabe de antemão o que o autor vai dizer. Daí a importância de a professora advertir: "Com a leitura vão ver se é verdade tudo o que disseram" (p. 108). No jogo, igualmente, é só com as jogadas que vai se sabendo ou produzindo resultados.

## Leitura como jogo

No item acima, propusemos correspondências entre jogo e leitura. Correspondências são funções que estabelecemos entre coisas, em si mesmas independentes. São as correspondências que estabelecem relações entre uma e outra. Para isto, apoiado em Piaget (1980/1982), há de se verificar o que se repete nos dois casos, reconhecer ou observar semelhanças e diferenças, estabelecer relações entre uma coisa e outra, ordenar aspectos relevantes em um ou outro sistema, verificar a convergência das direções (o para onde se quer ir) e os recursos relevantes para a "travessia". Em nosso caso, o que quisemos dizer foi que o jogo implica uma leitura de observáveis. Observáveis diferentes no caso dos objetos, mas correspondentes no caso dos observáveis do sujeito. Lê-se textos ou imagens, joga-se com peças, números, sinais. Ser um bom jogador não implica ser um bom leitor. Ser um bom leitor não significa ser um bom jogador. Mas o que é bom lá (na leitura), também pode ser bom aqui (no jogo). Os coordenadores cognitivos (Piaget, 1980/1982) que possibilitam a construção de esquemas de ler correspondem aos que possibilitam esquemas de jogar. Há homologia de processos. Mas, claro, não podemos desconsiderar a especificidade das linguagens, dos objetivos, regras e outras formas de interação, estrito senso, que separam leitura e jogo. Quisemos marcar que se os objetos (texto e jogo) são diferentes, o sujeito que se relaciona com eles "é" o mesmo, e utiliza formas correspondentes para construir os esquemas de leitura e de jogo.

Solé (2008) e Meek (2004) atribuem ao jogo um valor muito importante nos inícios do processo de aprendizagem da leitura e da escrita. No caso de Solé, suas estratégias de leitura permitem "jogar" com o texto. Possibilitam valorizar o aspecto lúdico e simbólico da leitura. Reconhece que compreender, correndo riscos, é tão importante quanto saber decodificar o que está escrito. Aprender a ler, neste sentido, não se reduz a um processo de modelagem ou associação, que apenas requer práticas de transmissão, relacionando palavras ou letras aos sons que lhe correspondem. É por isso mais do que um exercício de reconhecimento ou repetição. Há de se aprender a jogar com o texto. Jogar para compreender, criar sentido, e sofrer as consequências de um "diálogo" que só aos poucos vai-se constituindo entre leitor e texto. O mesmo acontece no jogo. Este não se reduz aos objetivos, regras e materiais que o compõem como objeto sociocultural. Não basta saber jogar certo, segundo as regras e circunstâncias definidas pelo jogo. No plano do jogador há de se aprender a jogar bem, sendo o desafio construir procedimentos que tornem isto possível.

Meek (2004) analisa a leitura como jogo. Ela comenta sobre a importância dos jogos de linguagem através dos quais a criança pode compreender, na ação, aspectos da leitura e da escrita.

## Jogo como leitura

Jogar supõe uma leitura de imagens. Imagens perceptivas, ou seja, leitura daquilo que o jogador observa no jogo, em cada momento da partida. Uma partida, neste caso, é como se fosse uma sequência de "fotos" – recortes ou instantâneos – que o jogador tira e na qual se baseia para tomar suas decisões, ou jogadas. Estas "fotos" correspondem aos observáveis do objeto. Suas decisões e os procedimentos que utiliza para tomá-las alteram o cenário da partida, pois uma coisa é uma peça em tal lugar, outra é esta peça em outro lugar. Observar, ler o jogo contínuo das posições e deslocamentos do que se joga em uma partida, é o grande desafio. Uma coisa é se escrever um número em um quadro (tabuleiro), outra é não escrever este número e, sim, outro, ou colocar este mesmo número em outro lugar. O movimento da peça, o número que escreve, corresponde aos observáveis do sujeito, isto é, depende dos procedimentos que utiliza para decidir por eles. É com base neste novo cenário que o oponente toma suas decisões. Ler neste caso implica considerar os observáveis do objeto, o que está expresso no jogo ou tabuleiro, por exemplo. Esta consideração implica a produção de observáveis do sujeito, ou seja, a utilização de procedimentos de leitura. O que mostra a situação? O que ele vê a respeito dela? Tais procedimentos de leitura dependem não só dos observáveis do objeto, mas também das coordenações do sujeito. Ou seja, do modo como compreende a situação, isto é, interpreta, atribui sentido.

Compreender é observar, mas é principalmente fazer coordenações, coordenações de um sujeito sobre um objeto, de um jogador sobre um jogo. Compreender é comparar, reunir pontos de vista, considerar várias informações ao mesmo tempo, pensar antes de jogar, ponderar o interesse, por suas consequências, em fazer tal ou qual movimento. Compreender é também valorizar o que está sendo visto, por que ainda não foi feito, mas ambos – o que se vê ou faz e o que não se vê ou não faz – compõem o conjunto dos possíveis, estrutura o sistema lúdico ou simbólico. Ou seja, o compreender supõe explicar as coordenações do objeto, a partir daquilo que expressa, isto é, seus observáveis. Ler cada momento do jogo é, então, relacionar, fazer escolhas, coordenar pontos de vista, formular hipóteses, antecipar, inferir, calcular. É com base nelas, e no que de fato está neste momento do jogo, que se toma decisões, arrisca-se, isto é, interage com seu oponente, interage com a situação de jogo, e define o que julga melhor fazer em função do objetivo a alcançar, das regras, do espaço e do tempo do jogo. As jogadas seguintes, do adversário e do próprio jogador vão confirmar se as hipóteses estavam bem formuladas. Vão indicar ajustes a serem feitos.

Pelo que comentamos acima, além da leitura de imagens perceptivas, o jogo também supõe a produção de imagens mentais, que possibilitam ao jogador compreender o jogo (Piaget, 1945/1978). Ler as imagens mentais implica pensar, compreender, interpretar, refletir. O que o jogador pensou? Como imaginou as situações seguintes? Nestas imaginações considerou todas as decorrências de suas jogadas? Como vai transformar em ação ou decisão aquilo que pensa, ou supõe? Que riscos pensa que estará correndo se tomar tal decisão, movimentar tal peça, escrever tal número? Está considerando mentalmente todos os dados relevantes ou pertinentes da situação em jogo? Formulou hipóteses e as confirmou ou descartou mentalmente, antes de se definir por uma resposta? Em síntese, é certo que um jogo, na maior das vezes, não contém um texto para ser lido, decifrado, interpretado. Mas ele contém imagens, informações, formas, números a serem observados e, como na leitura, entrelaçados, isto é, coordenados entre si, em função de um objetivo a longo prazo – concluir com êxito a partida, e a curto prazo – definir o que é melhor fazer no próximo movimento ou jogada.

Para analisar as mesmas coisas de outro ângulo, pensemos na leitura antes da cultura escrita, antes de existirem textos a serem lidos. Nestes tempos pré-históricos, ler era observar, compreender, antecipar, registrar, descrever, inferir imagens perceptivas – aquilo que o olho via – ou representações, simbolizações – aquilo que se pensava, sabia, refletia sobre isto. Um bom leitor dos céus, por exemplo, era aquele que sabia fazer uma interpretação das estrelas em suas múltiplas relações, que sabia olhar e avaliar as cores das nuvens, suas nuanças de claro e escuro, o modo como estavam formadas e o como iam desmanchando-se e organizando-se em novas e sucessivas formas. O que anunciavam? Como interpretar, antecipar, compreender, formular hipóteses, coordenar estas informações com um objetivo a alcançar? Não por acaso, aqueles que não sabiam ler ou decifrar os céus, no jogo complexo de suas informações, tomavam estes bons leitores como adivinhos, pessoas capazes de descobrir o segredo das coisas, coisas que tinham tanta importância para eles, eles que não sabiam ler as mensagens dos céus (Ailleau, 1982). Pensem na importância para um pescador, o poder antecipar se a noite vai ser boa para sair a pescar mar adentro, sem "medo" de tormentas ou de outras dificuldades insuspeitas. Imaginem a importância para um doente, do poder leitor de um curandeiro ou "médico" e das receitas salvadoras que este propunha-lhes. Este mesmo sentimento de magia observamos hoje nas crianças ou adultos que não sabem ler. Como alguém sabe reconhecer os significados destes riscos ou desenhos traçados em um papel? Quão lindas e importantes, ou perturbadoras, ameaçadoras são ou podem ser aquilo que eles reconhecem, identificam, adivinham!

Nestes tempos, o jogo, a natureza, o ignorado das coisas importantes só podiam ser lidos (imaginados, simbolizados ou interpretados) pelas divindades ou seus representantes, que tinham o poder decifrador dos oráculos em que estavam – o jogo, a natureza, o desconhecido – depositados. Não por acaso, Solé (2008) e Meek (2004) acentuam o valor de a criança (ou um adulto) que não sabe ler atravessar os mistérios simbólicos que guardam um texto, e a magia e as delícias de poder ser dele um decifrador. Esta é uma pré-história da leitura, ou seja, algo que vem antes dos detalhes técnicos, das regras de correspondências, do ler corretamente, enfim, dos aspectos leitorais propriamente ditos. Esta pré-história é um pré-requisito fundamental, define condições simbólicas para que um objeto, um texto, ganhe sentido, além dos procedimentos técnicos necessários à aprendizagem da decifração dos códigos, sinais, e regras exigidas para uma escritura, e sua "conveniente" leitura. É, assim, uma pré-história muito importante. Como e por que ler, se não aprendemos a gostar de ler, se não antegozamos ou sofremos as delícias do que pode estar por vir? Em outras palavras, como e por que ler, se não conhecemos, primeiro, o mundo simbólico da leitura, nem atribuímos valor aos seus "possíveis" conteúdos? Somos muito utilitaristas, em matéria de leitura; lemos, aprendemos a ler, porque "precisamos" dos seus préstimos, ignorantes de que é na magia de seu ócio, que podemos entrar em contato com outro mundo, um mundo que muitas vezes só é possível adentrar pelos recursos desta linguagem. Somos muito apressados em relação aos conhecimentos técnicos necessários a uma boa leitura dos textos, ignorantes de que a importância do domínio destes procedimentos e regras, depende das significações (não apenas utilitárias) que atribuímos aos conteúdos que eles nos tornam comunicáveis. Daí o paradoxo do sem sentido da leitura na escola, desta escola que "não é nada", do ponto de vista de seus compromissos com os alunos e a sociedade, sem o recurso da cultura da escrita!

O mesmo se dá em uma situação de jogo. Ler, ler o melhor possível, cada momento de uma partida é fundamental. Há de se saber decifrar os códigos do jogo, das regras, objetivos e recursos do jogo, e, sobretudo, do oponente. É que este joga buscando disfarçar suas intenções, criar ciladas, fabricar surpresas, dificultar ou contradizer hipóteses, e gosta quando o outro não soube antecipar, compreender, isto é, ler sua jogada (escrita). É que ambos, jogador e oponente, ainda que de forma complementar, lutam, competem por um mesmo objetivo: ganhar. Tal como leitor e texto, igualmente complementares, lutam, competem por um mesmo objetivo: comunicar, trocar informações, transmitir ideias, sentimentos, contar histórias, só que, igualmente, de lado opostos (e nem sempre complementares). É que um, o texto, só pode mostrá-las por escrito, e, o outro, o leitor, só pode recebê-las ou interpretá-las por uma leitura. O sentimento de alguém que precisa ou quer ler e não consegue fazê-lo é de fracasso, de incompetência ou inabilidade. Ele julga estar no texto o que busca, mas não sabe encontrar.

Jogar ou ler constituem objetivos da ação, ter sucesso ou fracasso, na leitura ou na partida, são seus resultados. Uma análise mais profunda nos ensinaria outro modo de ir além deste plano periférico de relação jogador-jogo, leitor-texto. Um texto lido, mas não compreendido, abandonado no meio, irreconhecível, não ganhou de seu leitor, mas se perdeu em sua função ou objetivo. Um leitor que pensa saber tudo sobre o que leu, não entende que sempre se pode ir mais fundo, analisar ou pensar de outra forma, "reescrever" o que leu. Os dois, leitor e texto, precisam desta tensão, mas não é ela que justifica o encontro. Tal como no jogo. Quem ganha, ganha apenas uma partida, quem sabe de um jogador desatento, cansado, ou que pretendia ser o melhor. Quem perde, perde apenas uma partida, e pode fazer disto um motivo de aperfeiçoamento, um desafio para entrar mais fundo, para superar. Os dois, jogador e oponente, precisam desta tensão, ou competição, mas não é ela que justifica o encontro, porque ganhar ou perder, é apenas mais um motivo para de novo jogar, e ganhar ou perder. Como na leitura, para quem se tornou leitor, terminar uma história é apenas mais um motivo para a ler de novo, ou para ler outras coisas, renovando e repetindo, assim, o prazer funcional que sustenta o ler por ler, o jogar por jogar.

## Considerações finais

Como analisar o ato de ler na perspectiva das relações entre observáveis e coordenações do sujeito e do objeto, segundo Piaget? Como estabelecer correspondências entre ler e jogar? Qual a importância teórica e prática destas perguntas? Refletir sobre estas questões foi o objetivo deste capítulo. Como objetos socioculturais jogo e leitura são linguagens ou disciplinas diferentes e têm cada qual sua complexidade, objetivos e regras peculiares. Do ponto de vista do sujeito, jogar e ler implicam, segundo nossa hipótese, o uso de esquemas de ação ou esquemas simbólicos correspondentes. Quem lê ou joga pode ser o mesmo sujeito. Não importa se o que lê ou o que joga sejam coisas diferentes, em seus conteúdos ou objetivos. O que importa é que para ler ou jogar ele precisa compreender, interpretar, atribuir sentido, formular hipóteses, corrigir, imaginar, correr riscos, ser ativo, autônomo em suas ações, interagir socialmente e respeitar regras.

Por muito tempo, e, infelizmente, ainda hoje, temos o hábito na escola de pensar as disciplinas na especificidade de suas linguagens, regras e códigos, esquecidos de que o aluno, que as aprende, é o mesmo. Não consideramos o conhecimento na perspectiva de seu conhecedor, apesar de conscientes de suas dificuldades ou impossibilidades (Macedo, 2010). Na sala de aula professor e alunos estão sozinhos, como sozinhas ou isoladas estão as diferentes disciplinas do currículo. Especialistas, não gostamos de misturar as coisas, como se na perspectiva do aluno isto não fosse o grande problema: como diferenciar e integrar? Brincar de ler, ler como um jogo. Um jogo de exercício sustentado pelo prazer funcional dos jogos de linguagem, ou de uma escrita que, para começar, basta-se com aquilo que a criança pensa estar escrevendo. Um jogo que se repete, repete, repete de muitas formas até que pouco a pouco certos aspectos do objeto ou dos procedimentos utilizados possam se destacar, ganhar forma e sentido. Um jogo simbólico, de poder simular, inventar, brincar, fazer de conta, imitar, representar, e, assim, poder compreender, estabelecer relações. Jogo e coisas escritas não são o mundo, mas nos permitem falar dele, evocar, criar, sonhar, compreender e explicar. Um jogo de regras, pleno de desafios e surpresas, pleno de problemas a resolver. Regras do próprio jogo ou do texto, regras do jogador, sociais, cognitivas, afetivas.

Quando pensamos nas disciplinas da escola só nos lembramos das suas especificidades em termos de conceitos, procedimentos e questões a resolver. Pensar nos alunos é incluir a vida (Piaget, 1967/1996a), ou a biologia, nos processos do conhecimento, pois eles só podem aprender através de seu corpo, pensamento e formas de comunicar as coisas que lhes ensinam. Para eles, quem sabe, talvez tudo ganhasse mais sentido, se pudéssemos tratar a leitura, também, como um jogo, e o jogo como uma leitura. Quem sabe com isto, mesmo na escola, a leitura recuperasse a leveza, a sua liberdade de escrever o mundo. Quem sabe com isto, sobretudo na escola, o jogo recuperasse o valor de suas responsabilidades e implicações enquanto sujeitos de suas ações, mesmo sabendo tratar-se apenas de um jogo.

# Referências

Ailleau, R. (1982). *A ciência dos símbolos*. Lisboa: Edições 70.

Inhelder B., & Cellérier, G. et al. (1996). *O desenrolar das descobertas da criança: um estudo sobre as microgêneses cognitivas*. Porto Alegre: Artes Médicas. (Trabalho original publicado em 1992).

Inhelder, B., & Piaget, J. (1976). *Da lógica da criança à lógica do adolescente: ensaio sobre a construção das estruturas operatórias formais*. São Paulo: Pioneira. (Trabalho original publicado em 1955).

Macedo, L. (2010). Desafios da escola atual. *Educação*, (1), 36-47.

Macedo, L. (1983). *Nível operatório de escolares (11-15 anos) na EDPL de Longeot*. Tese de livre docência não publicada, Instituto de Psicologia, Universidade de São Paulo, Brasil.

Macedo, L. (Org.). (2009). *Jogos, psicologia e educação: teoria e pesquisas*. São Paulo: Casa do Psicólogo, 2009.

Meek, M. (2004). *En torno a la cultura escrita*. México: Fondo de Cultura Economica.

Piaget, J. (1974). *La prise de conscience*. Paris: Presses Universitaires de France.

Piaget, J. (1975). *L'équlibration des structures cognitives: problème central du développement*. Paris: Presses Universitaires de France.

Piaget, J. (1978). *A formação do símbolo na criança: imitação, jogo e sonho imagem e representação*. Rio de Janeiro: Zahar. (Trabalho original publicado em 1945).

Piaget, J. et al. (1982). *Investigaciones sobre las correspondencias*. Madri: ALIANZA. (Trabalho original publicado em 1980).

Piaget, J. (1987) *O possível, o impossível e o necessário*. In: L. B. Leite (Org.). *Piaget e a Escola de Genebra* (pp. 51-71). São Paulo: Cortez. (Trabalho original publicado em 1976).

Piaget, J. (1996a). *Biologia e conhecimento: ensaio sobre as relações entre as regulações orgânicas e os processos cognoscitivos*. Petrópolis: Vozes. (Trabalho original publicado em 1967).

Piaget, J. (1996b). *As formas elementares da dialética*. São Paulo: Casa do Psicólogo. (Trabalho original publicado em 1980).

Piaget, J. (2001). *Inteligencia y afectividad*. Buenos Aires: Aique. (Trabalho original publicado em 1954).

Piaget, J.; Garcia, R. (1997). *Hacia una lógica de las significaciones*. Barcelona: Gedisa. (Trabalho original publicado em 1987).

Salles, M. F. W. (2002). *Dentro do dentro: os nomes das coisas*. São Paulo: Mercuryo.

Solé, I. (2008). Estratégias de leitura. Porto Alegre: Artmed, 2008.

# Tipificação de erros de universitários no jogo da senha em uma abordagem microgenética[1]

Sávio Silveira de Queiroz
Antonio Carlos Ortega
Daiana Stursa

## Introdução

Quando tratamos de investigações científicas baseadas na Epistemologia Genética, tal como proposta por Piaget (1980/1996), a utilização de instrumentos normalmente favorece a aplicação dos métodos genéticos na abordagem dos participantes de pesquisa. Por conseguinte, intervenções clínicas ou pedagógicas requerem o maior domínio possível sobre os instrumentos mediadores dessas intervenções. Desse modo, explorar conceitual, experimental e teoricamente objetos como jogos de regras são de extrema importância para avanços teóricos e técnicos. Com esse propósito, o presente trabalho explorou duas modalidades de jogo da Senha, na tentativa de ampliar conhecimentos sobre esse importante instrumento de diagnóstico, avaliação e análise das capacidades dedutivas dos indivíduos, permitindo ainda ampliar possibilidades de intervenção na clínica ou na escola. O leitor encontrará neste texto um exemplo de tipificação de erros que pode levá-lo a imaginar a possibilidade de realizar algo análogo com outros jogos. Erros são fundamentais na teoria de Piaget, pois deles dependem grande parte do desenvolvimento cognitivo humano.

O jogo da Senha foi abordado por Piaget, Vauclair e Maurbach (1983/1986) quando utilizaram um modo interessante para investigar o raciocínio de crianças, o qual descrevem da seguinte maneira:

---

[1] Este trabalho é derivado da dissertação de mestrado intitulada *Tipificação de erros em um jogo de regras: uma abordagem construtivista* (Queiroz, 1995), defendida pelo primeiro autor sob a orientação do segundo e com a colaboração da terceira autora.

> ... com efeito, 3 pequenos animais (um cavalo C, um coelho L e uma galinha G) ou 4 (mais um porco P) são escondidos sob um écran e arrumados em uma ordem invariante. A criança dispõe de uma coleção dos mesmos objetos e pede-se que ela os coloque na mesma ordem. A única informação que ela recebe em resposta aos ensaios consiste em indicar o número de posições certas que ela obtem sem o saber: para isso coloca-se em prolongamento desta série I um número de bolinhas amarelas equivalente ao número de êxitos: portanto de 0 a 3 ou 4 bolas, mas sem lhes dizer onde situa-se a correspondência exata. O sujeito constrói então uma nova série II colocada sob a primeira I, e novamente bolinhas são colocadas em função das posições iguais às do código escondido. O sujeito continua assim com as séries III, IV, etc., que permanecem sob as precedentes e é através dessas informações incompletas, mas suficientes em seu conjunto, que a ordem correta poderá ser estabelecida finalmente.
> (Piaget, 1983/1986, p. 108)

Entre os resultados alcançados por essa investigação realçaremos aqueles que particularmente nos interessam no presente trabalho. O primeiro desses resultados refere-se à sistematização dos erros procedimentais[2] (ou funcionais), denunciados pela situação do jogo, como sendo de dois tipos distintos: erro tipo I e erro tipo II. O erro I ocorria sempre que o sujeito repetia alguma posição após uma série totalmente falsa; o erro II ocorria sempre que o sujeito, após ter obtido uma determinada posição de acerto na série não a conservava, trocando todas as peças de lugar. Foi a partir dessa classificação de erros que os experimentadores chegaram a outro resultado: estabeleceram quatro níveis de compreensão das regras e dos procedimentos adotados pelos jogadores, denominando-os nível IA, nível IB, nível II e nível III. A título de resumir e sistematizar as conclusões a que chegou Piaget, citaremos Macedo (1994):

> O nível I corresponde àquele em que a criança não resolve o problema, ou mesmo sequer o entende. O nível II é o do conflito, ambivalência, dúvida, ou flutuação. É o nível intermediário, no qual a criança oscila em suas respostas. O nível III corresponde àquele em que a criança apresenta uma solução suficiente para a questão proposta. (p. 71)

Lima Filho e Rebouças (1988) evidenciam uma discriminação para o nível III, subdividindo-o em nível IIIA e nível IIIB. No nível IIIA (período egocêntrico) as

---

[2] Erros procedimentais servem de base para que o sujeito supere ou diminua o desequilíbrio motivado pelas dificuldades encontradas na resolução dos problemas, podendo conduzi-lo à equilibração majorante.

novas construções estão formando-se em equilibração ainda instável. No nível IIIB, as novas estruturas estão equilibradas e ajustam-se "... às novas dimensões do universo abstrato em que o adolescente transita, desde que conseguiu desvincular a forma do conteúdo do pensamento de 2° grau" (p. 75). Um pensamento de 2º grau corresponde àquele em que o adolescente ultrapassa as simples operações sobre objetos (ainda que efetuadas apenas pelo seu pensamento) para refletir sobre simples proposições independentes do objeto, o que implica na representação de uma representação de ações possíveis.

Por permitirem a expressão clara de determinados comportamentos, os jogos de regras passaram a ocupar posição privilegiada nas pesquisas sobre Epistemologia Genética. Por eles, muitos dos seguidores de Piaget visam ao retorno à investigação dos aspectos funcionais que regulam o desenvolvimento humano. Nessa perspectiva funcionalista são os procedimentos que determinam o modo de utilização das transformações orientadas para o material do jogo, buscando-se as manifestações das estruturas cognitivas a partir das inferências dos sujeitos. O estudo sobre procedimentos utilizados nas ações pode ser realizado por pesquisas sob abordagem microgenética. Nelas, a dimensão temporal desses procedimentos é relevante, introduzida exatamente por uma repetição controlada dos processos em que o sujeito pode exercitar o controle sobre os resultados (*feedback*) de suas próprias ações no jogo. Esses resultados tanto podem conduzir como derivarem-se dos erros procedimentais, os quais se caracterizam fundamentalmente pela sua utilização como procedimento lógico e contextualizado no âmbito da ação investigada. A sua ocorrência, ao contrário dos erros sistemáticos[3], permitem a abertura de novas possibilidades de ação na medida em que o sujeito os interprete e consiga incorporá-los aos seus esquemas.

À luz dos resultados obtidos e das dinâmicas descritas por Piaget, Vauclair e Maurbach (1983/1986), o jogo da Senha pode ser considerado como instrumento adequado para investigações em que se utiliza a abordagem microgenética.

Macedo (1991a) introduz uma adaptação desse jogo utilizando-se de diagramas que simulam a experiência original de Piaget, oportunizando a utilização do jogo com registros de jogadas e de *feedbacks* em folhas de papel. Assim, ao invés dos animaizinhos de brinquedo, pode-se utilizar simplesmente três ou quatro sinais dentre quaisquer um dos quais os jogadores julgarem por bem convencionar, podendo ser letras, números, sinais matemáticos ou geométricos. Esses sinais formam um arranjo

---

[3] Erros sistemáticos são aqueles que dificilmente se consegue superar ou ultrapassar. Muitas das vezes sequer são observados pelo sujeito, não constituindo, nesses momentos, fontes de desequilíbrio.

escondido por um dos jogadores. O jogador desafiado tenta adivinhar a senha escondida e recebe os *feedbacks* a cada jogada efetuada. Normalmente estabelece-se um limite de dez tentativas para o acerto. Os tipos de erros não diferem daqueles encontrados por Piaget, e o sistema mantém o seu funcionamento tal qual a experiência original, tudo conforme o esboço que mostraremos a seguir com as Figuras 1 e 2.

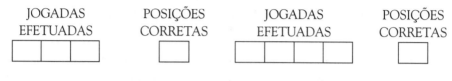

*Figura 1* – Jogo da Senha 3 sinais.   *Figura 2* – Jogo da Senha 4 sinais.

Mas, justamente porque o jogador é curioso e inventivo, Macedo (1991b) aprimora o jogo da senha com base na modalidade Dedução, um jogo inventado por Goulart (1988), adaptando-o para duas novas configurações. O sistema adaptado é um jogo da senha no qual utilizamos nove ou dezesseis sinais sobre um espaço formado por uma matriz quadrada, de forma semelhante ao desenho representado abaixo pelas Figuras 3 e 4. Nota-se que o jogo complica-se em função da utilização de combinações entre as linhas e as colunas e de uma configuração espacial bem mais complexa que a precedente, embora a forma e as regras de jogar sejam semelhantes aos dos jogos de 3 e 4 sinais.

*Figura 3* – Jogo da Senha 9 sinais.   *Figura 4* – Jogo da Senha 16 sinais.

## Hipóteses pesquisadas

Queiroz (1995) investigou o raciocínio procedimental presente na complexidade do sistema Senha de nove e dezesseis sinais, elaborando duas hipóteses de pesquisa: (1) existem oito tipos de erros, diferentes dos atualmente classificados para os jogos de senha com três e com quatro sinais, que determinam nova tipificação específica para o jogo com nove e com dezesseis sinais (conforme Quadro 1); (2) essa nova tipificação deve ser compatível com os níveis de compreensão IA, IB, II e III tais como propostos pela teoria piagetiana. No presente capítulo, será verificada apenas a validade da primeira hipótese.

Para entendimento dos oito tipos de erros que virão descritos abaixo, sugerimos que o leitor imagine que o jogador sempre receberá um *feedback* que lhe informa sobre o número de sinais e de posições corretos em cada linha das figuras 3 e 4 acima. O jogador deverá considerar, ainda, todos os resultados obtidos em decorrência de suas jogadas anteriores. Reproduzir o problema numa folha (use reproduções dos anexos) de papel pode ajudar bastante.

Deste modo, o erro tipo 1 (S> e P>) ocorre toda vez que o jogador, realiza nova jogada colocando sinais e considerando posições, ambos de modo logicamente incorreto. Resumidamente, joga com mais sinais e mais posições do que o *feedback* indicava como jogada possível, conforme exemplo que segue.

Imagine que a senha escondida pelo desafiante foi:

| A | A | A |
|---|---|---|
| B | B | B |
| C | C | C |

O jogador desafiado fez sua primeira jogada:

| B | B | B |
|---|---|---|
| C | C | C |
| A | A | A |

Recebe seu *feedback* (destacado em cinza):

| B | B | B | 0 | 0 |
|---|---|---|---|---|
| C | C | C | 0 | 0 |
| A | A | A | 0 | 0 |

Realiza a segunda jogada e recebe, em seguida, seu *feedback*:

| B | B | A | 1 | 1 |
|---|---|---|---|---|
| C | C | B | 1 | 1 |
| A | A | C | 1 | 1 |

Pode-se verificar que, se não havia acertado nenhum sinal e nenhuma posição, não havia motivação lógica para repetir sinais e posições. Ou seja, utilizou mais sinais (S>) e mais posições (P>) do que seria possível, segundo o resultado que já havia recebido.

De maneira análoga, o erro tipo 2 (S< e P>) é resultante da utilização de um número de sinais menor e de um número de posições maior do que o necessário para o acerto; o erro tipo 3 (S= e P>) é decorrente da utilização de posições logicamente incorretas, ainda que se tenha acertado todos os sinais necessários para a jogada; o erro tipo 4 (S> e P<) provêm da utilização de modo logicamente incorreto tanto do número de sinais quanto do número de posições e que determinam a não superação do erro apontada como resultado da utilização de um número de sinais maior e de um número de posições menor do que aqueles necessários para a condição de acerto da jogada atual.

O erro tipo 5 (S< e P<) ocorre toda vez que o jogador, de posse de um *feedback* que lhe informou sobre o número de sinais e de posições corretos em uma determinada linha, realiza nova jogada colocando sinais e posições de modo logicamente incorreto e que determinam a não superação do erro apontada como resultado da utilização de um número de sinais menor e de um número de posições também menor do que aqueles necessários para a condição de acerto da jogada atual, considerando-se todos os resultados obtidos em decorrência de suas jogadas anteriores.

O erro tipo 6 (S= e P<) ocorre toda vez que o jogador, de posse de um *feedback* que lhe informou sobre o número de sinais e de posições corretos em determinada linha, realiza nova jogada colocando os sinais em posições de modo logicamente incorreto e que determinam a não superação do erro, apontada como resultado da utilização de um número de sinais igual aquele necessário para a condição de acerto da jogada atual (o que está logicamente correto) porém, com a utilização destes em posições logicamente incorretas.

O erro tipo 7 (S> e P=) é proveniente da composição da jogada atual com um número de sinais maior do que aquele necessário para a condição de acerto, ainda que se conserve as posições de modo logicamente correto. Por fim, o erro tipo 8 (S< e P=) ocorre toda vez que o jogador, de posse de um *feedback* que lhe informou sobre o número de sinais e de posições corretos em determinada linha, realiza nova jogada conservando as posições anteriormente obtidas de modo logicamente correto, porém utilizando-se de um número de sinais menor do que aquele necessário para a condição de acerto da jogada atual, o que determina a não superação do erro, sempre considerando-se todos os resultados obtidos em decorrência de suas jogadas anteriores.

Antes de se descrever a metodologia utilizada no presente trabalho, torna-se conveniente apresentar de maneira resumida o tema teórico acerca do possível e do necessário, que fundamentou o estudo de Piaget, Vauclair e Maurback (1986), anteriormente mencionado, e as demais pesquisas realizadas no Brasil com o Jogo da Senha serão abordadas posteriormente.

A construção do "possível" e do "necessário" constitui um dos pontos centrais do modelo teórico piagetiano, pois possibilita a formação das estruturas operatórias e do real, fundamentais no estudo do desenvolvimento cognitivos das crianças. Assim, como bem assinala Macedo (1987), necessidade e possibilidade coparticipam da construção do sujeito epistêmico (operatório) e psicológico (real) cujos planos, respectivamente, do compreender e do fazer são estruturados pelos processos de equilibração majorante.

Piaget (1983/1986, p. 7) define o possível como sendo

> ... o produto de uma construção do sujeito em interação com as propriedades do objeto, inserindo-as em interpretações devidas às atividades do sujeito, o que irá determinar, simultaneamente, a abertura de possíveis cada vez mais numerosos, cujas interpretações são cada vez mais ricas.

Desta maneira, como indica Macedo (1991), o possível refere-se ao fato de que no real as coisas podem ser combinadas de muitos modos, sempre produzindo algo que seja admitido por ele; ou seja, o possível é o que pode ser no sistema. Complementarmente, o necessário é aquilo que não pode deixar de ser no sistema. Espera-se que o sujeito construa seus conhecimentos como que abrindo um leque de possíveis. Estes são progressivamente eliminados até que tenhamos um único possível, a bem dizer, o necessário.

Embora não tenhamos espaço textual e por fugir aos nossos objetivos, alertamos o leitor4 que, em relação à construção do possível e do necessário, Piaget (1981/1985, 1983/1986) distingue três níveis evolutivos, que são paralelos aos relativos à formação das estruturas operatórias (pré-operatório, operatório concreto e operatório formal): nível I (entre quatro e seis anos), caracterizado por possíveis analógicos e por pré--necessidades e pseudonecessidades; nível II (entre sete e dez anos), caracterizado por copossíveis e conecessidades limitados; nível III (a partir de doze anos), caracterizado por copossíveis e conecessidades ilimitados. No entanto, apesar de haver um parale-

---

[4] Um entendimento razoável sobre o assunto deve ser encontrado na literatura de referência.

lismo entre estes desenvolvimentos, o referido autor assinala que é a construção do possível e do necessário que possibilita a formação das estruturas operatórias e do real. Deste modo, como assinala Macedo (1987, p. 133), "... a operação e o real dependem justamente de uma síntese do possível e do necessário".

Para completar a análise desta temática, Piaget (1983/1986, 1976/1987) elaborou uma lei de evolução englobando o real, o possível e o necessário, distinguindo três períodos, que são paralelos aos citados acima: (1) indiferenciação das três modalidades, na qual o real é acompanhado de múltiplas "pseudonecessidades" e o possível reduz-se aos prolongamentos diretos do real atual; (2) diferenciação das três modalidades, na qual o possível desdobra-se em copossíveis, o necessário ultrapassa as coordenações locais e o real consiste em conteúdos concretos; (3) integração das três modalidades em um sistema total, no qual o real aparece ao sujeito como um conjunto de atualizações entre os possíveis e subordinado aos sistemas de ligações necessárias.

Nesse ponto serão apresentados os trabalhos realizados no Brasil que utilizaram o jogo Senha como Instrumento de investigação. Iniciamos nossa revisão de literatura por Macedo e Abreu (1988), que apresentaram os resultados obtidos em uma pesquisa cuja hipótese foi a de que crianças, julgadas por seus professores como tendo desempenho escolar deficitário, seriam beneficiadas com jogos, como o da Senha, em que deveriam construir possíveis e necessários na solução do problema. Deste modo, os autores analisaram a atividade de três crianças em vinte jogadas, observando que houve uma progressiva melhora na construção de estratégias e compreensão do jogo. Além de verificar que o jogo da Senha apresentou valor psicopedagógico, obtiveram alguma confirmação para o ponto de vista de Piaget (1983/1986) sobre a operação mental, enquanto síntese entre o possível e o necessário.

Em uma comunicação apresentada no I Congresso Brasileiro de Psicopedagogia, realizado em São Paulo, Macedo, Abreu e Romeu (1990) propuseram um estudo de intervenção psicopedagógica sobre a construção do possível e do necessário na criança recorrendo ao jogo da Senha. Para estes autores, as abstrações no contexto deste jogo podem funcionar, para as crianças, como um instrumento de análise de ações, operações ou noções e podem ser generalizados para outras situações, como por exemplo, aquelas relacionadas com o trabalho escolar.

Em outro trabalho, Abreu (1993) utilizou o Senha com três e quatro sinais, em uma perspectiva microgenética, para investigar, junto a dezesseis crianças de cinco a dez anos de idade, as formas do pensamento e os procedimentos na resolução do jogo. A coleta de dados foi realizada em três encontros, tendo média de seis partidas jogadas por cada participante. Os resultados mostraram: ter sido encontrado todos os níveis de compreensão de jogo nos participantes (nível IA a III); evoluções de nível de compreensão do sistema de jogo (mudança de compreensão mantando-se dentro de um mesmo nível ou mudança de nível) para todos participantes; que a maior parte dos participantes utilizou estratégias baseadas por antecipações corretas apoiadas em exclusões e métodos exploratórios, no entanto, sem coordenação completa.

No mesmo ano foi publicado o trabalho de Ortega et al. (1993), realizado em três etapas: inicialmente analisaram o raciocínio de cinquenta crianças de 1º e 2º ano utilizando o Senha de três sinais em nove partidas; em seguida, formaram-se dois grupos de oito participantes: o primeiro (G1) constituído pelas oito crianças com pior desempenho na etapa inicial e o segundo (G2) com oito crianças com os melhores desempenhos. Realizou-se intervenção psicopadagógica de duas sessões semanais durante um mês, com os participantes do G1 por meio do Jogo da Senha de três sinais. Novamente as dezesseis crianças tiveram seu desempenho avaliado no Jogo da Senha de três sinais. Os resultados apontaram uma melhora significativa (teste U de Mann-Whitney), em relação ao número de jogadas e de erros, cometidos após intervenção psicopedagógica nos participantes do G1; e desempenho cognitivo sem diferença significativa no G2. Na última etapa da pesquisa as dezesseid crianças foram avaliadas por meio do Jogo da Senha de quatro sinais. Os resultados apontaram melhora generalizada no desempenho do jogo com quatro sinais de todos os dezesseis participantes, não sendo observada diferença estatisticamente significativa entre os participantes de G1 e G2 em relação ao número médio de jogadas e de erros cometidos.

Posteriormente, Ortega, Rossetti e Alves (1994) realizaram um trabalho com o intuito de investigar, a construção do possível e do necessário, em cinquenta crianças, de seis a dez anos de idade, que cursavam da educação infantil ao 4º ano de uma escola particular do município de Vitória-ES. Os resultados indicaram um processo gradativo de construção de possíveis e necessários à medida que a idade média dos participantes aumentava, já que o número médio de jogadas e de erros tendiam a diminuir, durante as cinco partidas efetuadas para cada uma das duas situações experimentais propostas (com três e com quatro sinais).

Outro estudo realizado por Ortega, Rossetti e Alves (1995) teve por objetivo pesquisar, em contextos construtivistas e não construtivista, o raciocínio lógico de crianças por intermédio do jogo da senha com três e quatro sinais. Participaram desta pesquisa quarenta alunos do primeiro e segundo séries do ensino fundamental: vinte de uma escola pública que possui uma proposta educacional construtivista e vinte de uma escola particular que não possui a referida proposta. Os resultados obtidos mostraram que, na escola que possui a proposta educacional construtivista, o desempenho cognitivo das crianças foi significativamente superior.

No mesmo ano Ortega et al. (1995) concluíram uma outra pesquisa, na qual avaliaram alunos do ensino Médio com a utilização do jogo da Senha de três, quatro, nove e de dezesseis sinais. Assim, os autores consideraram os aspectos quantitativos e qualitativos do jogo da senha para avaliarem o desempenho cognitivo dos participantes caracterizado pela relação entre o possível e o necessário. Para cada partida analisaram: a) o número de jogadas necessárias para cada sujeito descobrir o arranjo efetuado pelo experimentador e b) o número de erros cometidos nessas jogadas. Foram analisados ainda o número médio de jogadas e o número médio de erros de cada situação experimental (caracterizada por cinco partidas). Assim, quanto menor fosse o número médio de jogadas e de erros, melhor seria o desempenho cognitivo de cada sujeito. Formularam, então, a seguinte hipótese de pesquisa: à medida que a idade média dos sujeitos de cada série aumenta, os números médios de jogadas e de erros tendem a diminuir. Os resultados, submetidos ao Teste de Kruskal-Wallis confirmaram a hipótese formulada. Constatou-se ainda que o número médio de jogadas e de erros utilizando o Senha de nove e de dezesseis sinais não apresenta tendência de queda em relação aos resultados obtidos com o jogo de três e de quatro sinais.

Por outro lado, Piantivani (1999) também escolheu esse jogo relacionando-o com a construção de possíveis em duas situações de intervenção psicopedagógica: uma relacionada à estrutura do jogo e outra, com problemas a serem resolvidos. Participaram da pesquisa 48 crianças estudantes de 1º ao 4º ano do Ensino Fundamental divididos, aleatoriamente, em dois grupos experimentais e um controle (respectivamente, jogo pelo jogo; jogo problematizado e ausência de jogo). Os participantes foram avaliados em pré-teste, pós-teste e pós-teste postergado na prova "construção de arranjos espaciais e equidistância". Os resultados demonstraram que os participantes dos dois grupos experimentais apresentaram melhora no desempenho na avaliação realizada e que os participantes do grupo controle (ausência de jogo) não apresentaram qualquer mudança de desempenho do pré-teste para o pós-teste ou, ainda, o pós-teste postergado. Os resultados também evidenciaram que a intervenção baseada em problematizações foi mais eficaz em desencadear, nos sujeitos, evoluções e construções mais efetivas de possíveis do que o contato com o Senha não sistematizado (grupo jogo pelo jogo).

Utilizando estudos de casos Queiroz (2000) trabalhou sobre aspectos cognitivos e afetivos a partir da dialética formulada por Piaget (1980/1996). Essa tese teve por objetivos: a análise das características dos níveis de desenvolvimento dessa dialética;

a análise dos erros em suas relações com a equilibração; e a análise dos aspectos da equilibração segundo os tipos de condutas apresentados pelos participantes. A metodologia foi aplicada em três estudantes que apresentavam dificuldades de aprendizagem em relação ao conteúdo programático geral da escola ou reiterações de comportamentos inadequados. Utilizou-se quatro modalidades do Jogo da Senha (três e quatro sinais) adotando-se o método clínico, com perguntas de exploração, justificação e controle a partir da observação das características dos níveis e dos erros observados. Os dados foram tratados por análise microgenética dos procedimentos. Os resultados foram obtidos em função: a) da verificação de conteúdos declarativos dos participantes; b) das interações com os erros; c) da observação das características dos níveis de desenvolvimento; d) dos tipos de condutas adotados. As principais conclusões foram que: a) ocorrem comportamentos em que características do pensamento dialético de Piaget são evidenciadas; b) a dicotomia afetividade e cognição não encontra suporte na teoria de Piaget; c) os comportamentos apresentados são instáveis em relação aos níveis de desenvolvimento e conduta; d) ocorrem estados de permanência relevantes nos níveis IA e IB; e) erros sistemáticos estão vinculados a manifestações da afetividade e sustentam desequilíbrios dificilmente reconhecidos pelos participantes.

Já Ortega e Fiorot (2001) pesquisaram uma possível relação entre as concepções de professores a respeito dos fatores que interferem no processo de aprendizagem dos alunos e dos fatores que interferem no próprio desempenho diante de uma situação--problema do Jogo da Senha. Participaram do estudo vinte estudantes do curso de Pedagogia que também são professores de crianças e adolescentes. A coleta de dados ocorreu em duas etapas, sendo que cada uma foi constituída por uma entrevista e uma sessão de Jogo da Senha envolvendo cinco partidas do referido jogo (em duas modalidades com grau de dificuldade diferenciado). Os resultados evidenciaram que os participantes relacionam sua própria aprendizagem com a dos alunos e, que na maioria dos casos, essa relação está ligada a apenas um ou outro aspecto intrínseco ou extrínseco (família; ambiente ruim; falta de interesse do aluno; falta de concentração; falta de qualificação profissional do professor) àquele que aprende e não a uma multideterminação dos fatores envolvidos na história do aluno.

Em outro trabalho, Barcelos (2002) objetivou analisar o desempenho cognitivo de participantes alcoolistas abstinentes por duas e quatro semanas e participantes que não façam uso de bebida alcoólica, quanto suas ações em partidas do jogo da Senha com três e quatro sinais. Os resultados obtidos com a avaliação da compreensão e com a verificação da qualidade das respostas dos participantes nos momentos de intervenção não permitem afirmar que houve uma melhora do déficit cognitivo de alcoolistas da segunda pra a quarta semana de abstinência.

O estudo efetuado por Louzada (2003) teve por objetivo detectar alterações do desempenho cognitivo de participantes com idade entre 45 e 60 anos que foram submetidos à cirurgia cardíaca. A pesquisa foi realizada em dois momentos: no pré-operatório e no pós-operatório, quando foram jogadas, em ambas situações, quatro partidas da modalidade de três sinais e quatro da de quatro sinais do jogo da Senha. Os resultados mostram que não houve alteração cognitiva, verificando que sua confirmação depende dos testes utilizados para avaliação da cognição e dos métodos usados para o estudo dos resultados.

Por sua vez, Macedo, Petty, Carvalho e Carracedo (2003) investigaram como sessenta crianças, de sete e doze anos de idade, compreenderam e resolveram, por formulário escrito, problemas relativos a um jogo de senha de três letras (A,B,C) com diferentes natureza e graus de desafio. Os resultados apontaram três diferentes níveis de desempenho dos participantes e, consequentemente, de produção de erros. A partir da análise os autores discutem a relação dos níveis de compreensão do jogo e o saber jogar, propondo formas de intervenção para oficinas que visam a aprimorar o desempenho escolar dos alunos.

Por outro lado, Silva (2005) investigou se o desenvolvimento de estratégias cognitivas implicadas na aprendizagem da língua inglesa poderia ser facilitado por meio da prática de jogos de regras durante oficinas. Para isso, utilizou o Jogo da Senha e o de Memória em dez oficinas. Os resultados demonstraram: que os três participantes tiveram desempenho satisfatório nas oficinas; que a falta de atenção, timidez e falta de confiança foram os principais problemas ocorridos durante os jogos; e que a construção de novas estratégias cognitivas durante as oficinas pode ter refletido na melhora de desempenho de cada um dos participantes em sala de aula.

Em outro trabalho, Fiorot e Ortega (2006) utilizaram o Senha para investigar os procedimentos e estratégias de jogo de vinte professores, com faixa etária entre 22 e 41 anos de idade e com tempo mínimo de trabalho de cinco anos e máximo de quinze anos. A coleta de dados ocorreu em duas etapas, sendo que, em cada uma delas, cada participante jogou individualmente cinco partidas do Senha. Os resultados mostraram que a maioria dos participantes não conseguiu coordenar o sistema jogo como um todo.

Com base nas revisões da literatura sobre jogos de regras efetuadas por Ortega e Rossetti (2000), Rossetti e Souza (2005), Alves (2006) e Ribeiro e Rossetti (2009) verificamos que o Senha foi o mais utilizado (quinze) nos estudos realizados no Brasil. Destes, nove foram desenvolvidos com crianças, um com adolescentes e cinco com adultos. Apesar de ser um jogo bastante utilizado, observamos que somente um deles foi desenvolvido com a modalidade "Dedução", com nove e dezesseis sinais. Assim, sugerimos que novas investigações sejam realizadas com o objetivo de ampliar os dados sobre a referida modalidade, com outros tipos de participantes.

Acreditando como suficiente para alcance dos nossos objetivos, concluímos aqui nossa revisão e passaremos a descrição da parte empírica de nosso trabalho.

## Aspectos metodológicos

O método utilizado nessa pesquisa descritiva para avaliação e intervenção foi o Método Clínico-Crítico e a sua utilização está de acordo com a abordagem microgenética, privilegiando a investigação dos procedimentos e das estratégias utilizadas pelos participantes na resolução do jogo, originando assim um estudo exploratório dos aspectos microgenéticos observados nos participantes.

Participaram como sujeitos da pesquisa seis estudantes do primeiro período de um curso superior de Psicologia, com idades entre 18 e 25 anos, escolhidos aleatoriamente dentre o conjunto dos alunos do mesmo período e que aceitaram participar voluntariamente da pesquisa. A opção por estudantes recém-ingressos deveu-se à menor probabilidade de contato anterior com a configuração do jogo utilizada neste trabalho, já que os alunos dos períodos mais avançados manipulam o material em disciplinas que cursam, o que poderia causar algum tipo de viés nos resultados apurados. A facilidade de acesso aos estudantes de Psicologia também foi levada em conta, tendo em vista o elevado tempo requerido pelos procedimentos empregados. A faixa etária e o nível de instrução foram escolhidos tendo em vista a necessidade, exigida pelas próprias implicações das hipóteses e dos objetivos estabelecidos, de que os sujeitos se situassem o mais próximo possível em estruturas de estágio formal.

Utilizou-se como instrumentos de pesquisa adaptações do Jogo da Senha a partir da proposição inicial de Macedo (1991), com pequenas modificações para atendimento das finalidades específicas do trabalho, conforme as duas versões apresentadas em tamanho reduzido do jogo da senha com nove sinais (anexo 1) e do jogo da senha de dezesseis sinais (anexo 2).

No sistema utilizado, a denominação "partida" é uma sequência de até dez jogadas ou arranjos elaborados sequencialmente pelo sujeito numa mesma planilha "jogo da senha"; uma jogada (ou arranjo) constitui o preenchimento equitativo de uma matriz (3x3 ou 4x4) com os sinais (letras) A, B, C e D (esta apenas no Senha 16). Cada jogada do Senha 9 possui três linhas e do Senha 16 possui quatro linhas. Uma linha é formada por três ou quatro colunas respectivamente no Senha 9 e 16.

Ainda como instrumentos de pesquisa há as planilhas "senha indicada – 9 sinais" e "senha indicada – 16 sinais". Essas matrizes são numeradas sequencialmente de 01 a 10, e nelas existem espaços apropriados para anotação do nome do sujeito, o número do protocolo, a data de aplicação e o nome do examinador.

Como procedimento básico das duas fases temos que, o experimentador (E) e participante (S) sentaram-se à mesa, um defronte ao outro. (E) entrega cópia da folha do jogo de nove ou de dezesseis sinais, lápis e borracha ao (S). De posse da planilha "senha indicada" preenchida e de um modelo em branco, o (E) explica o conjunto das regras do jogo ao (S) seguindo basicamente a seguinte instrução:

> *Escreverei neste espaço* [indicando a matriz da folha "senha indicada"] *uma senha composta por nove sinais: 3 letras A, 3 letras B, 3 letras C, e 3 letras D* [evidentemente que no jogo de 9 sinais a letra D é omitida]; *você deve descobrir como estes sinais estão distribuídos nesta matriz de modo a formarem a senha indicada. A cada jogada lhe informarei sobre o número de sinais corretos, bem como sobre o número de posições que acertou em cada linha desta matriz. Você deve tentar descobrir a senha indicada utilizando o menor número de jogadas possíveis. Podemos começar?*

O (E) espera que o sujeito efetue o primeiro arranjo e então, ao receber a planilha de jogo preenchida, anota o número de sinais e o número de posições coincidentes com os da senha indicada, considerando separadamente cada linha da matriz. Em seguida, devolve a planilha de jogo ao (S) para que prossiga em sua tentativa de descobrir a senha indicada, repetindo-se a mesma operação nas sete primeiras partidas.

O procedimento diferiu ligeiramente na oitava e nona partida (etapa de intervenção). Agora, com o equipamento de gravação ligado, o (E) solicita ao jogador que explique os procedimentos e estratégias utilizadas nas partidas, observando a seguinte instrução:

> *Explique-me, por favor, quais os procedimentos e estratégias que você utilizou nesta partida. Como o nosso trabalho está sendo gravado unicamente pela voz, solicito-lhe que especifique a que linhas e colunas está se referindo a cada momento de sua explicação. Podemos começar?*

Realizou-se um total de dezoito partidas com cada sujeito, distribuídas igualitariamente em duas fases distintas. Na primeira fase, cada sujeito (S) jogou nove partidas com o experimentador (E), utilizando-se o jogo da Senha de nove sinais. Dessas nove partidas, as duas primeiras destinavam-se à adaptação do sujeito a situação de jogo; as cinco partidas seguintes serviram aos propósitos de avaliação do nível de compreensão do sujeito; e as duas partidas seguintes (oitava e nona) objetivaram a intervenção sobre os procedimentos utilizados pelo sujeito em suas tentativas de resolver a situação proposta pelo jogo. A segunda fase é análoga à primeira, porém com utilização do jogo da Senha de dezesseis sinais.

Deve-se esclarecer ainda a relação existente entre a hipótese e a metodologia apresentada neste trabalho. Para verificação da hipótese formulada em nosso trabalho utilizou-se as cinco partidas de avaliação da compreensão conjuntamente com as duas partidas de intervenção de ambas as fases aqui descritas. A avaliação desse conjunto de dados é que tornou possível a verificação dos oito tipos de erros e a frequência com que ocorreram.

O grande volume e a complexidade dos dados que precisavam ser analisados exigiram o seu processamento eletrônico. Para isso, conjugando rotinas do sistema gerenciador de base de dados *Dbase III Plus* com programas compilados em linguagem *Clipper* 2.0 criou-se o programa Senha, capaz de analisar os erros cometidos considerando cumulativa e sucessivamente todas as linhas jogadas, realizando um procedimento interno do tipo *top-down*, fazendo buscas no arquivo no sentido da esquerda para a direita e de cima para baixo.

## Resultados

A análise dos resultados possibilitou investigar a existência dos oito tipos de erros, conforme demonstração quantitativa da ocorrência dos erros (Tabelas 1 e 2), bem como a importância dos erros para as estratégias e para os procedimentos adotados pelo participante na resolução do problema, o que constitui um aspecto básico da abordagem microgenética. Os dados apresentados nas referidas tabelas indicam a ocorrência dos oito tipos de erros propostos em procedimentos de pelo menos dois participantes, consideradas as partidas que possibilitaram a avaliação da compreensão e as partidas utilizadas para intervenção.

Com base nos resultados apresentados na Tabela 1, verificou-se que no jogo da Senha de nove sinais o E1 e E3 foram os tipos de erro mais frequente. Além disso, constatou-se que o participante três apresentou o pior desempenho e o participante seis o melhor, pois cometeram, respectivamente, uma quantidade maior e menor de erros.

TABELA 1 – Distribuição e totalização do número de cada tipo de erro por participante; totalização por tipo de erro – partidas de compreensão e de intervenção (Senha 9)

| Senha 9 sinais | | | | | | | | | |
|---|---|---|---|---|---|---|---|---|---|
| Participante | E1 | E2 | E3 | E4 | E5 | E6 | E7 | E8 | + E |
| SUJEITO 1 | 5 | 0 | 12 | 0 | 2 | 7 | 0 | 2 | 28 |
| SUJEITO 2 | 1 | 1 | 8 | 1 | 0 | 4 | 1 | 0 | 16 |
| SUJEITO 3 | 10 | 1 | 15 | 11 | 2 | 4 | 6 | 0 | 49 |
| SUJEITO 4 | 6 | 0 | 5 | 0 | 0 | 0 | 7 | 1 | 19 |
| SUJEITO 5 | 4 | 0 | 3 | 1 | 1 | 6 | 2 | 1 | 18 |
| SUJEITO 6 | 3 | 0 | 7 | 0 | 2 | 0 | 2 | 0 | 14 |
| TOTAL | 29 | 2 | 50 | 13 | 7 | 21 | 18 | 4 | 144 |

Por outro lado, os dados apresentados na Tabela 2, permitiram constar que no jogo da Senha de dezesseis sinais o E3 e E6 foram os tipos de erro mais frequentes. Além disso, verificou-se também que nesta modalidade o participante três apresentou o pior desempenho e o participante seis o melhor, pois cometeram, respectivamente, uma quantidade maior e menor de erros.

TABELA 2 – Distribuição e totalização do número de cada tipo de erro por participante; totalização por tipo de erro – partidas de compreensão e de intervenção (Senha 16)

| Senha 16 sinais | | | | | | | | | |
|---|---|---|---|---|---|---|---|---|---|
| Participante | E1 | E2 | E3 | E4 | E5 | E6 | E7 | E8 | + E |
| SUJEITO 1 | 12 | 0 | 36 | 5 | 0 | 41 | 9 | 5 | 108 |
| SUJEITO 2 | 4 | 0 | 17 | 8 | 7 | 21 | 3 | 3 | 63 |
| SUJEITO 3 | 2 | 0 | 13 | 3 | 2 | 11 | 8 | 1 | 40 |
| SUJEITO 4 | 4 | 0 | 17 | 6 | 1 | 11 | 7 | 0 | 46 |
| SUJEITO 5 | 7 | 0 | 14 | 5 | 6 | 10 | 4 | 6 | 52 |
| SUJEITO 6 | 4 | 0 | 18 | 2 | 4 | 17 | 7 | 0 | 52 |
| TOTAL | 33 | 0 | 115 | 29 | 20 | 111 | 38 | 15 | 361 |

Considerando que é possível verificar a ocorrência dos erros tipos 1 a 8 no Sistema Senha e que pode-se concluir pela importância de cada um deles para a compreensão das ações dos sujeitos, comprovou-se a primeira hipótese da pesquisa, quer seja, a de que existem oito tipos de erros que determinam uma nova tipificação específica para o jogo com nove e com dezesseis sinais.

## Considerações finais

Os erros encontrados nas etapas de avaliação da compreensão e nas etapas de intervenção justificam a adoção da tipificação específica apresentadas para o Jogo da Senha nas modalidades de nove e de dezesseis sinais. Afinal, o conhecimento prévio dos erros é de importância fundamental para que se efetuem intervenções criteriosas em processos terapêuticos ou educacionais nos quais se utilizam jogos de regras. A partir desse conhecimento o experimentador pode manejar os artifícios do método crítico, criando hipóteses e situações-problema; verificando os avanços dos esquemas individuais e, principalmente, aproximar-se dos erros procedimentais de modo a aproveitar todo potencial cognitivo, apenas denunciados pelas ocorrências de erros.

Interessante notar que os níveis de compreensão tais como propostos originalmente por Piaget (1986) suportam esta nova tipificação. Ainda que toda a complexidade gerada pelo próprio espaço configurativo dos jogos de nove e de dezesseis sinais remetam a maiores dificuldades de análise, as intervenções realizadas apontam para o atingimento de características muito semelhantes àquelas apontadas nos estudos de Genebra.

Tomemos como exemplo esclarecedor a incidência de erros E3 e E6, (na tabela 2 com 115 e 111 ocorrências respectivamente) indicando possíveis analogias com os erros tipo I e II tais como propostos por Piaget (1986). O erro E3 assemelha-se ao Erro I pela utilização de um número de posições maior que o necessário na elaboração de um novo arranjo. O erro E6 guarda uma relação com o Erro II em razão da não conservação (em um novo arranjo) de posições anteriormente corretas. Salvo melhor análise e ainda considerando-se as diferenças de idade entre os sujeitos de Piaget (em estágios pré-operatórios ou operatórios) e os descritos neste trabalho (em estágios formais), parece que, mesmo com a inclusão da nova variável "número de sinais corretos" no jogo de nove e dezesseis sinais, os conceitos que influenciam os procedimentos que alteram as posições dos sinais (ou dos pequenos animais de brinquedo de Piaget, 1986) ainda permanecem em grau mais elevado de influência e de importância, mesmo estando os nossos sujeitos situados no estágio formal.

A investigação hipóteses comprovou a necessidade da nova tipificação de erros procedimentais e levou à sistematização de um modelo de análise microgenética baseado no método crítico, método este que, além de motivar os sujeitos a descreverem o raciocínio utilizado nas tentativas de solução dos problemas, permite a combinação entre observação pura, entrevista clínica e experimentos simplificados, o que facilita sobremaneira as intervenções psicológicas ou pedagógicas. O modelo obtido é específico para essa modalidade do jogo, porém adaptável a outras situações experimentais.

Acreditamos que novas pesquisas que tenham por base as intervenções sobre as análises dos erros no sistema senha de nove ou de dezesseis sinais poderão estabelecer relações específicas com os mecanismos fundamentais do construtivismo: ações e significações; transformações e comparações; função e compreensão; finalidade e causalidade; esquema e construção; saber fazer e extrair as razões; e o possível e o necessário, tarefas que consideramos como de extrema importância, porém fora do âmbito e do propósito da presente pesquisa.

# Referências

Abreu, A. R. (1993). *O jogo de regra no contexto escolar: uma análise na perspectiva construtivista*. Dissertação de mestrado não publicada, Universidade de São Paulo, São Paulo.

Alves, I. P. (2006). *Níveis de construção dialética espaço-temporal no jogo de xadrez e desenvolvimento de possíveis em escolares*. Dissertação de mestrado não publicada, Faculdade de Educação, Universidade Estadual de Campinas, São Paulo.

Barcellos, S. A. (2002). *Avaliação do déficit cognitivo em alcoolistas utilizando o jogo da Senha em uma abordagem microgenética*. Dissertação de mestrado não publicada, Universidade Federal do Espírito Santo, Vitória.

Goulart, C. (1988). *100 jeux de papier faciles passionants pour les enfants de 4 à 12 ans*. Belgique: Marabout.

Fiorot, M. A., & Ortega, A. C. (2006). Aprendizagem dos que ensinam: um estudo com o jogo da Senha. *Luminis: Revista Multidisciplinar da Unilinhares, 1*(1), 7-21.

Lima filho, A., & Rebouças, F. A. (1988). *O pensamento formal em Piaget: gênese, estruturação e equilibração*. Goiânia: Dimensão.

Louzada, E. G. (2003). *O jogo da senha como possível instrumento avaliador do distúrbio cognitivo após cirurgia cardíaca*. Dissertação de mestrado não publicada, Universidade Federal do Espírito Santo, Vitória.

Macedo, L. (1987). Para uma psicopedagogia baseada em Piaget. *Caderno de Programa e Resumos da Reunião Anual de Psicologia, 27* (pp. 132-133). Ribeirão Preto: Sociedade de Psicologia de Ribeirão Preto.

Macedo, L. (1991a). *Jogos da senha: considerações gerais*. São Paulo: Instituto de Psicologia da Universidade de São Paulo.

Macedo, L. (1991b). *Dedução*. São Paulo: Instituto de Psicologia da Universidade de São Paulo.

Macedo, L. (1994). *Ensaios construtivistas*. São Paulo: Casa do Psicólogo.

Macedo, L., & Abreu, A. R. (1988). Um jogo da senha em fracassados na escola: análise psicológica. *Anais da Reunião Anual da Sociedade Brasileira para o Progresso da Ciência. 40*. (p. 954) São Paulo: SBPC.

Macedo, L., Petty, A. L., Carvalho, G. E., & Carracedo, V. (2003). Avaliação do desempenho de crianças e intervenção em um jogo de senha. *Psicologia Escolar e Educacional, 7*(2), 185-195.

Macedo, L., Romeo, M. A., & Abreu, A. R. (1990). O jogo da senha em um contexto psicopedagógico. *Boletim da Associação Brasileira de Psicopedagogia*, 9(18), 73-4.

Ortega, A. C., Cavalcante, C. M. B., Rossetti, C. B., Santos, C. C., Santos, F. C., Archanjo, R. V. L., Alves, R. M., & Loureiro, T. J. L. (1993). O raciocínio da criança no jogo de regras: avaliação e intervenção psicopedagógica. *Psicopedagogia*, 12(27), 27-30.

Ortega, A.C. et al. (1995). *O possível e o necessário no jogo da senha de escolares de 2° grau.* Relatório final de pesquisa. Universidade Federal do Espírito Santo, Vitória.

Ortega, A. C., Rossetti, C. B., & Alves, R. M. (1994). O possível e o necessário no jogo da senha de escolares da pré-escola à 4ª série do primeiro grau. *Cadernos de Pesquisa da UFES*, 3, 48-54.

Ortega, A. C., Rossetti, C. B., & Alves, R. M. (1995). Raciocínio lógico e jogo de regras: contextos construtivista e não construtivista. *Arquivos Brasileiros de Psicologia*, 47(3), 105-112.

Ortega, A. C., & Rossetti, C. B. (2000). O jogo nos contextos psicogenético e psicopedagógico. In A. A. Silva & M. E. B. Barros (Orgs.). *Psicopedagogia: alguns hibridismos possíveis* (pp. 63-82). Vitória: Saberes Instituto de Ensino.

Piaget, J. (1980). *Lógica e conhecimento científico*. Porto: Livraria Civilização Editora. (Trabalho original publicado em 1967).

Piaget, J. (1985). *O possível e o necessário: evolução dos possíveis na criança* (Vol. 1). Porto Alegre: Artes Médicas. (Trabalho original publicado em 1981).

Piaget, J. (1986). *O possível e o necessário: evolução dos possíveis na criança* (Vol. 2) Porto Alegre: Artes Médicas. (Trabalho original publicado em 1983).

Piaget, J. (1987). O possível, o impossível e o necessário. In: L. B. Leite (Org.). *Piaget e a Escola de Genebra.* (pp. 51-71). São Paulo: Cortez. (Trabalho original publicado em 1976).

Piaget, J. (1996). *As formas elementares da dialética*. São Paulo: Casa do Psicólogo. (Obra publicada originalmente em 1980).

Piaget, J., Vauclair, J., & Marbach, E. (1986). A prova por informações que se condicionam mutuamente. In J. Piaget. *O possível e o necessário: evolução dos possíveis na criança.* (Vol. 2, Cap. 9, pp. 108-116). Porto Alegre: Artes Médicas. (Trabalho original publicado em 1983).

Piantivani, F. N. O. (1999). *Jogos de regras e construção de possíveis: análise de duas situações de intervenção psicopedagógica.* Dissertação de mestrado não publica, Faculdade de Educação, Universidade Estadual de Campinas, São Paulo.

Queiroz, S. S. de (1995). *Tipificação de erros em jogos de regras: uma abordagem construtivista*. Dissertação de mestrado não publicada, Universidade Federal do Espírito Santo, Vitória.

Queiroz, S. S. de (2000). *Inteligência e afetividade na dialética de Jean Piaget: um estudo com o Jogo da Senha*. Tese de doutorado não publicada, Universidade de São Paulo.

Ribeiro, M. P. O., & Rossetti, C. B. (2009). Os jogos de regras em uma abordagem piagetiana: o estado da arte e as perspectivas futuras. In L. Macedo (Org.). *Jogos, psicologia e educação: teoria e pesquisas* (pp. 11-33). São Paulo: Casa do Psicólogo.

Rossetti, C. B., & Souza, M. T. C. C. (2005). Jogos de regras e cognição: uma revisão da produção de três grupos de pesquisa brasileiros. In S. S. de Queiroz, A. C. Ortega, & S. R. F. Enumo (Orgs.). *Desenvolvimento e aprendizagem humana: temas contemporâneos* (pp. 27-44). Vitória: PPGP-UFES/Unilinhares.

Silva, S. T. (2005). *Desenvolvimento de estratégias cognitivas implicadas na aprendizagem de uma língua estrangeira no contexto de oficina de jogos*. Dissertação de mestrado não publicada, Universidade Federal do Espírito Santo, Vitória.

## ANEXO 1A – JOGO DA SENHA – modalidade 09 sinais

Nome:

Idade:          Sexo:                    Data: __/__/20 __     Escolaridade:

JOGADAS         RESULTADOS       JOGADAS         RESULTADOS
        SINAIS  POSIÇÕES                SINAIS  POSIÇÕES

01                                06

02                                07

03                                08

04                                09

05                                10

## ANEXO 1B - JOGO DA SENHA - modalidade 09 sinais - Formulário Desafio

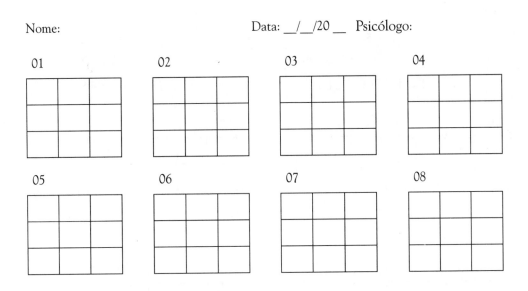

## JOGO DA SENHA - modalidade 09 sinais - Formulário Desafio

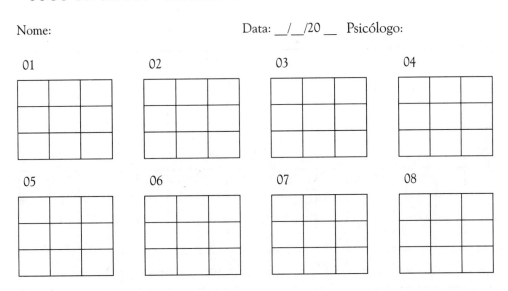

# ANEXO 2A - JOGO DA SENHA - modalidade 16 sinais

Nome:

Idade:  Sexo:  Data: __/__/20__  Escolaridade:

| JOGADAS | RESULTADOS | JOGADAS | RESULTADOS |
|---------|------------|---------|------------|
|         | SINAIS  POSIÇÕES |   | SINAIS  POSIÇÕES |

01

06

02

07

03

08

04

09

05

10

## ANEXO 2B - JOGO DA SENHA - modalidade 16 sinais - Formulário Desafio

Nome:                    Data: __/__/20 __    Psicólogo:

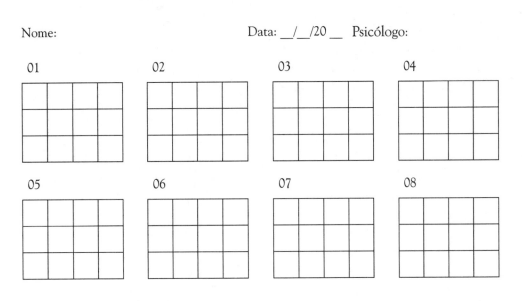

## JOGO DA SENHA - modalidade 16 sinais - Formulário Desafio

Nome:                    Data: __/__/20 __    Psicólogo:

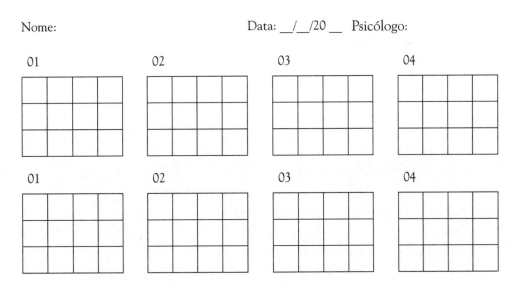

# Dos níveis de compreensão aos níveis de análise heurística: novas contribuições conceituais e suas influências metodológicas sobre a psicologia genética que utiliza jogos de regras

Cláudia Patrocinio Pedroza Canal
Sávio Silveira de Queiroz

Torceremos para que este texto seja amplamente acessível aos professores e psicólogos em geral, mesmo aqueles que ainda não possuem um percurso teórico ou metodológico baseado nos ensinamentos de Piaget e da Psicologia Genética de base construtivista. Nosso objetivo maior é promover uma reflexão que sirva de base metodológica para construir análises bem diversificadas nos âmbitos escolares, clínicos e acadêmicos. Ainda que você pouco se interesse por Piaget e construtivismo, cremos que o texto lhe será útil em suas interações quando utilizar jogos.

Gostaríamos de iniciar essa conversa com o leitor pela simplificação das teorizações sobre níveis de compreensão e níveis de análise heurística. No entanto, lembrando dos ensinamentos de Adorno e do próprio Piaget, sabemos que fundamentos são muito importantes para que não pratiquemos ações inconsequentes. Por isso, começaremos escrevendo sobre jogos, veremos suas relações com a dedução e com os níveis de compreensão, até chegarmos ao que consideramos de mais atual em nossas metodologias: os níveis de análise heurística sobre o processo de jogar.

No campo educacional, a Psicologia, principalmente a do Desenvolvimento, tem fornecido grandes contribuições para a estruturação e a realização de intervenções, assim como para a criação de novas metodologias de ensino e aprendizagem lembrando que as mais significativas contribuições foram dos autores clássicos Piaget, Vygotsky e Wallon (Polonia & Senna, 2005).

Tratando especificamente das práticas de ensino, Macedo (1997) baseado na teoria da Psicologia Genética de Jean Piaget, mostra como o trabalho com jogos pode ser eficaz, pois permite que o conteúdo transmitido pela escola, que geralmente objetiva preparar a criança para as atividades de sua vida adulta, faça sentido para ela na fase atual em que se encontra. Também possibilita lidar com o ato de conhecer de forma prazerosa, como se esse fosse um "jogo de investigação" (Macedo, 1997, p. 142).

Além disso, a análise do ato de jogar permite perceber características de um indivíduo em relação à construção de conhecimento sobre determinados conteúdos e, a partir disso, se preciso, a elaboração de propostas de intervenção para que aquele possa construir noções que ainda não possua. Jogar também pode favorecer a construção de estruturas e permitir verificar o nível de estruturação cognitiva do sujeito (Dell'Agli & Brenelli, 2007). E ainda, de acordo com o filósofo Schiller, "... o homem joga somente quando é homem no pleno sentido da palavra, e *somente é homem pleno quando jogar*" (Schiller, 1991).

Em reflexão interessante, Moura (1990) defende que o jogo sempre está presente na escola, mas sob duas formas diferentes. Na primeira, predomina o que ele chama de "jogo do sério", na qual a regra é a aprendizagem pela transmissão, as peças são o quadro, o pincel, o livro, o caderno e os jogadores são os alunos e os professores, sendo que esses últimos também acumulam a função de juiz. A segunda forma consiste no "aprender brincadeira", na qual existem jogos e jogadores, sem a presença de juízes. Todavia, esses dois modelos, por si só, não são suficientes para classificar a escola que os adota como boa ou ruim na competência de ensinar. É preciso que exista um projeto educativo para orientar a utilização desses "jogos". Melhor dizendo, a utilização de jogos em sala de aula não pode ser feita apenas por puro modismo, como atividade substitutiva de falta de planejamento, mas o professor sempre deve ter um objetivo, uma "intencionalidade", apoiado em suas convicções sobre o processo de ensino, que o oriente na utilização desse instrumento (Moura, 1991).

As escolas não devem ter jogos como material decorativo, ou seja, receber o material e o deixar guardado em uma sala não utilizada, ou apenas exposto para apreciação visual. Não se pode esquecer que jogo atraente é aquele que é jogado. Além disso, professores também não devem, quando não houverem preparado atividades para suas aulas, utilizar jogos como ferramenta para cobrir uma "falta do que fazer", sob risco de, sendo essa prática reconhecida pelos alunos (o que acreditamos que certamente ocorrerá) retirar desse instrumento todo o potencial que possui como facilitador na construção de conhecimentos.

No trabalho com jogos, para que educadores e psicólogos possam identificar as áreas em que os indivíduos precisam de intervenção, é necessária uma avaliação com análise sistemática das partidas. É preciso que se façam registros e estudos do desempenho dos indivíduos no jogo. E, para que se realize uma avaliação, é importante a construção de um sistema bem fundamentado que avalie vários aspectos relacionados ao desempenho do jogador.

Nossa abordagem em pesquisa e intervenção baseia-se nos princípios do construtivismo, o qual, segundo Macedo (1994) requer uma teoria que considere os aspectos lógicos e matemáticos da ação. Trataremos apenas dos aspectos lógicos, referentes às regras de procedimentos necessários que, respeitando as coordenações dos meios e instrumentos no espaço e no tempo, possibilitam aos sujeitos constituírem algo como um "objeto" ou acontecimento. A abordagem construtivista (abordagem porque é uma maneira de ser, de ver e de atuar no mundo) exige uma retificação, um resgate dos verdadeiros significados dessas doutrinas, desses elementos. O construtivismo pressupõe que o conhecimento nasça da investigação interessada e da experimentação, buscando entender as inter-relações existentes entre estes elementos, nunca os considerando como passíveis de um funcionamento autônomo, desarticulado ou descontínuo. É a própria natureza da ação humana que determina esta forma de funcionamento.

Para nossos propósitos, análises sobre seis mecanismos fundamentais, par a par, são necessárias para que se efetive um contorno de um pensamento e de uma prática baseados no construtivismo: estruturas e procedimentos; o fazer e o compreender e os possíveis e os necessários.

## Estruturas e procedimentos

Inhelder e Piaget (1979)[1] salientam que toda construção matemática (lógico--matemática) tem por objeto as estruturas. As operações sobre essas mesmas estruturas baseiam-se em procedimentos. Ou seja, é por todo um encadeamento de procedimentos, de uma utilização de esquemas apropriados a uma dada estrutura que se torna possível o conhecimento. Estrutura é aquilo que se coloca entre a função e o conteúdo. Explicando melhor: conteúdo é tudo aquilo que a criança conhece; e ela pode sentir um desequilíbrio estrutural por força de sua participação no mundo. Cabe à função de assimilação e à função de acomodação "ler" as causas desse desequilíbrio, contrapô-las a estrutura existente e, numa tentativa de buscar um novo equilíbrio atualizar essa mesma estrutura por uma melhoria ou por uma incorporação de novos esquemas. E são as mudanças na estrutura que possibilitam o desenvolvimento intelectual.

---

[1] Publicado originalmente em *Archives de Psychologie*. Paris, 1979, v. 47, pp. 161-176.

Por isso mesmo, a investigação sobre os procedimentos e estruturas ocupa lugar crucial no campo da teoria e da pesquisa experimental. Os domínios e metodologias da Psicologia Genética dela dependem tanto quanto de uma definição do que seja o Sujeito para este campo de pesquisa e intervenção. As estruturas são ainda dependentes de um "saber fazer" que, para a criança, podem ou não ser conscientes. E se são dependentes, torna-se imperativo considerar as condições que possam conduzir a conhecimentos posteriores muito mais do que verificar o *status* da estrutura como nível de predição da conduta. As estruturas têm um papel muito mais importante no conhecimento, quer seja, o de permitir que a atividade ocorra em termos de possibilidades e de necessidades.

Sobre procedimentos, acompanhamos Inhelder e Piaget (1979) que definem os procedimentos como um modo de utilização empírica das transformações que visam a objetivos particulares, variáveis e temporais. As estruturas agrupam as transformações de modo a lhes possibilitarem conexões, com o objetivo de compreender a natureza de um processo cognitivo atuante num sistema de conjunto intemporal. As estruturas manifestam-se no seio das inferências do sujeito à medida que se eliminam as contradições e incompatibilidades.

Uma importante diferença entre procedimentos e estruturas reside no fato de que, os primeiros sucedem-se num encadeamento, enquanto as segundas 'funcionam' sob um mecanismo de encaixamento de funções cognitivas.

Há, contudo, uma interessante relação entre "saber fazer" e "estrutura" apontada por Inhelder e Celleriér (1992/1996), a qual julgamos de extrema importância para os propósitos deste trabalho. Escrevem eles:

> A psicologia genética tinha descrito notavelmente a epistemologia espontânea do sujeito cognoscente e as estruturas que organizam seus conhecimentos, mas não tinha verdadeiramente procedido a uma análise do saber fazer de cada sujeito em sua individualidade. (p. 20)

Tratam nesse texto justamente de um exame das heurísticas (guardem esse termo) dos esquemas cognitivos do sujeito psicológico, e não mais das estruturas gerais de conhecimento apenas. Ao que tudo indica, provoca-se uma complementaridade entre a análise categorial do sujeito epistêmico e a análise funcional do sujeito psicológico. Em sendo assim, ". . . o que há de comum é a ideia de um sujeito ativo e construtor, que participa ativamente não só do conhecimento do universo, mas de si mesmo" (p. 21).

Os estágios macrogenéticos, esses em que as estruturas exercem papel predominante, devem servir como referências às pesquisas microgenéticas, estas últimas evidenciando os procedimentos usados na ação do sujeito numa dimensão temporal, introduzida exatamente por uma repetição controlada dos processos e a oportunidade dada ao sujeito de ". . . exercitar o controle sobre os resultados de suas próprias ações" (p. 23).

Ainda em Inhelder e Céllerier (1992/1996), obtêm-se parâmetros metodológicos a serem observados na pesquisa microgenética de processos cognitivos; definem-se condições experimentais de objetividade e as características que devem ter a tarefa (problema) utilizada nesse tipo de intervenção.

Lembram os autores que o próprio Piaget inscreve-se numa tradição de psicologia funcionalista, sobretudo nos estudos sobre pensamento e linguagem nas crianças e renova a problemática funcional quando mostra os mecanismos que sustentam a construção das estruturas cognitivas. É a equilibração majorante característica de um funcionamento psicológico (e não um mecanismo causal lógico-matemático) que, fundamentalmente, marca a epistemologia piagetiana como sendo construtivista. Trata-se aqui, portanto, de se retomar a perspectiva da análise funcional inovando-a no sentido de privilegiar ". . . processos complexos que sustentem a representação semiótica e a elaboração de procedimentos finalizados" (p. 27), sem que retomemos, entretanto, a ênfase das pesquisas estruturais.

Pelo brilhantismo do texto, e a título de tentar resumir e sintetizar os últimos pontos abordados, colocamo-nos a uma outra transcrição de Inhelder e Céllerier (1992/1996), mais exatamente referimo-nos à conclusão do capítulo:

> . . . para continuar dentro do espírito da psicologia genética tão bem assinalado no passado por Claparède a respeito de Piaget, tratar-se-ia, em nossa perspectiva de psicologia funcional, de elucidar o valor funcional das estruturas. As estruturas enquanto forma de organização das noções fundamentais, nos parecem de fato assegurar uma permanência, uma economia e uma memória no âmago do pensamento. Essencialmente inconscientes, elas traduzem na consciência do sujeito por seu caráter normativo. Todavia, a perspectiva funcional, na própria medida em que dedica-se a apreender os mecanismos de adaptações, deve também dar conta da maneira pela qual o sujeito age e pensa quando é confrontado com situações particulares, frequentemente por tentativas e erros, e deve descrever a multiplicidade dos esquemas envolvidos. Trata-se, portanto, de se colocar do lado de cá dos conhecimentos gerais, ainda que inconscientes e, de evidenciar conhecimentos constituídos e utilizados pelo

homo quotidianus. A questão é estudar como, no interior do quadro formado por seus conhecimentos categoriais, o homo quotidianus constrói e utiliza conhecimentos particulares e habilidades acomodadas a universos de problemas mais práticos e especializados, construção que contribui, em compensação, à evolução desse quadro estrutural. (p. 32)

A estrutura é vista aqui como algo que depende do saber fazer do sujeito. Um saber fazer que gera uma estrutura que, por sua vez, no sistema cognitivo, gera possibilidades e necessidades.

Sobre os procedimentos encontramos também no texto de Inhelder e Céllerier (1992/1996), o que entendemos por uma definição: "... procedimento é um desenrolar de ações que se encadeiam e são orientados por objetivos. Os procedimentos são, portanto, sequências finalizadas de ações" (p. 34). São também dependentes dos comportamentos subjetivos orientados para uma problemática que possui características de variabilidade, temporalidade e particularidade em relação aos objetos.

## Fazer e compreender

Compreender não significa obter um êxito, a partir de caminhos lógicos, na resolução de problemas. Vai mais além. É um progresso alcançado pelo indivíduo a partir da tentativa, da busca do conhecimento pela via de um fazer.

Para o construtivismo piagetiano compreender como fazer significa que o sujeito precisa experimentar uma compreensão do procedimento. Trata-se, portanto, de uma reconstrução observável das etapas que constituíram a aquisição de um determinado conhecimento, passo a passo e em ordem inversa, não importando somente o êxito obtido, mas também a observância dos "erros" cometidos na tentativa de resolução de uma tarefa inteligente. O erro é visto também como um procedimento adequado e necessário à apreensão compreensiva de um determinado conteúdo.

Macedo (1989, p. 14) escreve sobre os dois tipos de sistemas cognitivos definidos por Piaget, ambos solidários e complementares: o sistema cognitivo 1 – sistema do compreender, e o sistema cognitivo 2 – sistema do fazer. Analisa os dois sistemas, de acordo com suas funções, objetivos, ações e meios. O sistema cognitivo do fazer diz respeito à construção de meios, de estratégias e regras de execução, em que um resultado é perseguido a partir de um objetivo definido. As ações técnicas presentes no sistema cognitivo do fazer determinam a espacialidade e a temporalidade. Os resultados obtidos dependerão das condições e do contexto nas quais se darão os desenvolvimentos dessas ações. Há aqui uma importante função para o erro, sentido pela criança como uma ação inadequada para se chegar ao objetivo proposto como desafio. Na verdade, o erro deve ser considerado como uma estratégia possível, porém não suficiente e não necessária, onde não foram aproveitadas todas as condições contextuais. O erro caracteriza também a utilização de um procedimento não compatível com as possibilidades contextuais.

No sistema cognitivo do compreender, as tentativas de resolução de um problema são valorizadas no sentido de uma verificação consciente dos passos que conduziram a um resultado qualquer, ainda que não satisfatório para atingir o êxito. Deste modo, o erro cria conflitos, expõe contradições das teorias ou das hipóteses que, na maioria das vezes ainda estavam "dando certo". Ainda em Macedo (1994), o sistema do compreender

... é o do domínio da estrutura, do sistema que regula a ocorrência de um certo fenômeno. A compreensão não se limita a um espaço e tempo restritos porque ela coordena o que é da ordem do geral, que se aplica a um conjunto de situações. (p. 74)

Para o construtivismo, existe a clara solidariedade entre esses dois sistemas. "Fazemos na medida em que compreendemos e compreendemos na medida em que fazemos; um sistema retroalimenta o outro" (Macedo, 1994, p. 74). Ao considerarmos os dois sistemas funcionando de modo solidário, admitimos a presença dos erros sistemáticos e dos erros funcionais, sobre os quais demonstraremos suas correlações com os níveis de compreensão propostos por Piaget.

É precisamente a nova concepção de erro adotada pela Psicologia Genética que a consolida como teoria científica. Como vimos anteriormente de forma breve, os erros assumem o *status* de "reveladores de uma lógica infantil irredutível à lógica dos adultos" (Castorina, 1988, p. 43). Cabe-nos, entretanto, explicar os mecanismos que atuam sobre a lógica dos conhecimentos em termos da teoria piagetiana. Castorina identifica a teoria da equilibração como a mais adequada para delinear a fonte dos erros e os mecanismos que atuam no sentido de sua ultrapassagem. A teoria da equilibração pressupõe uma constante inter-relação entre os processos de assimilação e de acomodação inerentes aos esquemas de ação. Para ele, "de um modo geral, a *fonte* dos erros reside nos desequilíbrios do funcionamento assimilador dos esquemas de ação" (Castorina, 1988, p. 34).

A tendência apontada pela teoria é a de que existe uma compensação progressiva dos desequilíbrios no sentido de um aumento do equilíbrio. Os limites da compreensão e da capacidade de resolução de tarefas são, ao mesmo tempo, fixados pela estrutura e determinados pelos procedimentos envolvidos na ação. Tais procedimentos implicam em elaboração de hipóteses, planejamento estratégico das ações e na adoção de alternativas que nem sempre levam ao êxito, mas que sempre permitem correções à medida que os erros tornam-se observáveis, o que, por sua vez, provoca um novo movimento de equilibração sempre dependente das condições estruturais limitadoras. Assim, torna-se o erro um procedimento que deve ser objeto de atenção especial do observador. O desenvolvimento da capacidade de observar, de reconhecer as possibilidades de erros na manipulação do material deve, a nosso ver, fazer parte das necessidades de treinamento de todo aquele que busca entender o comportamento cognitivo.

Macedo (1994) dividiu os erros em sistemáticos e funcionais, conforme sua relação com o sistema fazer e compreender. Os erros sistemáticos seriam de ordem estrutural, ligados a um compreender não adequado à situação-problema, enquanto os erros funcionais são os que se relacionam ao fazer, à ação inadequada mesmo diante de uma compreensão total da situação-problema. Logo, o erro não estaria relacionado apenas a um uso incorreto de procedimento ao jogar (fazer), mas também ao emprego de estratégias inadequadas a determinadas situações (compreender).

Os erros procedimentais caracterizam-se pela sua utilização como um procedimento lógico, contextualizado no âmbito da ação investigada. A sua ocorrência, ao contrário dos erros sistemáticos, permitem a abertura de novas possibilidades de ação à medida que o sujeito os interpreta e consegue incorporá-los a esquemas de ação.

Considerando a perspectiva construtivista num nível que é o da criação, verifica-se uma correspondência dos três níveis das provas operatórias de Piaget (1983/1986) com o modo de lidar com os erros conforme a estrutura e o contexto em que aparecem. Por ser bastante esclarecedor, preferimos transcrever o resumo que vimos em Macedo (1994) :

> No nível I, não há erro em uma perspectiva consciente; o erro é recalcado e as respostas contraditórias não causam conflito ou problema para as crianças. As tentativas de denunciá-lo são inoperantes.
> 
> No nível II, o erro aparece como um problema. Depois de tê-lo cometido, a criança o reconhece, apesar de já ser tarde. Além disso, as soluções ocorrem por ensaio e erro, por tentativas. A interferência exterior do adulto ou de outra criança já surte mais efeito, no sentido de problematizar a situação. Mas, ainda é uma perturbação exterior ao sistema cognitivo da criança. As iniciativas exteriores problematizam o erro. Ele instala-se como uma contradição que exige superação.

No nível III, o erro é superado enquanto problema. A criança pode antecipá-lo ou anulá-lo, ou seja, já dispõe de meios, dentro do seu sistema, para pesquisá-lo. Os erros anteriores são evitados nas ações seguintes. Há pré-correção do erro, há antecipação interior ao sistema. O sujeito adquire uma certa autonomia. (Macedo, 1994, p. 77)

As perspectivas apontadas até aqui tratam das bases para constituição dos níveis de compreensão do sujeito, evidentemente calcados na forma como ele lida com os erros. Seria impossível continuar nosso texto sem trabalhar outra base teórica componente dos níveis de compreensão. Trata-se das relações entre os possíveis e o necessário. Claro que com isso já preparamos nosso caminho para apresentar os níveis de análise heurística como metodologia complementar a que ora anunciamos.

## Os possíveis e o necessário

Nos parágrafos seguintes, faremos referências provisórias sobre os níveis de compreensão I, IIA, IIB e III, tal como propostos por Piaget (1983/1986), mas solicitamos a compreensão do leitor sobre a definição destes níveis, a qual faremos posteriormente, em seguida, apenas em razão da dependência dos conceitos que virão imediatamente a seguir.

O possível analógico tem seu correspondente no estágio pré-operatório (ou nível I). O objeto é analisado por sucessões analógicas em busca de um real anteriormente identificado. A busca pelas diferenças possíveis ainda não pode ser levada a termo, predominando a observação das semelhanças e das regularidades do objeto.

O copossível concreto permite uma atualização de diversos possíveis mesmo que em conjunto, compondo o início do período operatório concreto ou nível IIA.

O copossível abstrato pode ser considerado uma 'expansão' do copossível concreto. Torna-se clara a existência de um número muito grande de atualizações das propriedades imaginadas para o objeto, mas ainda não se considera a "infinitude" das possibilidades deste. Os copossíveis abstratos correspondem ao "patamar de equilíbrio das operações concretas", ou nível IIB.

O copossível "*ilimitado*" (Campos, 1993) suporta um aumento, até o infinito, das possibilidades que, subordinados as integrações necessárias, aparecem como variações contínuas que expressam leis de formação: "o possível como resultado do necessário". Os copossíveis ilimitados resultam das operações hipotético-dedutivas, ou de nível III.

Piaget (1981/1985) afirma existir uma relação tão íntima entre a formação dos possíveis e a sucessão dos níveis operatórios que, para uma descrição dos dois desenvolvimentos, torna-se interessante a utilização dos mesmos estágios para ambos, conforme a correspondência apontada acima. É com base nesta afirmação que passaremos a estudar, com base no próprio Piaget, os quatro níveis de compreensão sob o ponto de vista das operações.

O nível I caracteriza-se pela ausência de reversibilidade, de recursividade, enfim, de inferências sistemáticas e de fechamentos. Este nível possibilita-nos analisar o modo de formação dos possíveis pelas sucessões analógicas que nele ocorrem. A partir disso, torna-se possível compreender também as razões das "lacunas" a que nos referíamos anteriormente. Nesse nível, o grande número de semelhanças combina-se com o pequeno número de diferenças existentes entre os fatos ou objetos. Os encadeamentos não obedecem a uma transitividade muito exata. Então, as analogias dão-se por um número muito maior de passagens não transitivas de um possível para outro. Uma diferença entre os conjuntos de possíveis e as estruturas operatórias é a falta de simetria interna. Ora, os possíveis não dão vazão apenas a outros possíveis. Eles também possuem um poder intrínseco de acrescentar novas finalidades além daquelas dadas pelo objetivo inicial. Outro fator de análise reside na diferença existente entre os sistemas operatórios fechados e as 'liberdades' proporcionadas pelas sobredeterminações e sobrecomposições dos possíveis. Posto assim, nos é permitido pensar o porquê do atraso no aparecimento das operações concretas. É que elas dependem sobremaneira do aperfeiçoamento dos procedimentos decorrentes das atividades da acomodação, das escolhas, dos encadeamentos e das regulações, ocorrentes a partir da abertura para cada novo possível.

O nível IIA caracteriza-se pelo aparecimento do início das operações concretas, o sujeito consegue diferenciar as formas específicas e suscetíveis de fechamento que se iniciam neste nível.

Para os nossos atuais propósitos interessa-nos a conclusão de Piaget (1981/1985) sobre estes pontos e a sua rápida e eficaz passagem às explicações pertinentes para o nível IIB, quando aborda as deduções imanentes dos possíveis:

> Observamos assim que a formação das operações concretas se efetua dentro de um desenvolvimento mais amplo que a condiciona, mas só chega a esse resultado mediante abstrações reflexivas e regulações mais desenvolvidas nos mecanismos das novas aberturas. Essa filiação é ainda mais clara no nível IIB com os "copossíveis abstratos", uma vez que, começando a ultrapassar o domínio das atualizações, esses

possíveis são simplesmente deduzidos, constituindo assim, em primeiro lugar, espécies de classes ou de séries virtuais, das quais os termos individuais atualizados não são senão exemplos ou representantes. (p. 132)

A título de resumir de modo mais sistemático o que abordamos acima, evitando repetições desnecessárias, citaremos Macedo (1994):

> O nível I corresponde àquele em que a criança não resolve o problema, ou mesmo sequer o entende. O nível II é o do conflito, ambivalência, dúvida, ou flutuação. É o nível intermediário, no qual a criança oscila em suas respostas. O nível III corresponde àquele em que a criança apresenta uma solução suficiente para a questão proposta. Obviamente, o que é nível III em um sistema, equivale a um nível II ou I no que lhe é imediatamente superior em termos de complexidade. (p. 71)

Lima Filho e Rebouças (1988) evidenciam uma discriminação para o nível III, subdividindo-o em nível IIIA e nível IIIB. No nível IIIA (período egocêntrico), as novas construções estão formando-se e em equilibração ainda instável. No nível IIIB, as novas estruturas estão equilibradas e ajustam-se "às novas dimensões do universo abstrato em que o adolescente transita, desde que conseguiu desvincular a forma do conteúdo do pensamento de 2° grau." (p. 75)

Claro que há um método que delineia a construção e a utilização dos erros, dos níveis e suas correspondentes teorizações. Um método específico foi desenvolvido para que fosse possível o entendimento desses processos construtivos, para se avaliar a situação particular dos sujeitos e para sistematizar as intervenções. É sobre este método – o método clínico-crítico – que escreveremos a seguir.

## Método clínico-crítico

As investigações realizadas por Piaget mostram que os sujeitos são motivados a descreverem o raciocínio utilizado nas tentativas de solução dos problemas. Trata-se de entender as estratégias e os procedimentos envolvidos mesmo que não conduzam ao sucesso ou ao acerto pertinentes ao alcance de objetivo numa determinada tarefa. Assim, erros e acertos são questionados, no sentido de verificação do nível de compreensão que os sujeitos alcançam, isso a cada etapa do raciocínio utilizado no contexto específico e particular da situação-problema. O método clínico surge então de uma combinação entre a observação pura, a entrevista clínica e experimentos simplificados.

A metodologia piagetiana utiliza, além das entrevistas clínicas de natureza verbal, a confrontação do sujeito com um problema concreto em que se exige uma explicação posterior a sua demonstração ou, se requer ao examinando a sua resolução antecipada. O problema apresentado tanto pode privilegiar a estrutura do raciocínio com menor ênfase no conteúdo, como privilegiar o desenvolvimento de conceitualizações quando ambos, conteúdo e estrutura de raciocínio, assumem papéis importantes.

Os procedimentos empregados no método clínico requerem alguns cuidados: o raciocínio do sujeito deve ser acompanhado pelo examinador sem a sua interferência; as respostas dadas pelo sujeito devem ser justificadas por ele; o 'grau' de certeza do examinando sobre o que respondeu deve ser investigado; as respostas não devem permanecer em forma ambígua, cabendo ao examinador apresentar novas questões que possibilitem ao próprio sujeito a eliminação de uma dupla interpretação; e, durante o exame, cabe também ao examinador a eliminação das múltiplas hipóteses que constrói durante a prova sobre o nível de desenvolvimento em que a criança encontra-se. Na avaliação de uma resposta verifica-se a sua coerência, a percepção das contradições e a consciência do raciocínio utilizado pelo sujeito. Para tanto, além do simples conteúdo da resposta, as reações ou atitudes devem ser cuidadosamente observadas pelo examinador experiente.

Acreditamos que o leitor esteja agora mais próximo de perceber a importância do estabelecimento de níveis para avaliação ou intervenção na clínica ou na escola quando se utiliza a Psicologia Genética. Para tanto, metodologias precisam ser constantemente aperfeiçoadas na medida em que as teorias progridem e vice-versa. Em nossos aperfeiçoamentos nesse campo específico, ainda nos ressentíamos de uma sistematização que englobasse as contribuições da última obra de Piaget (1980/1996), a qual tratava fundamentalmente da dialética em suas formas elementares de construção do conhecimento. Assim surge a intenção (ou necessidade, como queiram) em estabelecer um modelo complementar de análise das ações do sujeito construtor – os níveis de análise heurística.

## Níveis de análise heurística

Uma das principais contribuições elaboradas por Canal (2008) em sua tese de doutorado foi o estabelecimento dos níveis de análise heurística, os quais foram desenvolvidos a partir da utilização do jogo de regras de base matemática denominado de Mattix.

Antes de apresentarmos essa análise, é necessário esclarecer sobre a denominação escolhida. De acordo com o dicionário Houaiss, heurística é "... arte de inventar, de fazer descobertas ... método de investigação baseado na aproximação progressiva de um dado problema" (Houaiss & Villar, 2001). Inhelder e Caprona (1992/1996) argumentaram que a heurística está ligada a um sistema de esquemas de procedimento, relacionando-se à inovação e incluindo reflexões sobre o erro.

Foram cinco os níveis de heurística estabelecidos, divididos em IA, IB, IIA, IIB e III, para análise de cada jogada realizada pelos participantes do experimento da tese. A subdivisão em níveis, assim como os tipos de jogadas presentes em cada nível, foi inspirada na proposta de Piaget (1980/1996), no livro *As Formas Elementares da Dialética*. A partir dos conceitos *predicado, conceito, julgamento e inferência* apresentados por Piaget no livro citado, definimos da seguinte forma os níveis:

No nível IA, estão presentes jogadas de pessoas que ainda não compreendem os predicados ou as regras do jogo e, por isso, não conseguem jogá-lo corretamente. A característica principal deste nível pode resumir-se pela movimentação incorreta de peças.

No nível IB, os jogadores já reconhecem os predicados e as regras e jogam de acordo com eles. Criam também conceitos a respeito do jogo, porém ainda não articulam suas jogadas com as do oponente, característica necessária para um bom jogador. Neste nível um jogador é capaz de antecipar a próxima jogada do adversário, se ela for a única possível. Também antecipa quando o adversário dá uma dica sobre o que fará. Porém, não se beneficia do resultado da jogada.

No nível IIA, a principal aquisição é a coordenação de seu ponto de vista com o ponto de vista do adversário e, por isso, o jogador passa a ser capaz de realizar julgamentos a respeito das melhores jogadas. Há mais complexidade na descrição de características deste nível: pode ocasionalmente errar a movimentação de uma peça, mas corrige o movimento rapidamente sem ajuda externa; ocorre antecipação de uma jogada do adversário, sem que ela seja a única possível, precisando por isso lidar com processos inferenciais. Pode beneficiar-se ou não do resultado da jogada. Quando o adversário não efetua a jogada antecipada, na maioria das vezes, o jogador fica desorientado; pode também antecipar mais do que duas jogadas, porém utiliza movimentos das mãos por cima do tabuleiro para planejá-las, fornecendo pistas ao oponente sobre suas intenções; consegue coordenar sua jogada com a próxima do adversário. Com isso, o jogador pode beneficiar-se ou não do resultado da jogada; joga evitando que o adversário o supere em número de pontos ou com jogadas de melhor qualidade, prejudicando, por isso, suas futuras jogadas. Entretanto, ainda nesse nível, é possível que a ânsia de jogar melhor o prejudique em jogadas futuras.

Nos níveis IIB e III, o jogador passa a realizar inferências. Portanto, ele não trabalha apenas com o caráter concreto do jogo, mas é capaz de realizar abstrações, considerando, por exemplo, as intenções do adversário e não apenas suas jogadas realizadas. No nível IIB o jogador antecipa sua próxima jogada, a do adversário e a sua própria, sendo elas as únicas possíveis ou não, sem movimentar as mãos em cima do tabuleiro. Também evita que o adversário realize jogadas melhores que as suas, coordenando os movimentos com suas próximas jogadas. O nível III caracteriza-se pela previsão de um erro na movimentação das peças, mudando a trajetória do movimento, corrigindo-o previamente; ocorre ainda o planejamento com antecipação de diversas possibilidades de jogadas. Com isso, consegue pensar em várias opções de resposta conforme diferentes movimentos do adversário, observando todas as peças do tabuleiro antes de efetuar uma jogada. O que diferencia o nível IIB do nível III é a abrangência das inferências. No nível IIB elas são limitadas a previsão de no máximo três jogadas, enquanto no nível III realiza-se uma rede complexa de inferências.

É necessário dizer que um jogador não efetua apenas jogadas de um único nível, pois a passagem ao nível seguinte, qualitativamente mais complexo, não implica no esvanecimento de características do nível anterior. Seguindo a ideia construtivista de Piaget (1980/1996), não há substituição de um nível pelo outro, mas construções cada vez mais complexas que um sujeito é capaz de realizar.

Embora apresentados de forma resumida, a descrição que apresentamos sobre a análise heurística pode fazer o leitor inferir algo acerca da diferença fundamental entre esta e as consagradas análises sobre o nível de compreensão em Psicologia Genética. Digamos que as últimas foram fundadas sobre o manejo metodológico do erro enquanto que a análise heurística considera outros fundamentos da construção, sobretudo aqueles relacionados com a interpretação que o sujeito elabora sobre suas jogadas ou ações, ainda que sejam bem-sucedidas. Ou seja, muito mais que considerar diferenças metodológicas das duas análises, torna-se importante refletir sobre seus fundamentos.

A dialética implícita no estabelecimento dos níveis de compreensão torna-se absolutamente patente nos níveis de heurística, o que pode trazer uma leitura razoavelmente diferente das realizações do indivíduo construtor de conhecimento.

## Considerações finais

Esperamos ter cumprido nossa perspectiva inicial sobre este capítulo ao abordar teoricamente um tema que julgamos de razoável importância para análises clínicas e pedagógicas. Procuramos fazê-lo considerando que a exemplificação baseada na técnica pode favorecer a compreensão de aspectos da avaliação e intervenção em Psicologia Genética. Indicamos atenção especial para a necessidade de formação continuada dos profissionais que lidam com temas construtivistas de modo geral. Assim, de maneira alguma recomendamos o uso indiscriminado de técnicas. Pelo contrário, acreditamos que os jogos, os desenhos, as narrativas e as brincadeiras, proporcionaram um volume considerável de publicações, a maioria delas carregadas de exemplos de intervenções bem-sucedidas. Nunca se deve perder de vista o caráter lúdico e cultural desses produtos que tomamos modernamente como instrumentos em nossos trabalhos. No entanto, não devemos desperdiçar relevantes informações e elementos proporcionados pelo uso consciente dos materiais, métodos, técnicas e instrumentos que empregamos em nossas funções de professor, clínico ou pesquisador.

Alertamos que metodologias de avaliação e intervenção em Psicologia Genética encontram-se para além do que o espaço deste texto pode abrigar. Exortamos o leitor a buscar outras fontes que tratam das análises dos níveis de conduta, da abordagem microgenética e do método clínico. Temos uma ciência com metodologia rica e eficaz, montada sobre manancial teórico construído sob rigor lógico invejável.

Professor e psicólogo: sintam-se incentivados a refletirem sobre suas práticas e a registrarem seus efeitos. Se compartilharmos tais experiências certamente avançaremos muito nos processos educacionais de nossas crianças.

## Referências

Campos, M. C. R. (1983). O possível e o necessário como eixos da construção do real vistos na situação de um jogo. *Revista de Psicopedagogia*, 12(26), 16-20.

Canal, C .P. P. (2008). *"Menos com menos dá mais": avaliação de desempenho de alunos de 6ªs. e 8ªs. séries do ensino fundamental no jogo Mattix.* Tese de doutorado não publicada, Programa de Pós-Graduação em Psicologia, Universidade Federal do Espírito Santo, Vitória.

Castorina, J.A. (1988). *Psicologia Genética: aspectos metodológicos e implicações psicopedagógicas.* Porto Alegre: Artes Médicas.

Dell'Agli, B.A.V.; Brenelli, R.P. (2007). O jogo "descubra o animal": um recurso no diagnóstico psicopedagógico. *Psicologia em Estudo*, Maringá, 12(3),563-572.

Houaiss, A., & Villar, M. S. (2001). *Dicionário eletrônico Houaiss da língua portuguesa* [CD-ROM]. São Paulo: Objetiva.

Inhelder, B., & Piaget, J. (1979). Procedimentos e Estruturas. *Archives de Psychologie* (47), 161-176.

Inhelder, B., & Caprona, D. de (1996). Rumo ao construtivismo psicológico: estruturas? Procedimentos? Os dois 'indissociáveis'. In B. Inhelder, & G. Cellérier (Orgs.). *O desenrolar das descobertas da criança: um estudo sobre as microgêneses cognitivas* (pp. 7-37). (E. Gruman, Trad.). Porto Alegre: Artes Médicas. (Trabalho original publicado em 1992).

Lima Filho, A., & Rebouças, F. A. (1988). *O pensamento formal em Piaget: gênese, estruturação e equilibração.* Goiânia: Dimensão.

Macedo, L. (1989). *Para uma psicopedagogia construtivista.* São Paulo: USP.

Macedo, L. (1994). *Ensaios construtivistas.* São Paulo: Casa do Psicólogo.

Macedo, L. de. (1997). Os jogos e sua importância na escola. In L. de Macedo, A. L. S. Petty, & N. C. Passos (Orgs.). *4 Cores, Senha e Dominó: oficinas de jogos em uma perspectiva construtivista e psicopedagógica* (pp. 127-143). São Paulo: Casa do Psicólogo.

Moura, M. O. de. (1990). O jogo na educação matemática. *Idéias*, 7, 62-67.

Moura, M. O. de. (1991). O jogo e a construção do conhecimento matemático. *Idéias*, 10, 45-53.

Piaget, J. (1996). *As formas elementares da dialética.* São Paulo: Casa do Psicólogo. (Trabalho original publicado em 1980).

Piaget, J. (1981). *O possível e o necessário: evolução dos possíveis na criança* (Vol. 1). (B. M. de Albuquerque, Trad.). Porto Alegre: Artes Médicas, 1985, (Trabalho original publicada em 1981).

Piaget, J. (1986). *O possível e o necessário: evolução dos necessários na criança* (Vol. 2). (B. M. de Albuquerque, Trad.). Porto Alegre: Artes Médicas. (Trabalho original publicada em 1983).

Piaget, J. (1987). O possível, o impossível e o necessário (L. B. Leite, & A. A. de Medeiros). In L. B. Leite (Org.). *Piaget e a Escola de Genebra* (pp. 51-71). São Paulo: Cortez. (trabalho original publicada em 1976).

Polônia, A. da C., & Senna, S. R. C. M. (2005). A ciência do desenvolvimento humano e suas interfaces com a educação. In M. A. Dessen, & A. L. Costa Jr. (Orgs.). *A ciência do desenvolvimento humano: tendências atuais e perspectivas futuras.* Porto Alegre: ArtMed.

Schiller, F. (1991). *Cartas sobre a educação estética da humanidade.* São Paulo: EPU.

# Afetividade segundo Jean Piaget: contribuições para a psicologia do desenvolvimento

Maria Thereza Costa Coelho de Souza

A teoria de Jean Piaget, de maneira geral clássica nos cursos de Psicologia e Educação, possui uma dimensão mais desconhecida que é sua visão sobre o papel da afetividade no desenvolvimento psicológico e suas relações com o desenvolvimento da inteligência. A maior novidade desta teorização é encarar a dimensão afetiva ao mesmo tempo como essencial e complementar, no desenvolvimento psicológico, o que pode parecer a principio, contraditório. No âmbito das teorias sobre o desenvolvimento da afetividade, a abordagem de Piaget não costuma ser mencionada, como o são a psicanálise freudiana e a teoria de Henri Wallon. Isso porque Piaget não considera a afetividade como o único motor do desenvolvimento ou o núcleo da personalidade. Ao contrário, atribui à afetividade papel fundamental tanto para a construção dos conhecimentos sobre si mesmo e o mundo, como também para o desenvolvimento psicológico integral. No entanto, não considera seu papel como exclusivo para a interferência sobre os processos envolvidos no desenvolvimento psicológico.

O objetivo deste texto é apresentar as ideias e teorizações de Jean Piaget sobre afetividade quanto às suas contribuições para o campo da Psicologia do Desenvolvimento. Algumas perguntas dirigiram esta escrita: é possível fazer com que este autor compareça, quanto a este tema, ao lado de outros clássicos da área? O que Piaget concebeu como afetividade e seu papel no desenvolvimento psicológico é suficiente para permitir a formulação de pesquisas sobre o desenvolvimento infantil? Se sim, de que maneira? E, finalmente, as criticas feitas a Piaget, de ele que teria concebido uma afetividade intelectualizada, são pertinentes?

De acordo com Lourenço (1994), as críticas feitas à teoria piagetiana devem-se, em geral, a leituras parciais ou superficiais ou (o que nos interessa aqui) a um posicionamento ou olhar a partir "de fora". Isto significa dizer que pesquisadores sérios tomaram parcialmente conceitos e experimentos de Piaget entendendo-os à luz de princípios epistemológicos diferentes dos que geraram as ideias do autor, o que levou a criticas e conclusões apressadas. Exemplos destas leituras "de fora" do modelo de Piaget são os que se referem, por exemplo, a comparar resultados de estudos sobre ações de bebês muito pequenos sobre objetos com as observações de Piaget, confundindo ter experiências com os objetos à sua volta (o que ocorre muito cedo) com ter noção de objeto permanente (o que, para Piaget, ocorre apenas com cerca de um ano e meio de idade). Alguns pesquisadores conceberam a noção de objeto permanente como dirigir-se para o objeto perceptivamente, concluindo, assim, que os bebês manifestariam a permanência muito antes do momento postulado por Piaget. Este último, como sabemos, considera as experiências com os objetos como pertencentes ao caminho para a construção da noção de objeto permanente, não se confundido com ela. Uma diferença central entre as conclusões piagetianas e não piagetianas é olhar o fenômeno da construção da noção de objeto de um ponto de vista exterior ao bebê. Ora, evidentemente que para o observador pode parecer que o bebê ao se dirigir para o objeto com ações coordenadas dê a impressão de que "sabe" que o objeto continuará a existir em algum lugar, íntegro, mesmo que não esteja mais ao alcance da percepção direta. No entanto, se, ao contrário, nos colocarmos do ponto de vista do bebê que prolonga sua ação englobando os objetos e não o procura ativamente quando desaparece de sua visão, concluiremos que ele ainda não parece compreender que este objeto com o qual se relaciona fisicamente, ao desaparecer, não deixa de existir.

A noção de permanência diz respeito ao conhecimento que o sujeito/bebê constrói e não à observação exterior. Esta ultima permite inferir que a noção foi construída pelo sujeito de acordo com o critério de busca ativa pelo objeto desaparecido. Assim, Lourenço (1994) conclui que muitas das contestações das conclusões e experimentos piagetianos foram feitas sem o conhecimento aprofundado tanto da teorização quanto do método utilizados por este autor. Ainda que a ressalva de Lourenço não se refira às concepções de Piaget sobre afetividade, é pertinente lembrar que também sobre este tema há criticas, por exemplo, a de que Piaget não considerou a afetividade ao falar do desenvolvimento psicológico ou que a afetividade da qual fala está submetida à inteligência. Estas críticas também revelam-se muitas vezes parciais e superficiais, o que, por si só, já exige a apresentação mais aprofundada desta temática, cara à Psicologia do Desenvolvimento.

É importante destacar, logo de inicio, que não se pretende oferecer respostas fechadas aos questionamentos sobre as teorizações de Piaget a respeito da afetividade, mas, ao contrário, contribuir para o debate, apresentando reflexões baseadas nos textos piagetianos sobre o assunto, em conceitos extraídos de outras teorias psicológicas que explicitamente apresentam o desenvolvimento afetivo e também em pesquisas que pretendem investigar aspectos afetivos tomando como base conceitos de Piaget. Algumas das ideias aqui apresentadas já foram expostas em outros contextos (textos e conferências) e podem ser encontradas em outros locais. A novidade que agora se apresenta é rever articulações anteriormente feitas em outros momentos de reflexão para inserir as ideias de Piaget sobre afetividade especificamente no âmbito do campo de conhecimento da Psicologia do Desenvolvimento. Este texto é, pois, um convite a acompanhar o percurso de ideias desta autora que pesquisa há anos as relações entre afetividade e inteligência no desenvolvimento psicológico a partir da abordagem de Jean Piaget.

A organização do texto é a seguinte: primeiramente será apresentada uma breve discussão sobre a psicologia genética piagetiana e o desenvolvimento psicológico quanto à inserção deste autor no campo (origem e desdobramentos de suas ideias); em seguida, será retomada a reflexão do autor sobre conceitos extraídos da psicanálise freudiana (até onde acompanhou os escritos de Freud e colaboradores) e algumas ideias de Wallon sobre o papel das emoções e sua pertinência para o estudo do desenvolvimento infantil, já que ambos os autores são sempre lembrados quando o assunto é afetividade no desenvolvimento. Em terceiro lugar, serão apresentadas sucintamente as ideias e conceitos principais do texto que marca a teorização piagetiana sobre as relações entre afetividade e inteligência no desenvolvimento psicológico, referente a curso proferido na década de 1950, na Universidade Sorbonne, em Paris. Finalmente, serão comentadas algumas possibilidades de pesquisa empírica que incluem indicadores sobre afetividade, com base nas ideias de Piaget, quanto aos aspectos valorativos inseridos nos juízos e ações morais e nas interpretações que crianças fazem de ações e sentimentos de personagens e passagens de contos populares (de fadas e maravilhosos), tomando, neste ultimo caso, extratos de investigações realizadas pela autora juntamente com seus alunos de Iniciação Cientifica.

## Psicologia genética e desenvolvimento psicológico

Podemos afirmar que a passagem da epistemologia genética para a psicologia da criança deu-se por meio do estudo e elaboração de um novo método de investigação: a entrevista clínica que também ficou conhecida como "método clínico". Piaget (1926), explica como, do exame clínico da psiquiatria e da análise crítica sobre o método dos testes e da observação pura, usados na Psicologia, surgiu a entrevista clínica, tipo de entrevista semiaberta, que tem como característica principal o estabelecimento de eixos e hipóteses por parte daquele que entrevista. Estes eixos dirigem as perguntas, que são sempre referentes ao que a criança pensa e que devem, nas palavras de Piaget, seguir a orientação do pensamento da criança. Assim, são condenáveis perguntas diretivas e pontuais, exteriores ao contexto reflexivo da criança, que podem sugerir certas respostas, não por fruto da reflexão pessoal, mas para atender a demanda do entrevistador. Recomenda-se que as perguntas desencadeiem reflexões e ideias, o que não é fácil de promover, mesmo para entrevistadores mais experientes. O princípio da não sugestão permeia todo o método inspirado na teoria de Piaget, mesmo quando os procedimentos referem-se à aplicação de provas de diagnóstico operatório, ou seja, as perguntas devem estar apoiadas em hipóteses do pesquisador que são apresentadas à criança sob a forma de questionamentos, os quais tem, por sua vez, como objetivo, fazê-la pensar.

Assim, Piaget entra no campo da Psicologia, em busca de um método para acompanhar como o indivíduo passa de um patamar de menor equilíbrio para um de maior equilíbrio, ao longo de seu processo de construção de conhecimento. Assim, elabora a teoria psicogenética de construção do conhecimento, interessando-se por sua gênese e valoriza a mediação pela ação física e mental nas interações entre um sujeito conhecedor e os objetos de conhecimento. Ao buscar a gênese, passa a se interessar pela criança pequena, a qual se encontra no momento de sua vida em que inicia suas construções sobre o mundo e si mesma. Como decorrência de seus questionamentos iniciais, o autor genebrino escreve três obras clássicas: *La naissance de l'intelligence chez l'enfant* (1936); *La construction du réel chez l'enfant* (1937) e *La formation du symbole chez l'enfant* (1945). Nas duas primeiras, enfatiza a transição do arcabouço biológico inicial para a inteligência prática e a construção do universo físico e a terceira é dedicada a discutir a passagem da inteligência prática para a representativa, por meio das construções simbólicas. Esta última, preciosa para o estudioso das capacidades representacionais da criança pequena, insere a perspectiva piagetiana definitivamente no contexto das teorias sobre o desenvolvimento infantil, uma vez que destaca a capacidade para representar o mundo e si mesma, diferenciando os objetos de seus representantes imagéticos e linguísticos. A linguagem verbal surge neste contexto como representante especial do pensamento, que sucede a inteligência prática e passa a alimentar a inteligência simbólica e a ser alimentada por ela.

Apoiada nesta ideia encontra-se a discussão sobre as relações entre pensamento e linguagem, na qual se destacam as teorias de Piaget e de Vygotsky. Focalizando sempre a gênese dos desenvolvimentos cognitivos ulteriores, Piaget a coloca, no caso da inteligência representacional, no tipo de inteligência anteriormente construída (a inteligência prática) e não na linguagem. Numa análise geral da abordagem piagetiana, notamos dois princípios básicos: a continuidade e a integração, que permanecem e caracterizam sua teoria psicogenética. Isso significa que cada novidade não elimina as aquisições anteriores, mas dá continuidade àquelas integrando-as agora num novo patamar de equilíbrio. O desenvolvimento é, então, contínuo e integrativo, numa sucessão de capacidades antigas e novas, abertas para novas construções que se efetivarão de acordo com as possibilidades trazidas pelas interações. Textos bastante conhecidos de Piaget apresentam detalhadamente os princípios gerais do desenvolvimento mental e os fatores envolvidos na sucessão dos diferentes patamares de equilíbrio (Inhelder & Piaget, 1964).

Numa visão histórica da obra de Piaget, é possível dizer que o autor iniciou-se na Psicologia interessado pelas crenças infantis, ou seja, pelas teorias criadas para pensar sobre o mundo (Piaget, 1926) e explicá-lo, e também pelos juízos morais (Piaget, 1932/1985). Durante boa parte de sua vida e obra, dedicou-se a estudar o pensamento lógico e as operações racionais, desde a transição entre o pensamento pré-operatório para o operatório concreto até a passagem deste último para o pensamento operatório formal (Piaget, 1948/1993; Piaget & Inhelder, 1959/1983).

Os textos sobre afetividade, ao contrário, espalham-se por vários períodos da vida de Piaget, desde os que se referem a conferências e participações em congressos em sua juventude (Souza, 2003), até aquele que é o mais importante sobre o assunto (Piaget, 1954), com desdobramentos para obras da fase tardia da obra do autor (Piaget, 1972).

## Piaget e a psicanálise

A história pessoal de Piaget com a psicanálise é longa, cerca de vinte anos, desde o início de suas leituras dos textos de Freud, passando por apresentações em congressos de psicanálise em Berlim e em Paris, pela amizade com Édouard Claparède e chegando à presidência da Sociedade de Psicanálise suíça, período que incluiu análise pessoal (por alguns meses) com Sabina Spielheim e alguns (poucos) pacientes atendidos. As discussões de Piaget seguem a obra de Freud, isto é, começam pela teoria do inconsciente e pela sua mais conhecida via de acesso: a interpretação dos sonhos. Em conferência proferida em 1922 e publicada em 1923 (De Souza, 2003), Piaget explica como o inconsciente, segundo Freud, poderia dirigir o comportamento e expressar-se indiretamente nos sonhos. Nesta ocasião, focaliza o aspecto que considera objetivo e fonte dos sonhos, também mencionado por Freud (ainda que de outra maneira): os restos diurnos; analisa um sonho (provavelmente autobiográfico) para comprovar a ideia de que seriam estes 'restos' os determinantes das imagens dos sonhos. Em texto de 1933 (De Souza, 2003), reforça a necessidade de que educadores conheçam as teorizações freudianas para melhor compreenderem as "transferências emocionais" que ocorrem em suas relações com seus alunos. Apresenta de forma correta do ponto de vista conceitual, ainda que de modo um tanto esquemático, a teoria da sexualidade proposta por Freud em 1905 e questiona se esta seria a única fonte (origem) do desenvolvimento psicológico. Mais tarde, em seu curso de 1954, chamará a teoria freudiana da sexualidade de pansexualista, criticando a exclusividade deste fator na determinação da personalidade e preferindo conceitos de Gustav Adler, tais como sentimento de inferioridade-superioridade e vontade de crescer, como motores do desenvolvimento afetivo. Na verdade, Piaget questionará dois conceitos chave da psicanálise freudiana inicial: o de inconsciente como uma esfera que só se comunica com a consciência por vias deformadas e que necessita ser desvendado e o de sexualidade como fonte energética única do psiquismo.

A oposição de Piaget a estes conceitos o faz desenvolver conceitos como tomada de consciência; inconsciente cognitivo e estabelecer que a afetividade estaria ligada às valorizações de metas, as quais impulsionariam toda conduta, desde as do bebê até as do adulto, enquanto a inteligência estaria ligada à estruturação dos meios para que as metas sejam atingidas. Assim, opõe-se a conceber a afetividade como diretamente ligada aos impulsos, como faz Freud, ainda que utilize a ideia de energética (com o sentido de motor que impulsiona) para explicar a afetividade e seu papel no desenvolvimento psicológico. Os escritos de Piaget sobre a Psicanálise indicam claramente que acompanhou a obra de Freud até 1923, quando é anunciada a segunda tópica sobre o aparelho psíquico (Id, Ego e Superego), teorização denominada de dinâmica. Depois disso, passa a mencionar autores tais como Rappaport, Hartman e Escalona que desenvolveram teorizações sobre aquilo que o próprio Freud chamou de energia "neutra"(ainda que não tenha desenvolvido esta ideia) e a psicologia do ego, esta última com desdobramentos atuais.

Assim, sintetizando, o contato de Piaget com a psicanálise freudiana parece ter sido consistente e relevante para a construção de suas concepções sobre afetividade enquanto a energética de todas as condutas e intrinsecamente relacionada ao desenvolvimento da inteligência. Devemos reconhecer, no entanto, que, por ter interesses muito diferentes daqueles atribuídos à perspectiva freudiana, Piaget acaba por interromper o acompanhamento dos textos de Freud à época da elaboração de sua segunda tópica, o que deve ser considerado pelos leitores das críticas que o autor genebrino faz a alguns dos conceitos desenvolvidos neste período da vida e obra de Freud.

## Piaget e a escolha de objeto

Piaget (1937) apresenta a gênese da noção de objeto, com a elaboração do conceito de objeto permanente, essencial para a compreensão da primeira elaboração do universo físico pela criança pequena. À luz de extratos de protocolos de observação referentes aos seus filhos, o autor apresenta a construção gradativa da noção de objeto, iniciada pela experiência com objetos e sua percepção para constituir-se enquanto noção "prática" na transição entre a inteligência sensório-motora e a representacional, por volta de um ano e meio a dois anos de idade. Define a noção de objeto como a compreensão de que o mesmo permanece íntegro no espaço e no tempo e submetido a leis de causalidade, mesmo que esteja fora do alcance da percepção direta. Trata-se, portanto, de um objeto objetivado pela inteligência prática da criança, por meio de suas ações físicas executadas repetidamente no meio, em especial, suas ações de busca pelos objetos que desaparecem de sua percepção. O critério da procura por algo que desaparece com o que o bebê teve experiências anteriores de encontro desde muito cedo na vida, define, para nós, a diferença básica entre a noção de objeto, para Piaget e a desenvolvida por outros autores, que se baseiam na experiência perceptiva do bebê com os objetos para concluir pela existência da noção de objeto.

A obra *Noção de objeto, concepção de sujeito em Freud, Piaget e Boesch* (Simão, De Souza & Coelho Jr, 2002) dedicou-se a empreender discussão sobre o estatuto destas noções na obra de Jean Piaget, revendo os princípios sobre os quais se baseiam. Um elemento comum pode ser extraído das discussões quanto à noção de objeto: a de que este é central para a perspectiva piagetiana, tanto quanto para a teoria freudiana, mas com qualidades diferentes. No caso da Psicanálise, o objeto é aquele para o qual a pulsão se direciona (objeto da pulsão), enquanto que para Piaget o objeto é o que permite a construção do conhecimento (objeto do conhecimento).

A escolha de objeto e a noção de objeto permanente quanto à eventual correspondência entre a proposição piagetiana e a freudiana foi pesquisada especialmente por Gouin-Décarie (1968). Em seu trabalho, elaborou uma escala das relações objetais (do "adualismo" à escolha de objeto, passando pelo narcisismo) que está em consonância com as fases da construção do objeto, para Piaget (indiferenciação; egocentrismo e descentração), propondo relações de correspondência entre o desenvolvimento das relações objetais e a construção do objeto permanente.

## Afetividade e inteligência para Wallon

Nunca é demais lembrar algumas concepções de Henri Wallon (1879-1962) sobre afetividade, para discuti-las juntamente com as concepções piagetianas, uma vez que os autores elaboraram visões construtivistas e interacionistas sobre a construção dos conhecimentos e o desenvolvimento psicológico, mas atribuíram papéis diferentes para a afetividade e a inteligência. No caso da perspectiva de Wallon, autor clássico no campo da Psicologia do Desenvolvimento, ao focalizar as interações entre sujeito e objetos para a construção dos conhecimentos, destaca dentre estes objetos, o Outro (social) que se emociona, sendo que as primeiras emoções permitem até a gênese das primeiras cognições e a construção dos conhecimentos pela criança. Conferir às emoções o poder de gerar cognições difere totalmente das ideias de Piaget a este respeito, as quais serão apresentadas a seguir.

Wallon (1941) tratou, em sua teoria sobre o desenvolvimento da criança, de destacar os detalhes das interações sociais, as emoções que se expressam nas ações e nas palavras daqueles que delas participam, adultos e crianças, aspectos considerados por ele, como determinantes do desenvolvimento. É clássica sua apresentação sobre o que chamou construção da pessoa (*personne* em francês), ou seja, a evolução desde a indiferenciação eu-outro (confusionismo) até a fase categorial, passando pelo personalismo (afirmação do eu). Estas fases ilustram bem as transições de uma "pessoa" (no sentido de "eu") que está misturada com o outro, considerando-o uma extensão de si própria e que, gradativamente constrói suas fronteiras de identidade, primeiro por oposição ao outro e depois se afirmando para este outro, exibindo-se, para, finalmente, poder deslocar-se de um eu ao outro conforme os meios e os grupos, fazendo o mesmo com os outros. Wallon destaca a importância deste percurso e dos grupos da vida das crianças, para que possa construir-se como "pessoa". Ainda que mencione a importância das construções racionais, citando inclusive os trabalhos de Piaget, Wallon determina um sentido único de influencia da afetividade sobre a inteligência, com o que Piaget não poderia concordar.

Se em relação à Psicanálise, Piaget se opõe à ideia de afetividade como intrinsecamente ligada à libido (energia sexual), em relação à teoria de Wallon opõe-se à determinação inicial das emoções sobre a inteligência e também à proposição de uma alternância no desenvolvimento entre momentos em que a afetividade predomina sobre a inteligência e outros em que é a inteligência que predomina sobre a afetividade.

## O desenvolvimento da afetividade para Piaget

O que disse Piaget sobre afetividade pode ser resumido na citação abaixo:

É indiscutível que o afeto tem um papel essencial no funcionamento da inteligência. Sem o afeto não haveria nem interesses, nem necessidades, nem motivação; em consequência, as interrogações ou problemas não poderiam ser formulados e não haveria inteligência. O afeto é uma condição necessária para a constituição da inteligência. No entanto, em minha opinião, não é uma condição suficiente. (Piaget, 1962/1994, p. 129)

Para elaborar esta proposição, Piaget (1954) utilizou concepções de Claparède (interesse/valor), Janet (ação primária e ação secundária) e também Lewin (noção de campo total). E afirmou que toda conduta possui um elemento energético (afetivo) e um elemento estrutural (intelectual) que se relacionam mutuamente e que possuem naturezas diferentes. Assim, afetividade e inteligência desenvolvem-se em caminhos correspondentes, que não se confundem, sendo a afetividade aquela que define as metas para as condutas e a inteligência, a que define os meios para que as metas sejam atingidas. O esquema é simples e ao mesmo tempo complexo, pois demanda uma visão de simultaneidade sobre a conduta a qual é, então, ao mesmo tempo afetiva e cognitiva, seja qual for o nível de desenvolvimento. Para apoiar sua visão do assunto, Piaget apresenta várias abordagens sobre as relações entre afetividade e inteligência; umas que focalizam, sobretudo, o primeiro aspecto deixando o outro em posição complementar e outras que fazem o contrário. Condena ambas as posições que chama de dicotômicas, sugerindo a abordagem simultânea dos aspectos afetivos e cognitivos.

Empreende articulação especial com a teoria psicanalítica quanto ao tema da escolha de objeto, afirmando que a evolução cognitiva no período sensório-motor que vai da indiferenciação entre eu e mundo; passando pelo egocentrismo e chegando à descentração (física, nesse caso), poderia ser análoga à evolução apresentada por Freud, do "adualismo" inicial, passando pelo narcisismo e chegando à primeira escolha de objeto do bebê, no período de zero a dois anos. Tomando a ideia de correspondência como pano de fundo, Piaget apresenta, então, sua tese para as relações entre afetividade e inteligência: os dois desenvolvimentos são correspondentes e contemporâneos, isto é, em cada fase do desenvolvimento da inteligência haveria um tipo de afetividade predominante e que se harmonizaria com a forma intelectual em pauta. Esta maneira de apresentar o assunto causou a impressão de que conceberia a afetividade como intelectualizada no sentido de submetida à inteligência, o que não parece ter sido a intenção de Piaget. Entretanto, também está clara em sua proposição uma ênfase em apresentar uma afetividade consciente, a qual, ao lado da inteligência, regula a conduta, em todos os períodos de desenvolvimento. Como apontado na citação acima, o autor procura destacar na correspondência entre os desenvolvimentos da afetividade e da inteligência a presença e importância da necessidade, dos interesses e da motivação para o funcionamento da inteligência. Estes conceitos estão interligados e ligados à noção de valor, a qual será o ponto de partida para as pesquisas piagetianas sobre afetividade, como veremos. Algumas definições de valor apontadas por Piaget são:

1) valor é a expansão da atividade do eu na conquista do universo;

2) valor é o intercâmbio afetivo com o exterior (objeto ou pessoa);

3 ) valor é o aspecto qualitativo do interesse;

4) os valores atribuídos às pessoas são o ponto de partida para os sentimentos.

Assim, os valores têm a propriedade de regular as condutas, do ponto de vista afetivo, permitindo ao sujeito fazer escolhas. Como veremos, estas escolhas podem dar-se em contextos diferentes tais como o intelectual, o afetivo e o moral. Em todos eles, podem ser destacadas as valorizações de objetos, ações e pessoas que permitem atingir metas. A quarta definição apontada acima refere-se especificamente à importância das pessoas do ponto de vista da construção de valores e da manifestação de sentimentos. Por considerar que os objetos físicos e os objetos-pessoas são diferentes, o mesmo autor descreveu as diferenças observadas nas ações diante deles (Piaget, 1945), chegando a conceber (o que abandonou depois) que existiriam esquemas afetivos diferenciados para as pessoas. Entretanto, nunca abandonou a consideração de que as pessoas são objetos especiais para as crianças justamente pelo seu caráter afetivo, o que deve ser levado em conta nas investigações. A nosso ver, portanto, a noção de valor/valorização é uma boa 'pista' de como poderíamos estudar a afetividade a partir de Piaget, pois os valores revelam os interesses e as metas para as ações e explicam a natureza das escolhas, em todos os níveis de desenvolvimento.

Sinteticamente, no curso proferido na Sorbonne (1953-54), Piaget usa os períodos elaborados para o desenvolvimento da inteligência para refletir sobre os tipos ou classes de sentimentos que seriam contemporâneos às evoluções cognitivas. Assim, faz corresponder ao desenvolvimento intelectual do período sensório-motor, o que denominou afetos perceptivos, ligados às necessidades fisiológicas e às "novidades" trazidas pelo exercício da percepção. Nesse primeiro período, sobressaem os sentimentos de agrado e desagrado, êxito e fracasso, relacionados às ações físicas no mundo executadas pelo bebê. Na etapa seguinte, das representações pré-operatórias, na qual predominam a imitação, o jogo simbólico e as intuições rígidas e inflexíveis, ocorreriam sentimentos também de natureza intuitiva (as simpatias e antipatias), rígidos e impermeáveis às influências exteriores, bem como sentimentos específicos (obediência, por exemplo) ligados às pessoas como objetos privilegiados (o que não ocorria antes), ainda que falte à afetividade (assim como faltava à inteligência), maior flexibilidade e conservação, mesmo que os afetos tenham já mais estabilidade do que apresentavam no momento anterior. As pessoas que já participavam da vida da criança desde o começo de sua vida, são, agora, objetos especiais pelos quais ela se interessa (valoriza) e constrói conhecimento.

Quando a inteligência torna-se operatória, momento central para a teoria piagetiana da inteligência, pois traz enorme avanço no sentido da reversibilidade e flexibilidade do pensamento e favorece a descentração cognitiva, a afetividade também se transforma no sentido de organizar-se em sistemas de valores hierarquizados, bem como coordenando conflitos entre tendências valorativas diferentes. Nesse período, os sentimentos tornam-se normativos, pois incorporam as regras, a reciprocidade de interesses e os valores. Piaget considera que surge no sistema afetivo uma força superior que pode, então, nessa fase, regular tendências concomitantes, de valências diferentes e que foi denominada "vontade", ou melhor, "força de vontade" (*volonté* em francês) e é responsável pela organização dos valores em sistemas hierarquizados. Desta "regulação superior" resulta a priorização das valorizações, num sistema móvel, do qual também pode fazer parte a noção de dever, essencial no campo da moralidade. O dever enquanto regulação da ação está diretamente relacionado ao sentimento de obediência, inserido por Piaget na explicação da heteronomia moral, no contexto do desenvolvimento do juízo moral na criança (Piaget, 1932/1985).

No apogeu postulado para o pensamento, ou seja, quando as operações formais são construídas, permitindo o desligamento do real, por um lado, e, ao mesmo tempo, sua submissão ao universo do possível, a afetividade sofre nova transformação que acompanha a mudança cognitiva, deslocando-se das pessoas e das normas enquanto objetos, para as teorias, programas de vida e ideais que o pensamento pode agora constituir. Surgem os denominados sentimentos ideológicos que se referem aos ideais dos jovens e dos adultos, intensos e articulados uns aos outros; "paixões" justificadas racionalmente por uma inteligência formal poderosa quanto à capacidade de pensar o mundo e a realidade de modo abstrato. Da mesma maneira que a inteligência operatória formal é a ultima possível de acordo com a teoria da inteligência piagetiana já que pode pensar sobre tudo, inclusive sobre o próprio pensamento, os sentimentos ideológicos foram o último tipo de sentimentos concebido por Piaget, encerrando assim a evolução da afetividade em correspondência e contemporaneidade com a inteligência.

É evidente a natureza descritiva e um tanto esquemática da apresentação de Piaget sobre o desenvolvimento da afetividade em patamares correspondentes aos do desenvolvimento da inteligência. Sua proposição constituiria uma teoria sobre afetividade? Parece claro que ele mesmo responderia negativamente a este respeito, sobretudo porque sempre defendeu a ideia de que toda teorização deveria estar baseada e gerar pesquisa empírica, o que não foi o caso para a afetividade.

## Pesquisas "piagetianas" sobre afetividade

Com o objetivo de seguir as "pistas" deixadas por Piaget em seus textos ou também prolongar suas pesquisas, notamos que, contemporaneamente, suas concepções ainda tem servido de ponto de partida para investigações empíricas originais sobre o tipo de valorização afetiva apresentado por crianças, adolescentes e adultos que julgam situações fictícias de cunho moral (dilemas) aplicadas a contextos diversos ou que interpretam contos populares, de fadas ou contos maravilhosos. O próprio Piaget anunciou em sua obra sobre o juízo moral na criança que a ação moral depende tanto do juízo como dos sentimentos, mas que iria apresentar apenas o primeiro. Buscando construir indicadores empíricos para afetividade, foram constituídas algumas direções de pesquisa e propostos temas de estudo. Dentre eles, destacam-se as investigações interessadas nos valores e virtudes como reguladores das ações morais (La Taille, 2006) e investigações sobre as valorizações envolvidas nas interpretações de contos populares (Souza, 2000, 2007; Souza et al., 2008a, 2008b; Petitat et al., 2010). Nos dois casos, o ponto em comum é o conceito de valor e a proposição de que o universo moral encontra-se na intersecção entre o universo intelectual e o afetivo. Algumas das perguntas que subjazem aos estudos podem ser resumidas como se segue: Como as valorizações afetivas das metas morais se dão? Quais valores compõem a hierarquia de uma criança? Haverá diferenças de natureza entre o que é valorizado num e noutro período de desenvolvimento? Trata-se então de investigar inteligência e afetividade em ação.

Focalizemos agora alguns aspectos de investigações conduzidas pela autora sobre interpretações de histórias que buscaram, especificamente, construir indicadores para estudar os aspectos afetivos. Muitos colaboraram para que estes estudos mantivessem seu curso, especialmente alunos de Iniciação Científica que, ao longo de alguns anos, frequentaram disciplinas de Prática de Pesquisa em Psicologia, ministradas por esta autora, interessados no fazer pesquisa a partir da perspectiva de Jean Piaget.

Numa pesquisa inicial (De Souza, 2000), com oitenta crianças, meninos e meninas, de primeira a quarta séries do Ensino Fundamental, foram lidos para que depois recontassem os contos populares dos Irmãos Grimm: As Três Penas e As Moedas-Estrelas. A partir das respostas a questões de um protocolo, após a recontagem da história, foram elaboradas categorias de análise referentes ao tipo de aspecto selecionado da personagem que as crianças afirmaram admirar (lembrando que a escolha por admiração revela os interesses e as valorizações efetuadas). Os resultados indicaram que crianças mais jovens tendiam a escolher e valorizar aspectos materiais e concretos das histórias como eixo central para suas interpretações e julgamentos, enquanto que as crianças mais velhas tendiam a valorizar e destacar aspectos mais abstratos, como, por exemplo, elementos do "caráter" das personagens. Análises das respostas a questões relativas ao conteúdo explícito dos contos e das ações e atitudes das personagens demonstraram que as crianças, mesmo as mais jovens, tentavam fazer, ainda que com dificuldade, coordenações de pontos de vista e de sentimentos para julgar. Isso ocorreu porque estas crianças tendiam a centrar-se num ou noutro aspecto da história, o que esteve de acordo com a perspectiva de Piaget, a qual indica um movimento da centração para a descentração do pensamento e da afetividade, de acordo com a idade e o desenvolvimento da criança. Quanto às valorizações afetivas, este estudo priorizou a discussão sobre os aspectos admiráveis das personagens, fazendo relações com estudos sobre as virtudes, em especial aqueles de La Taille (2006).

Para um pesquisa realizada no âmbito de cooperação com a Universidade de Rennes 2, França, o objetivo foi investigar se havia relações possíveis entre as valorizações afetivas de personagens dos contos, as estruturações cognitivas subjacentes às reconstituições das histórias e aspectos relacionados ao gênero, enquanto elemento do contexto cultural (nesse caso, Brasil e França). A hipótese geral foi a de que haveria relações observáveis entre aspectos afetivos, cognitivos e culturais (no que se refere ao valor atribuído ao gênero) e o tipo de representação dos contos. No total, 74 crianças, de quatro a seis anos foram entrevistadas, 34 brasileiras e 40 francesas. O objetivo do estudo foi investigar as representações de um conto de fadas (O Senhor Lobo e a Senhora Gata, dos Irmãos Grimm), em dois ambientes culturais diferentes, e suas possíveis relações com o desenvolvimento da noção de identidade de gênero, especialidade da pesquisadora francesa.

A pesquisa focalizou, assim, a interferência do gênero nas justificativas para as argumentações sobre as escolhas das personagens pelas crianças. As hipóteses do trabalho foram: 1) as reconstituições do conto e os julgamentos incluiriam o gênero de maneira diferente, para as crianças francesas e brasileiras, conforme a valorização cultural; e 2) os julgamentos e as preferências estariam relacionados ao desenvolvimento psicológico, em seus aspectos cognitivos e afetivos. As análises dos dados demonstraram que: 1) foram observadas diferenças na utilização do argumento "de gênero", ou seja, as crianças francesas, de ambos os sexos, utilizaram este tipo de argumento mais frequentemente do que as crianças brasileiras, das quais os meninos usaram este argumento mais do que as meninas e somente a partir dos cinco anos de idade, o que poderia estar relacionando com as diferenças culturais das práticas educativas com relação aos meninos e às meninas, na França e no Brasil; 2) aspectos materiais e/ou atributos físicos foram escolhidos como mais interessantes mais frequentemente pelas crianças mais jovens, em ambas as amostras, enquanto que as crianças mais velhas escolhiam elementos mais abstratos, o que poderia estar relacionado aos níveis de desenvolvimento cognitivo, segundo Piaget, que evoluem do concreto ao formal (abstrato); 3) as crianças francesas, com maior frequência do que as brasileiras, não escolheram aspectos interessantes e qualidades admiráveis dos personagens, o que foi atribuído a dificuldades de compreensão das perguntas sobre estes assuntos, sobretudo para as crianças mais jovens; 4) as crianças de ambas as amostras conseguiram julgar as ações e atitudes dos personagens, assim como demonstrar suas preferências quanto aos personagens, de maneira geral, o que poderia dever-se à sua capacidade de adaptação à entrevista sobre o conto e também denotar seu desenvolvimento psicológico, em termos cognitivos e afetivos.

A pesquisa realizada em cooperação com a universidade francesa demonstrou que o interesse pelos contos clássicos também ocorreu para as crianças da Bretanha e que foi possível utilizar o protocolo de entrevista elaborado pela pesquisadora brasileira para a pesquisa psicológica com crianças de outro país.

Numa pesquisa (Souza et al,, 2008a, 2008b) em que se buscou ainda identificar aspectos afetivos relacionados às interpretações de mais dois contos, foram entrevistadas 74 crianças de cinco a dez anos, meninos e meninas. O procedimento utilizado para a coleta dos dados foi, como nos estudos anteriores, a entrevista clínica piagetiana adaptada, nesse caso, a dois contos: O Lobo e os Sete Cabritinhos e O Senhor Lobo e a Senhora Gata, ambos dos Irmãos Grimm. A coleta de dados seguiu as seguintes etapas: 1) metade das crianças ouviu o conto O Lobo e os sete cabritinhos e a outra metade, o conto Senhor Lobo e a Senhora Gata; 2) terminada a leitura, foi pedido que o conto fosse recontado. Os dados reforçaram a hipótese da existência de uma relação entre valorizações e escolhas de aspectos admiráveis e a idade das crianças, o que está em concordância com as teorias acerca do desenvolvimento e em especial com a perspectiva piagetiana, e também com outros resultados de pesquisas.

As investigações sobre as valorizações mostraram, portanto, que a sua qualidade e também a das virtudes variou conforme a ênfase em aspectos materiais/concretos (por exemplo, *o rei é mais interessante porque ele tem a coroa e o manto*); atributos/ habilidades (por exemplo, *o lobo é mais interessante porque corre muito*); e ainda virtudes mais abstratas (por exemplo, *a gata é mais interessante porque ela é corajosa*). O que foi interessante observar foi que as justificativas para as escolhas também parecem ter seguido o rumo do desenvolvimento, isto é, crianças mais jovens tendiam a escolher "qualidades" materiais (posses), ou habilidades (saber saltar, correr etc), enquanto que as crianças mais velhas tendiam a escolher, para admirar, aspectos mais abstratos ou virtuosos ligados ao caráter das personagens (coragem, generosidade, por exemplo). Análises estatísticas indicaram que as diferenças nas qualidades das valorizações em função da idade eram significativas. O agrupamento dos dados para a construção de categorias de análise apontou, portanto, respostas que se diferenciaram, em dois sentidos: 1) quanto ao tipo (qualidade) de justificativa; e 2) quanto à extensão da justificativa (ou seja, o julgamento restringiu-se, exclusivamente, ao contexto da história ou se generalizou para outros contextos).

Ainda no que se refere aos estudos em contextos culturais diferentes, vale lembrar a investigação conduzida (sob a forma de cooperação cientifica) no Brasil e na Suíça, com crianças de nove anos, adolescentes e adultos, que interpretaram o conto O Lobo e os sete cabritinhos, dos Irmãos Grimm e responderam às questões de um protocolo construído pelos grupos de pesquisa, brasileiro e suíço. O tema aqui era o da pluralidade interpretativa e o que se esperava era, então, que os adultos apresentassem mais possibilidades de interpretação do que os adolescentes e as crianças, além de uma melhor qualidade e complexidade em suas interpretações. Diferenças no espectro interpretativo foram observadas nos dois grupos e conclusões a partir de diferenças de valorizações ligadas aos contextos culturais foram apontadas (Petitat, De Souza & Raccimolo, 2010).

Investigações sobre as escolhas por admiração permitiram, portanto, discutir, por um lado, a partir da diversidade de valorizações efetuadas, em diferentes contextos de desenvolvimento, as mais frequentes e gerais (relacionadas às virtudes clássicas) e, por outro lado, as mais peculiares às faixas etárias e contextos culturais, donde destacam-se os aspectos ligados ao gênero e práticas educativas (diretamente relacionados à influência cultural). Nesse caso, para uma discussão mais ampla dos resultados destas e outras pesquisas, além das contribuições das concepções de Piaget, também foram utilizados os aportes da Psicologia Moral (sobre as virtudes morais) e da Psicologia Cultural (sobre as relações entre *self* e cultura).

Como se pode notar, o campo está ainda aberto a muitas possibilidades de investigação e articulação com outras áreas da Psicologia e das Ciências Humanas. Falar em afetividade deixou de ser prerrogativa de apenas algumas abordagens em Psicologia e passou a inserir-se em reflexões mais amplas e multifacetadas sobre o ser humano em desenvolvimento, em seus aspectos intelectuais, afetivos, morais e socioculturais. Contribuições do campo empírico trarão, sem dúvida, novos resultados e interpretações a partir dos conceitos piagetianos.

Termina aqui esta exposição, com sua principal função cumprida: demonstrar que, apesar da afetividade não ter sido um tema central para Piaget, o conhecimento de suas teorizações a este respeito não pode faltar quando se trata de compreender e estudar o desenvolvimento humano a partir da Psicologia Genética e de entender de modo mais completo sua obra. Além disso, construir indicadores empíricos para a afetividade tendo como referência a perspectiva piagetiana pode contribuir para o debate sobre esta dimensão psicológica à luz de diferentes modelos a respeito do desenvolvimento humano. Cabe aos pesquisadores e profissionais interessados nesta temática e na teoria de Jean Piaget dar continuidade e criarem novos caminhos teórico-empíricos para estudar este aspecto psicológico no âmbito do desenvolvimento humano.

## Referências bibliográficas

Freud, S. (1905). *A interpretação dos sonhos*. Rio de Janeiro: Imago

Freud, S. (1923). *O ego e o Id*. Rio de Janeiro: Imago

Gouin-Décarie, T. (1968). *Intelligence et affectivité chez le jeune enfant*. Neuchâtel: Delachaux et Niestlé.

Inhelder, B., & Piaget, J. (1976). *Da lógica da criança à lógica do adolescente*. São Paulo: Pioneira (Trabalho original publicado em 1955).

La Taille, Y.de (2006). *Moral e ética. Dimensões intelectuais e afetivas*. Porto Alegre: Artmed.

Lourenço, O. M. (1994). *Além de Piaget? Sim, mas devagar!....* Coimbra: Livraria Almedina

Petitat, A; Souza, M.T.C.C. de; Raccimolo, Y. (2010). La pluralité interprétative, d'une culture à l'autre, In Petitat, A. *La pluralité interprétative. Aspects théoriques et empiriques*. Paris: L'Harmattan.

Piaget, J. (1926). *La représentation du monde chez l'enfant*. Neuchâtel: Delachaux et Niestlé.

Piaget, J. (1936). *La naissance de l'intelligence chez l'enfant*. Neuchâtel: Delachaux et Niestlé.

Piaget, J. (1937). *La construction du réel chez l'enfant*. Neuchâtel: Delachaux et Niestlé.

Piaget, J. (1945). *La formation du symbole chez l'enfant*. Paris: P.U.F.

Piaget, J. (1954). Les relations entre l'affectivité et l'intelligence dans le devéloppement de l'enfant. *Bulletin de Psychologie*. VII (3-4), 143-150; (9-10), 522-523; (12), 69-71.

Piaget, J. (1985). *Le jugement moral chez l'enfant*. Paris: P.U.F. (Trabalho original publicado em 1932).

Piaget, J. (1993). *A representação do espaço na criança*. Porto Alegre: Artes Médicas. (Trabalho original publicado em 1948).

Piaget, J. (1994). La relación del afecto con la inteligência en el desarrollo mental del niño. In G. Delahanty, & J. Perrés. (Orgs). *Piaget y el psicoanalisis*. Universidad Autónoma Metropolitana: Xochimilco. (Trabalho original publicado em 1962).

Piaget, J., & Inhelder, B. (1964). *La psychologie de l'enfant*. Paris: P.U.F.

Piaget, J., & Inhelder,B. (1983). *Gênese das estruturas lógicas elementares*. Rio de Janeiro: Zahar (Trabalho original publicado em 1959)

Piaget, J. (1972). *Problèmes de psychologie génétique*. Paris: Denoel/Gantier.

Simão, L .M., Souza, M. T. C. C. De, & Coelho Jr. N. S. (2002). *Noção de objeto, concepção de sujeito em Freud, Piaget e Boesch*. São Paulo: Casa do Psicólogo.

Souza, M. T. C. C. de (2000). Desenvolvimento cognitivo e reconstituições de contos de fadas. *Boletim de Psicologia*, L (113), 1-19.

Souza, M. T. C. C. de (2003). O desenvolvimento afetivo segundo Piaget. In *Afetividade na escola: alternativas teóricas e práticas*. Campinas: Summus.

Souza, M. T. C. C. de (2007). *Interpretações de histórias: inteligência e afetividade em ação*. Tese de livre docência não publicada, Instituto de Psicologia, Universidade de São Paulo.

Souza, M. T. C. C. de, Folquitto,C. T., Oliveira, M. P., Natalo, S. P. (2008a) Julgamentos sobre ações e sentimentos em interpretações de histórias: uma abordagem piagetiana. *Revista Psico USF*, 13(2), 265-273.

Souza, M. T. C. C. de, Folquitto,C. T., Oliveira, M. P., Natalo, S. P. (2008b). Relações entre aspectos afetivos e cognitivos em representações de contos de fadas. *Boletim de Psicologia*, LVIII (129), 227-242.

Wallon, H. (1941). *L'évolution psychologique de l'enfant*. Paris: Armand Colin.

# Oficinas com idosos na perspectiva da psicologia do desenvolvimento

Claudimara Chisté Santos
Antonio Carlos Ortega

## Introdução

O objetivo desse capítulo é relatar experiências de oficinas realizadas ao longo de quatro anos, nos quais desenvolvemos instrumentos e procedimento para trabalhar com idosos, por meio de atividades implementadas junto ao Programa de Pós-Graduação (Mestrado e Doutorado) da Universidade Federal do Espírito Santo. Foram anos em que tivemos a oportunidade de aprender com os participantes das oficinas. Nesses encontros, a proposta era levar em consideração tanto os aspectos cognitivos do desenvolvimento, quanto os aspectos afetivos, pautados na teoria de Piaget.

Para os relatos e discussão teórica das oficinas realizadas, priorizou-se os aspectos afetivos, que apesar de terem sido trabalhados de forma consistente por Piaget (2001), ainda não geraram tantas pesquisas empíricas e aprofundamento quanto as realizadas sobre os aspectos cognitivos.

Uma pergunta que já não se coloca com tanta frequência nas discussões acadêmicas diz respeito ao motivo de um relato sobre oficinas com idosos estar presente em um livro que trata da área de desenvolvimento. Os paradigmas atuais, tanto da psicologia do desenvolvimento, quanto da psicologia do envelhecimento, indicam que a estimulação deve fazer parte da rotina de pessoas ao longo de toda a sua vida. Segundo Neri (2001, p. 23), "A metáfora clássica – crescimento, culminância e contração – sobre a qual foram erigidas a psicologia do desenvolvimento e a gerontologia, é hoje considerada insuficiente para explicar a complexidade do processo de desenvolvimento". Não se trabalha, ainda segundo a autora, com a ideia de que o desenvolvimento é um processo unidirecional, restrito à infância e à adolescência. A perspectiva que adotamos nos trabalhos que desenvolvemos é que há perdas e ganhos em quaisquer momentos da vida. A maneira singular com que cada um vivencia esses momentos precisa ser o foco das atividades propostas, transformando os interesses dos idosos em oportunidades de desenvolvimento, contemplando, assim, aspectos cognitivos e afetivos.

Macedo (2009) propõe que a análise da interação entre cognição e afetividade se dê pela teoria da equilibração. O autor assinala que, de acordo com essa teoria, a afetividade ". . . desempenha uma função motivacional, isto é, de mobilização energética e, além disso, uma função orientadora" (p. 49). Portanto, a afetividade é uma energética que mobiliza e orienta, visto que expressa uma necessidade.

Para Macedo (2009) a afetividade tem um papel importante na orientação ou direção das interações nos processos SO (sujeito-objeto) e OS (objeto-sujeito). Segundo ele, a dimensão afetiva pode justificar a perda de contato (observáveis) ou a compreensão (coordenações). Começa aqui uma das maiores diferenças entre fazer intervenções com idosos e com crianças/adolescentes. Os primeiros são "senhores de si", sabem o que querem, a quê vieram e porque vieram. Os demais também, mas para quem já atingiu certa idade, ou as atividades atendem a seus interesses imediatos, ou não participarão. Sabemos que esse é um fato imprescindível para trabalhos com quaisquer faixas etárias, mas para esses participantes, o fator "disciplina" não pode ser um argumento para fazê-los participar.

Um idoso, na maioria das vezes, não será descortês ou indelicado. Ele simplesmente não irá aderir à proposta, exercendo seu direito de não participar, além de argumentar muito bem sobre as razões de não fazê-lo. Esse é um papel fundamental da afetividade nas oficinas com idosos – seu interesse deve ser considerado o tempo todo. O *interesse* é ". . . a relação entre a necessidade e o objeto suscetível de satisfazer tal necessidade. Nem o objeto, nem a necessidade do sujeito são suficientes para determinar o comportamento: há que intervir um termo, que é sua relação" (Piaget, 2001, p. 54).

Um segundo fator relacionado à afetividade que precisa ser considerado ao se realizar oficinas de jogos, e especificamente com idosos, é o que Piaget (2001) chama de *autovalorização*, que se refere aos sentimentos de superioridade e inferioridade que um indivíduo tem sobre si em relação aos demais. É preciso entender seus sentimentos sobre suas condições de superar os desafios que lhe são colocados, além de compreender como cada um lida com fracassos e sucessos. Sabemos que a maioria dos idosos vive algum tipo de vulnerabilidade, pautada em várias perdas que começam inevitavelmente nesse período da vida. Há perda de amigos, de parentes, de vitalidade, de rapidez nas ações. Aqueles que costumam ser críticos e exigentes, habitualmente compensam as perdas cognitivas com dedicação e esforço, ao que Piaget (2001) denominou *vontade*.

Para o autor, a vontade aparece quando há um conflito entre duas tendências, uma inferior e outra superior e, em seguida, através de um ato *voluntário*, a tendência mais fraca, mas superior, deve prevalecer. Por exemplo, um participante que não se sinta capaz de aprender e de competir (autovalorização), mas tem interesse em jogar, poderá utilizar-se da vontade para persistir e aprender. Outro, por sua vez, pode não ter tanto interesse, mas se ele avaliar que a atividade pode ser importante para permanecer no grupo, esse interesse paralelo será suficiente para que ele persista jogando. Há várias combinações possíveis desses aspectos, como no caso de um participante que sabe que não aprendeu o suficiente no jogo e atribui isso aos problemas de memória que vem tendo. Entretanto, ele se autovaloriza e julga ser uma pessoa que não desiste, que aquilo que ele consegue fazer momentaneamente lhe basta para continuar fazendo atividades estimuladoras.

Em um primeiro momento, faremos comentários gerais sobre oficinas de jogos de regras com idosos, incluindo informações de todos os grupos com os quais trabalhamos nesses quatro anos. Em um segundo momento, faremos um relato especificamente do último grupo, detalhando cada oficina.

Para o segundo momento, escolhemos, dentre os vários grupos que participaram desse trabalho, o mais recente, porque foi o mais organizado e assíduo, apesar de pequeno (oito participantes). O relato das experiências com essas oficinas de idosos não tem a pretensão de formular um "manual" de regras ou sugestões. Trata-se apenas da descrição de uma experiência, que não pode ser generalizada, mas que permitirá a quem se dedica a essa população ter ideias para futuros trabalhos, de acordo com os objetivos e o perfil dos participantes.

## O Processo de Implementação das Oficinas

Alguns itens sobre funcionamento de oficinas com idosos serão descritos a seguir e, como se verá, são indicações que cabem para grupos de todas as idades, mas com os idosos tais itens têm uma relevância ainda maior, devido à vulnerabilidade de alguns deles. Não estar atento para adequar esses itens ao perfil do grupo pode significar uma não adesão à proposta.

### Relação com a instituição

A maneira como um grupo é formado faz toda a diferença nos desdobramentos da dinâmica de seu funcionamento. O contato com a instituição que sediará os encontros precisa estar claro, com todas as regras colocadas. O que a instituição espera do trabalho? Por que ela abriu espaço para as oficinas ou as demandou? Em geral, apenas instituições tradicionalmente voltadas para o atendimento a idosos conseguem atrair público para participar de atividades. A maneira como ocorre a divulgação também precisa ser observada, para não gerar expectativas diferentes da proposta do trabalho.

### Motivação para participar

O lugar que a oficina ocupará na sistemática de atividades pode influenciar na dinâmica de funcionamento. Qual o tempo reservado para essa atividade? Os idosos virão somente para ela ou ela se insere em um conjunto de atividades? O deslocamento de um idoso nem sempre é tarefa simples, e por isso seu interesse no trabalho é importante, porque em geral as pessoas que procuram atividades extras são ocupadas. A maioria das pessoas com quem tivemos contato tem muitos afazeres, ligados principalmente à família, e mais especificamente aos membros que estão adoentados, porque eles costumam ser os principais cuidadores. Muitos deles, inclusive, cuidam de seus pais, com idade em torno de oitenta, noventa anos. Todos esses detalhes vão impactar na frequência dos participantes de tal forma que um grupo com quinze participantes pode ter apenas oito ou dez presentes em um encontro.

### Espaço físico e periodicidade

A definição do espaço físico, por exemplo, é importante, porque alguns idosos precisam que a atividade aconteça sempre no mesmo local, uma vez que isso facilita a memorização. A rotina, portanto, é necessária e oficinas a cada quinze dias podem gerar uma descontinuidade e a falta da construção de um hábito. A probabilidade de sucesso aumenta se as oficinas não excederem a um intervalo de uma semana.

### Duração das oficinas

A capacidade de ficar concentrado durante muito tempo diminui com a idade, e pode variar conforme o perfil do grupo. Idosos saudáveis e com escolaridade mediana, pela experiência que tivemos até aqui, ficam motivados por um período de quarenta minutos, em média, quando se trata de atividades que exigem concentração e foco. Eles costumam se desviar do objetivo da atividade, comentando fatos, fazendo piadas e distraindo-se. É preciso "jogo de cintura" para valorizar as observações e voltar à proposta. O interessante é criar atividades intercaladas, ora de concentração, ora de convívio social, favorecendo trocas com os demais participantes.

## Tamanho do grupo

Se as atividades envolverem jogos de regras ou exercício de estimulação com necessidade de concentração é importante que não se trabalhe com grupos grandes, mas, é claro, tudo depende do perfil e da autonomia dos participantes. Com idosos saudáveis, é possível trabalhar com grupos de dez a quinze pessoas.

## Auxiliares

A experiência de ter alunos de graduação auxiliando as oficinas[1] foi proveitosa, porque o atendimento aos participantes foi sempre personalizado, singular. Uma delas, certa vez, chegou a mencionar: "olha, nós nunca fomos tão bem assistidos como agora. Vejam quantas pessoas só para nos ajudar! Nós estamos podendo, mesmo!" (*sic*). Devido à vulnerabilidade típica dessa população, sentir-se cuidado é muito valorizado.

## Campeonatos e exposições

Nossa experiência com campeonatos de jogos não foi bem vista pelos idosos. O grupo para o qual foi proposta tal atividade era formado por pessoas com pouca escolaridade e com um sentimento de autovalorização pouco desenvolvido. Foi um momento de estresse que não havia sido previsto. Portanto, é preciso ter certeza de que o grupo para o qual se proponha atividades de competição e premiação tenha condições de beneficiar-se desse tipo de estímulo.

## Idosos e jogos de regras

Ao trabalhar com idosos é possível perceber que sua relação com o jogo é semelhante ao que acontece em outras faixas etárias, ou seja, alguns se identificam com

---

[1] Agradecimentos aos alunos do curso de Psicologia da Faculdade Brasileira Univix Ana Cláudia Ferreira Sanches, Giselle Tavares Miranda de Oliveira, Natália Zancanella, Luana Gomes Paiva, Vinícius Beraldo Zuqueto, Lais David Muller, Priciane Jaretta, Rayanne Suim Francisco, que se revezaram ao longo de quatro anos de oficinas, sempre apoiando os participantes com ética e dedicação. Nos últimos dois anos as oficinas tornaram-se um projeto de extensão da referida instituição.

a atividade, outros não. Nas oficinas tivemos situações diferenciadas, mas é possível supor que quanto maior a escolaridade, maior o interesse por jogos de regras. Ao todo, considerando as oficinas em quatro grupos distintos (em torno de quarenta idosos), pudemos observar que há interesse tanto nos homens, quanto nas mulheres. A competitividade esteve presente em todos os que participaram das oficinas, mas de forma velada. Quando um participante está destacando-se, ele se mantém discreto, e comemora em particular, procurando ser solidário com os demais.

## Preferência por jogos

Ao longo das oficinas fomos experimentando alguns jogos e observando quais eram de maior interesse para a população atendida. Utilizamos o Cara a Cara, o Mancala, o Cobol, o Quarto e o Sudoku. Optamos, nesse capítulo, por não discorrer sobre os jogos, uma vez que são comercializados. A preferência da maioria, nos quatro anos de oficina, foi o Cara a Cara. O Sudoku demonstrou uma vantagem sobre os demais: ele não precisa de um parceiro, e pode ser uma distração para os momentos solitários. O Mancala, por sua vez, foi apresentado em um período em que muitos participantes precisaram faltar, e os que compareceram, ao contrário de nossas expectativas, não se mostraram tão interessados. O Cobol e o Quarto foram aceitos apenas por idosos com nível de escolaridade acima do ensino médio.

## Contexto e Fundamentação Teórica para a Realização das Oficinas

Todas as oficinas foram baseadas no método clínico piagetiano, que orienta a conduta do experimentador e o tipo de análise a ser realizada. Segundo Piaget,

> ... o bom experimentador deve, efetivamente, reunir duas qualidades muitas vezes incompatíveis: saber observar, ou seja, deixar a criança falar, não desviar nada, não esgotar nada e, ao mesmo tempo, saber buscar algo de preciso, ter a cada instante uma hipótese de trabalho, uma teoria, verdadeira ou falsa, para controlar. É preciso ter-se ensinado o método clínico para se compreender a verdadeira dificuldade. Ou os alunos que se iniciam sugerem à criança tudo aquilo que desejam descobrir, ou não sugerem nada, pois não buscam nada e, portanto, também não encontram nada. (n. d., p. 11)

A caracterização do método clínico proposta pelo autor parece alertar para os cuidados necessários para a realização de qualquer intervenção que tome por base a teoria piagetiana. As oficinas realizadas com os idosos durante os últimos quatro anos tiveram como base o que Delval (2002, p. 53) pontua como uma ". . . intervenção constante do experimentador em resposta à atuação do sujeito, com a finalidade de descobrir os caminhos que segue seu pensamento . . ." Seja durante as partidas dos jogos, seja durante a interação dos participantes, mantiveram-se as características que esse autor considera acerca do método clínico: a) foco no que os idosos pensavam, percebiam, agiam e sentiam a partir, principalmente, do tipo de atividade e de interação com o sujeito; b) intervenções sistematizadas sobre a ação dos participantes, considerando ação aqui tanto as ações propriamente ditas, quanto as explicações sobre as mesmas. A condução das oficinas, por isso mesmo, mantinha o objetivo proposto e considerava as ações dos participantes, com intervenções eventuais para compreender as explicações de uma determinada ação.

Controlar variáveis em um grupo com participantes pouco assíduos é tarefa que exige planejamento e estratégias. Três outros grupos foram formados e não houve sucesso no controle sobre a prática do jogo, por exemplo. Os participantes, pelos motivos mais diversos, ficavam duas ou três oficinas sem comparecer, o suficiente para que o contato e a oportunidade de aprendizado de um jogo novo fossem diferentes de uns para os outros. Relataremos, a partir de agora, apenas as oficinas com o último grupo.

Esses participantes já se conheciam e realizavam outras atividades juntos há três anos.

As oficinas precisavam seguir as normas da instituição; ou seja, havia dia e horário já pré-estabelecidos e precisávamos propor atividades para três horas, de maneira a não ficar cansativo para eles.

Decidimos, então, montar as oficinas em dois momentos – o primeiro seria de jogos de regras, e o segundo foi elaborado a partir das expectativas dos participantes. O grupo formou-se completamente apenas a partir da terceira oficina, uma vez que estavam de férias. Vamos a seguir comentar e embasar brevemente os dois momentos da oficina.

## Primeiro momento das oficinas – Jogo de Regras

A utilização dos jogos ou games tem sido cada vez uma alternativa metodológica para estudos em várias áreas do conhecimento e, mesmo dentro da Psicologia, de várias linhas teóricas. Se o foco for pesquisas com referencial piagetiano no Brasil, verificamos que há uma crescente utilização desse instrumento para fins de pesquisas (Santos, 2006). Assim, é possível observar que as décadas de 1980 e 1990 somam quinze trabalhos, enquanto apenas no período de 2000 a 2006 foram encontradas trinta produções. Esses dados indicam uma tendência de aumento e valorização do jogo de regras como instrumento de pesquisa.

Os dados da revisão realizada por Ribeiro e Rossetti (2009) apontam a mesma tendência. Esse estudo visava a identificar a produção brasileira de trabalhos com jogos de regra a partir do referencial piagetiano, e concluiu que 91,8% das pesquisas referiram-se a estudos empíricos, com ênfase nos aspectos do funcionamento cognitivo.

Em relação ao interesse dos participantes das oficinas por jogos de regras é preciso esclarecer que no último grupo com o qual trabalhamos os participantes mostraram-se envolvidos nessa atividade. Apenas uma das participantes preferiu sempre a segunda parte das oficinas. O restante envolveu-se mais com o primeiro momento. Segue uma sequência de diálogo que pode ilustrar tal situação. Ressaltamos que, apesar de as oficinas não terem sido gravadas, as entrevistas realizadas para a obtenção de dados relativos à tese do doutorado, o foram, e por isso foi possível conservar esses relatos.

Cle (67 anos): *"Eu quero crescer, eu quero aprender mais. Para quê isso vai me ajudar? Não sei... no caso dos jogos... isso vai me ajudar por quê? Ah, vai me ajudar porque eu já fico preocupada de estar, assim... esquecendo muitas coisas, é o que falam dos velhos, não é?*

P: *Como foi para você participar das oficinas de jogos?*

Cle: *Eu achei muito bom. Acho que com isso a gente desenvolve o raciocínio... a gente acaba descobrindo que a gente está lenta, apesar de a gente achar que está muito ativa, e tudo... mas leva a gente a se interessar mais, a aguçar mais... é isso.*

P: *A sua avaliação sobre você modificou? Você falou assim: leva a gente a pensar...*

Cle: *Porque parece que às vezes está mais desligado, mais displicente, mais sem atenção. Com certeza. Eu fazia mais mecanicamente, assim, agora não. Tem que raciocinar.*

P: *Você considera que obteve algum benefício com as oficinas?*

Cle: *Com certeza. Atenção, o raciocínio... apesar de que eu estou sempre fazendo palavras cruzadas, fazendo muito esse tipo de atividade, fico em casa fazendo essas coisas, que eu acho que me deixam sempre muito ativa, mas parece também que a gente tem que estar sempre mudando de atividade. Não adianta ficar jogando muito baralho; como eu te falei, eu jogava muito baralho; não adianta ficar só jogando baralho; você bitola jogando baralho; então eu consegui enxergar que a gente tem que estar sempre mudando de atividade; os jogos têm que ser diversificados.*

Outra participante (Icy, 65 anos), compara o jogo à própria vida:

*A vida é um jogo, mesmo, não adianta correr, você corre para lá, corre para cá, mas é um jogo, é um quebra-cabeça. Você juntar aquilo ali, cara, é dureza . . . a vida é um jogo e a gente tem que saber jogar, porque se você não souber jogar, você cai em esparrela.* [sic]

Como dito anteriormente, os participantes sabem exatamente o porquê de estarem ali, e o que esperam daquele espaço. A conscientização dos motivos gera interesse e vontade, o que favorece o trabalho.

Como só ficou confirmado quem de fato iria participar das oficinas a partir do 3º encontro, não começamos inicialmente com os jogos. Apesar de ser uma estratégia casual, pautada nas circunstâncias, ela se mostrou eficaz, porque gerou interesse maior e expectativa positiva sobre quando os jogos iriam começar. Além disso, iniciar por outras atividades permitiu que os participantes fortalecessem seus laços de confiança e proximidade, como se verá nos relatos das oficinas.

Os jogos, por mais interação que proporcionem, na sua grande maioria não permitem que o grupo todo se conheça ou que construa um sentimento de pertença. Como os jogos começaram na quarta oficina, o grupo estava formado, as regras estabelecidas e os jogos eram ansiosamente esperados.

## Segundo momento das oficinas — Identidade

Discutir o lugar do idoso na sociedade contemporânea é importante para cidadãos que estão aprendendo a construir e modificar continuamente seu papel na comunidade em que vivem. O grupo com o qual trabalhamos frequentava a instituição havia três anos, e já tinham estudado sobre saúde e cidadania, com conceitos bem construídos e sedimentados. Foi então que veio o desafio: quais conteúdos poderiam ser úteis para pessoas com essa formação? O tema identidade pareceu oportuno por possibilitar discutir o lugar de cada pessoa no mundo.

Identidade, para Ciampa (2005), é um processo psicossocial que tem possibilidade de constante mudança, que ele chama de "metamorfose". Assim, com o passar do tempo, é possível que uma pessoa assuma outras identidades. Esse conceito foi trabalhado com o grupo e os participantes discutiram a visão que a sociedade tem dos chamados "idosos" e qual a responsabilidade deles na manutenção dessa visão de "frágil" e "incapaz". Foi possível perceber que a construção de cidadania proporcionada pela instituição estava presente no discurso daqueles participantes e eles próprios faziam essa associação, porque diziam

> ... estar aqui me transformou. Hoje mesmo, eu estava no ônibus e um rapaz estava sentado em um dos bancos da frente. Não perdi tempo: pedi para ele sair, porque ali era para idosos, mulheres grávidas e deficientes. Fosse antigamente? Eu ficaria calada. Eu me transformei muito!" [sic]

O conceito de identidade utilizado por Ciampa (2005) foi trabalhado com os participantes, que além do exemplo anterior citaram outros, lembrando como eram as ". . . as coisas na minha época".

Outro referencial que orientou esse segundo momento das oficinas foi o conceito de identidade social de Tajfel (1981, p. 290), para quem ". . . identidade social é aquela parcela do autoconceito dum indivíduo que deriva do seu conhecimento da sua pertença a um grupo (ou grupos) social, juntamente com o significado emocional e de valor associado àquela pertença".

Não foi objetivo dessas oficinas trabalhar com um conceito de identidade amplo, que abarcasse as complexidade de dimensões possíveis quando se trabalha com identidade. Procuramos trabalhar identidade tal como proposto por Tajfel (1981): o sentido de pertença a um grupo específico, no caso, o de idosos capixabas. Pertencer àquele grupo compõe a identidade de seus participantes, desde que obtivessem alguma satisfação com sua permanência nele.

## A Organização das Oficinas

Inicialmente, apenas o primeiro encontro foi planejado, uma vez que não conhecíamos o perfil e a demanda do grupo. Apenas as oficinas de jogos estavam elaboradas, mas não sabíamos quando seria possível começar. Relataremos brevemente a estrutura de cada oficina.

Entre os participantes, havia sete mulheres e um homem, marido de uma delas. Duas tinham ensino superior completo, uma ensino superior incompleto e os demais, ensino médio. A seguir será apresentada uma síntese dos treze encontros realizados com esse grupo.

| OBJETIVO(S) | | TÉCNICA (S) / RECURSO(S) | COMENTÁRIOS |
|---|---|---|---|
| 1ª Oficina | | Uma atividade com figuras de revista foi realizada em três tempos: (1) primeiramente, eles deveriam escolher uma figura com a qual gostariam de se apresentar; (2) depois, procurar se aquela característica fazia parte de algum antepassado ou descendente; (3) todos deveriam colocar sua figura em um desenho de um corpo humano e em seguida responder por que haviam escolhido aquela parte do corpo. | Exposição dos jogos que futuramente iriam conhecer. Eles puderam olhar, pegar, saber um pouco de cada história, mas não puderam jogar nenhum, o que deixou alguns curiosos. |
| 1º Momento | Caracterizar o perfil dos participantes. Levantar expectativas dos participantes. | | |
| 2º Momento | | Aconteceu apenas um momento, porque não estavam todos os participantes e para as oficinas de jogos precisávamos que os participantes começassem ao mesmo tempo. | |

| OBJETIVO(S) | | TÉCNICA(S) / RECURSO(S) | COMENTÁRIOS |
|---|---|---|---|
| 2ª Oficina | | Leitura e representação em argila de um trabalho apresentado em congresso sobre a representação social de idoso em quilombos da cidade de São Mateus/ES e na comunidade de Goibeiras/ES (Camata et al., 2008). Cada subgrupo leu um trecho da pesquisa. | Assim como na pesquisa, entre os participantes também aparece a ideia de que o idoso urbano é visto como frágil, um "bibelô" (sic), ao contrário do idoso quilombola, em que prevalece qualidades como sabedoria e força. |
| 1º Momento | Receber os novos participantes. Discutir a percepção que a sociedade tem do idoso. | | |
| 2º Momento | | Aconteceu apenas um momento, porque não estavam presentes todos os participantes. | |

| OBJETIVO(S) | | TÉCNICA(S) / RECURSO(S) | COMENTÁRIOS |
|---|---|---|---|
| 3ª Oficina | | Frases escritas em letra 32 foram espalhadas pela sala, e todas elas diziam respeito a possibilidades de autoconceito do idoso, extraídas da dissertação de Mennocchi (2009). Foi solicitado que eles lessem todas e ficassem próximos àquela com que mais se identificassem. Depois sentaram e discutiram. | Eles discutiram amplamente acerca do que desejavam e do que esperavam para dali por diante como idosos em suas comunidades. |
| 1º Momento | Conhecer as concepções de envelhecimento de uma pesquisa em uma Universidade Aberta à Terceira Idade (UnATI) de São Paulo. | | |
| 2º Momento | Aconteceu apenas um momento, porque não estavam presentes todos os participantes. | | |

| OBJETIVO(S) | | TÉCNICA(S) / RECURSO(S) | COMENTÁRIOS |
|---|---|---|---|
| 4ª Oficina | | O jogo foi mostrado e um tabuleiro foi entregue a cada participante. As regras gerais foram explicadas e depois, no quadro, fomos acordando qual nomenclatura usaríamos para cada característica. Por exemplo: pela clara ou pela escura (que incluiria todos os pardos); olhos claros (que incluiria castanhos claros, verdes e azuis) e olhos escuros, e assim com as demais características. Nas oficinas realizadas com outros grupos essa se mostrou ser uma tarefa essencial, porque se os conceitos utilizados não forem iguais, o jogo não funcionaria. | O número máximo que poderiam jogar eram três partidas, porque teríamos que ir para o intervalo. A limitação funcionou bem, porque a oficina terminava quando a maioria ainda estava com vontade de jogar. |
| 1º Momento | Conhecer o jogo Cara a Cara. | | |
| 2º Momento | Conhecer o conceito de identidade utilizado por Ciampa (2005) | Cada dupla leu um trecho do livro de Bock (2002) para discussão posterior | A discussão foi feita com animação e com várias associações, mas a leitura do texto não foi tão prazerosa, e a maioria demonstrou impaciência. A partir desse momento, não utilizamos mais leituras. |

| OBJETIVO(S) | | TÉCNICA(S) / RECURSO(S) | COMENTÁRIOS |
|---|---|---|---|
| 5ª Oficina | | Como dois participantes haviam faltado, encarregamos o grupo de ensiná-los a jogar. Em seguida, eles próprios jogaram duas partidas cada um. | Os próprios participantes ensinaram aos que não conheciam o jogo, o que ajudou a sedimentar o conhecimento deles e a deixar os demais mais à vontade. Foi uma estratégia que deu certo. Estávamos, porém, com um problema – uma participante que não conseguia acertar as partidas começou a mostrar sinais de frustração e ansiedade, o que não é desejável em uma oficina lúdica. Fomos embora naquele dia pensando em qual estratégia utilizar para ajudá-la. |
| 1º Momento | Praticar o Cara a Cara. | | |
| 2º Momento | Reconhecer, na própria vivência, a possibilidade de mudança da identidade. | Cada um recebeu um barbante de aproximadamente um metro. Eles deveriam imaginar o início do barbante como seu nascimento, e o restante como sua vida. Solicitamos que fizessem um nó em um momento significativo de suas vidas, positivo ou negativo, e que depois fizessem dois nós próximos indicando algum momento em que porventura tivessem sofrido alguma modificação. | Àquela altura o grupo estava com baixa tensão, com certo de grau de confiança, e por isso tal atividade pôde ser desenvolvida. Entretanto, é uma atividade que, dependendo das histórias de cada um, pode trazer lembranças tristes. Partimos do pressuposto (e eles, do alto de sua experiência, também), que as tristezas fazem parte da vida, e o choro é uma forma de linguagem que deve ter seu lugar. Foi um momento em que lembraram, inclusive, de uma das colegas, que falecera um ano antes e de quem, por força das circunstâncias, não puderam elaborar bem a perda. Esses momentos fortalecem os laços entre os membros do grupo. |

| OBJETIVO(S) | | TÉCNICA(S) / RECURSO(S) | COMENTÁRIOS |
|---|---|---|---|
| 6ª Oficina | | Precisávamos apoiar a pessoa que não estava tendo êxito e integrar aquela que não se interessava pelo jogo. Solicitamos que formassem trios, e que fizessem rodízio nas três funções: ficar com a carta, olhar o tabuleiro, dar "peruadas". A figura das chamadas "peruadas", por ser um nome popular e conhecido de todos, fez com que rissem e gostassem dessa função. Assim, aquele que estivesse no papel para dar sugestões, poderia interferir e ajudar o participante que estivesse com o tabuleiro. Quanto à participante desinteressada, pedimos ajuda para monitorar os demais que estavam com alguma dificuldade, ao que ela atendeu prontamente, realmente ajudando. | A possibilidade de ajudar de maneira sutil deixou todos à vontade, e a participante que estava frustrada conseguiu acertar, expressando sua felicidade dançando no meio da sala. |
| 1º Momento | Praticar o Cara a Cara. | | |
| 2º Momento | Discutir as identidades de gênero. | Discussão de reportagens de revistas atuais sobre diferença entre homem e mulher. | As mulheres desse grupo desqualificam os homens, chamando-os de "fracos". |

| OBJETIVO(S) | | TÉCNICA(S) / RECURSO(S) | COMENTÁRIOS |
|---|---|---|---|
| 7ª Oficina | | Todos jogaram em duplas, mudando de adversários. | A essa altura, já estavam conhecendo o jogo. Vários disseram que comprariam esse jogo para jogar com netos e sobrinhos, porque ele "... estimula mais do que parece" [sic]. |
| 1º Momento | Praticar o Cara a Cara. | | |

| | | | |
|---|---|---|---|
| 2º Momento | Discutir as identidades de gênero (continuação). | Todos levaram sucata, o que havia sido solicitado antecipadamente. Fizeram dois subgrupos. O primeiro deveria montar uma pessoa feminina, e o segundo, uma pessoa masculina. Depois de apresentar a produção, discutimos as diferenças. | Foi dos encontros, talvez, o mais engraçado e animado. As diferenças anatômicas chamaram a atenção, e duas delas fizeram comentários sobre o fato de a produção feminina ficar em pé, enquanto que o "boneco" masculino não conseguia ficar de pé. O homem é, muitas vezes, desqualificado no discurso daquelas participantes, como sendo aquele que desiste, é desanimado e não "pega o boi pelo chifre" [sic]. Uma delas disse: "gente, também não é assim, o homem tem lá sua importância. Sem eles, como teríamos nossos bebês?" [sic]. |

| | OBJETIVO(S) | TÉCNICA(S) / RECURSO(S) | COMENTÁRIOS |
|---|---|---|---|
| 8ª Oficina | | Todos foram solicitados a pesquisar sobre o jogo na internet e a trazer sementes e material jogar. Estudamos o jogo e as regras, depois eles jogaram em duplas. | Todos se empenharam na tarefa de casa, mas na hora do jogo, não se interessaram tanto quanto pelo Cara a Cara. Como o desinteresse foi geral, optamos por mudar o jogo. Como abordado anteriormente, o interesse é um aspecto da afetividade |
| 1º Momento | Conhecer o jogo Mancala. | | |

|  |  |  |  | indissociável da cognição (Piaget, 2001), portanto, não havia motivos para insistir, uma vez que poderíamos alcançar nossos objetivos utilizando outros recursos. Considerar esse outro com o qual trabalhamos é fundamental para a adesão aos programas propostos. |
|---|---|---|---|---|
| 2º Momento | Identificar a percepção pessoal em relação à equidade de gênero. | Preencheram uma escala sobre equidade de gênero (Pulerwitz & Gary, 2007) |  | Os resultados foram surpreendentes, porque todos obtiveram escores indicando alta equidade de gênero, e o único homem do grupo teve um escore idêntico ao de sua esposa. |

| OBJETIVO(S) | TÉCNICA(S) / RECURSO(S) | COMENTÁRIOS |
|---|---|---|
| 9ª Oficina | Nesse dia, houve ameaça de greve de ônibus e a maioria não compareceu. Fizemos uma breve discussão sobre as diferenças entre homens e mulheres. Insistimos mais uma vez para utilizar o Mancala, mas as três participantes que compareceram não quiseram. | |

| OBJETIVO(S) | TÉCNICA(S) / RECURSO(S) | COMENTÁRIOS |
|---|---|---|
| 10ª Oficina | Esse foi um dia em que combinamos de assistir ao filme *Tomates Verdes Fritos* na biblioteca central. Por isso, não houve jogos. Combinamos que na semana seguinte começaríamos um novo jogo – o Sudoku. | |

| OBJETIVO(S) | | TÉCNICA(S) / RECURSO(S) | COMENTÁRIOS |
|---|---|---|---|
| 11ª Oficina | | Cada participante recebeu uma folha de papel com os dezesseis quadrados em branco. Foram desenhadas no quadro quatro figuras (sol, lua crescente, estrela e coração). Foi solicitado que cada um desenhasse aqueles símbolos na horizontal, sem repetir. Em seguida, que desenhassem na vertical, sem repetir. Depois, foram riscados na mesma folha que estavam utilizando os quadrantes, pedindo que observassem se havia algum símbolo repetido. Depois, foi entregue um Sudoku 4 x 4 com os mesmos símbolos e três casas em branco para preencherem. Só depois foi exposto um Sudoku com números de 1 a 4. | Os participantes habituados a serem solidários, trocavam informações e corrigiam-se uns aos outros. Uma participante que chegou atrasada foi orientada por uma colega. O depoimento de uma delas: "é, você começa de um jeito simples, a gente acha que é fácil, e depois... você joga a rede!" (*sic*). Todos riram dos desafios gradativos que iam sendo colocados. Por não conhecermos como o grupo iria reagir ao jogo, tomamos o cuidado de começar com desafios menores, com poucas casas a serem completadas. Cada um recebeu um pequeno caderno com alguns jogos para fazer em casa e trazer no encontro seguinte. |
| 1º Momento | Conhecer as regras do jogo Sudoku. Praticar o jogo na versão 4 x 4. | | |
| 2º Momento | Identificar e valorizar identidade atual. | Cada um deveria se imaginar um editor de uma revista famosa, e fazer uma capa da revista noticiando sua própria vida, com os fatos positivos mais interessantes. | A participação foi intensa. Algumas observações que os participantes fizeram: "precisamos começar com os pés descalços, com humildade... para depois alcançarmos o sucesso. É preciso lembrar que começamos com os pés descalços" (*sic*). Eis outro relato: |

| | | | | "há vinte anos, eu me considera assim – linda, maravilhosa – porém, sem nenhum sonho realizado. Agora eu tenho uma família criada, e meu filho caçula realizou todos os meus sonhos; fez a faculdade de comunicação, agora com pós-graduação e (começa a falar de si mesma) tenho o teatro do qual eu participo, e tenho essas crianças aqui (mostra uma foto revista com crianças), crianças de rua que eu cuido, e daqui a cinco anos eu estarei assim... na satisfação, na calma, cuidando do meu gatinho" (sic). Eles foram solicitados a falar do presente, mas todos buscaram fazer narrativas do passado, do presente e dos projetos de vida, como se pode observar nesse relato: "eu pretendo viver continuar vivendo com a minha comunidade..." (sic). |
|---|---|---|---|---|

| OBJETIVO(S) | | TÉCNICA(S) / RECURSO(S) | COMENTÁRIOS |
|---|---|---|---|
| 12ª Oficina | | Eles deveriam fazer jogar várias partidas em grupo, em um tabuleiro de um metro por um metro feito em EVA. O material colorido e a possibilidade de trabalhar em grupo geram novidades necessárias ao trabalho, principalmente com idosos, que precisam de estímulos diversificados para prevenção de declínio cognitivo. | Todos trouxeram os jogos que levaram para casa. Houve participante tentando fazer os jogos no jornal, mas consideraram muito difícil. Outra comprou uma revistinha, e esteve dispersa das oficinas por alguns momentos, concentrada em preencher os desafios que havia trazido. Duas participantes que haviam faltado à primeira oficina tiveram a oportunidade de tomar contato com o jogo pelos próprios participantes, sem interferência de quem conduzia as oficinas. |
| 1º Momento | Praticar o Sudoku 4 x 4 de forma cooperativa e grupal e praticar individualmente a versão 6 x 6. | | |
| 2º Momento | Criar uma história sobre a identidade do "ser idoso". | Criar e representar um teatro de fantoches com a seguinte instrução: "represente com um teatro de fantoches uma cena de duas ou mais pessoas se relacionando que indique o que é, para vocês, ser um idoso capixaba". | |

| OBJETIVO(S) | | TÉCNICA(S) / RECURSO(S) | COMENTÁRIOS |
|---|---|---|---|
| 13ª Oficina | | Enquanto os participantes jogavam individualmente algumas partidas, outros eram atendidos individualmente, de modo a verificar o aprendizado do jogo. Também foram incluídos alguns desafios. | Os idosos, de um modo geral, identificaram-se com as oficinas de Sudoku. Eles alegam que o jogo tem algumas vantagens: não depende de ninguém para jogar, desenvolve o raciocínio e é fácil de carregar para qualquer lugar. |
| 1º Momento | Demonstrar conhecimento das regras, objetivos e estratégias do Sudoku nas versões 4x4 e 6x6. | | |
| 2º Momento | Encerrar as oficinas. | Foi programado, ao longo dos últimos encontros, como seria o encerramento (local, horário, atividades). O próprio grupo discutiu muito e optaram por manter o horário e o local das oficinas porque alguns participantes acabariam faltando se assim não fosse. Os lanches eram de praxe em todos os encontros, mas esse foi especial, com cada um trazendo iguarias que eram de sua especialidade. Além disso, houve um amigo X. | Ninguém faltou, o que é um fato geralmente raro em oficina com idosos. Cada participante recebeu uma carta de agradecimento, comparando-o a um tesouro precioso. Junto à carta cada um recebeu um pequeno baú contendo uma pérola, para que ficasse de recordação das oficinas. Foi um momento especial e, apesar da experiência de anos trabalhando com grupos das mais variadas faixas etárias, não foi possível segurar o choro. Uma delas chegou a dizer: "esse sim é um verdadeiro diploma. Agora eu me sinto diplomada" (sic). |

Os detalhes e nuances das oficinas fogem aos objetivos desse texto, mas a experiência e a convivência com os participantes das oficinas foram enriquecedoras e cada um dos momentos, por sua vez, possibilitaria muitos comentários. O grupo foi estreitando os laços de confiança, ao mesmo tempo em que cada membro conseguia, a sua maneira, desenvolver-se.

## Considerações Finais

Iniciamos esse capítulo mencionando a necessidade de estudos sobre envelhecimento em uma perspectiva piagetiana, considerando tanto aspectos cognitivos quanto afetivos, relatando possibilidades de intervenção.

Trabalhar aspectos do desenvolvimento com indivíduos acima de sessenta anos é tarefa recente no campo da Psicologia e, como tal, ainda há aspectos metodológicos e teóricos que precisam ser aprimorados. Entretanto, a experiência nesses quatro anos demonstrou que a teoria piagetiana, apesar de não ter sido inicialmente proposta com o intuito de trabalhar essa faixa etária, tem-se mostrado eficaz para embasar as práticas de intervenção, tanto em relação aos aspectos estruturais, quanto aos aspectos funcionais do desenvolvimento.

Piaget (1990, p. 12), ao trabalhar a questão do desenvolvimento como uma busca pelo equilíbrio das estruturas cognitivas, assinala que

> A forma final de equilíbrio atingida pelo crescimento orgânico é mais estática do que aquela que tende ao desenvolvimento mental, e sobretudo mais estável, de tal maneira que, mal termina a evolução ascendente, inicia-se automaticamente uma evolução regressiva, conduzindo à velhice. Certas funções psíquicas, que dependem estreitamente do estado os órgãos, seguem uma curva análoga . . . pelo contrário, as funções superiores da inteligência e da afetividade tendem para um equilíbrio móvel, e tanto mais estável quando mais móvel, de tal maneira que, para as mentes sãs, o fim do crescimento de modo algum marca o começo da decadência, antes permite o progresso espiritual que nada tem de contraditório com o equilíbrio anterior.

O autor considera, portanto, a possibilidade de uma continuidade de desenvolvimento com o passar dos anos, especificamente no que ele denominou de "velhice". No próprio equilíbrio há os aspectos funcionais e existenciais que permeiam as atividades.

Em todo trabalho com seres humanos há trocas e possibilidades de aprendizado, inclusive por parte do psicólogo. Tal fato é mais evidente quando o público-alvo tem idade acima de sessenta anos. Há uma dimensão existencial, quase impalpável, que a ciência não toma como objeto de estudo, mas que nos toca invariavelmente.

Todos os idosos, a maioria absoluta de mulheres, com os quais tivemos a oportunidade de trabalhar, têm nos aspectos afetivos uma explicação para permanecerem ativos. São pessoas que se autovalorizam, ou melhor, que aprenderam, na maioria das vezes, a se autovalorizar, buscando seus direitos e procurando sempre aprimorarem-se nos mais diversos aspectos – afetivos, cognitivos, sociais. Ao inscreverem-se em cursos ou grupos de convivência, eles modificam sua forma de pensar seu lugar no mundo, e começam a interagir de forma diferenciada com a família, os amigos, companheiros e com a comunidade. A autovalorização, segundo Piaget (2001), é um aspecto da afetividade que contribui para o aprendizado, uma vez que aquele que não acredita em si próprio e em sua capacidade dificilmente terá ânimo para esforçar-se.

Além da autovalorização, também encontramos outra característica que Piaget (1990, 2001) levanta como fundamental para o desenvolvimento – o interesse. Nos grupos de pessoas que já não devem mais tantas explicações à sociedade, há uma autorização própria para manifestação do interesse, só fazendo aquilo que de fato é decisão deles. Ao que parece, há um aspecto um tanto quanto libertador que compensa as agruras do envelhecimento.

O último aspecto que precisamos levantar relacionado à afetividade é o que Piaget (1990, 2001) chamou de vontade, já definido anteriormente. Sobrepujar as dores no corpo, alguns maus-tratos familiares, dificuldade econômica, percebendo o declínio cognitivo é uma ação concreta e observável na maioria daqueles que não desistiram ao longo do caminho. Apesar de pouco assíduos e pontuais, os idosos com os quais trabalhamos ao longo desses anos faltavam por dois motivos principais: falta de interesse ou necessidade de ajudar alguém de sua família. Quando eles gostavam muito das oficinas e do convívio com os colegas de grupo e/ou quando percebiam uma oportunidade de desenvolvimento, enfrentavam obstáculos, mas compareciam.

Como Piaget (2001) ressalta, os aspectos afetivos não estruturam o desenvolvimento, mas são indissociáveis dos aspectos cognitivos. Considerar a afetividade nas intervenções pode permitir como aponta o autor, acelerar ou atrasar o desenvolvimento, incluindo a dimensão funcional dos aspectos cognitivos, uma vez que as intenções e estratégias construídas pelos participantes das oficinas dependem, inclusive, de seu interesse, autovalorização e vontade.

# Referências

Bock, A. M. B.; Furtado, O.; Teixeira, M. L. T. (2002). *Psicologias: uma introdução ao estudo da psicologia*. São Paulo: Saraiva.

Camatta, M. C.; Mancini, S. C.; Sartório, S. A. V.; Zon, B. B. G.; Ceotto, E. C.; Santos, C. C. (2009). Sentidos Atribuídos ao Idoso em Comunidades Quilombolas do Espírito Santo. (2008). *Resumos de Comunicação Científica da Reunião Anual da Sociedade Brasileira de Psicologia*, Uberlândia, 38.

Ciampa, A. C. (2005). *A estória de Severino e a história de Severina*. São Paulo: Brasiliense.

Delval, J. (2002). *Introdução à prática do método clínico: descobrindo o pensamento das crianças*. Porto Alegre: Artmed, 2002.

Macedo, L. (2009). Teoria da equilibração e jogo. In: L. de Macedo (Org.). *Jogos, psicologia e educação: teoria e pesquisas* (pp. 45-66). São Paulo: Casa do Psicólogo.

Mennocchi, L. M. A. (2009). *Educação do idoso: novos olhares a partir das representações sociais de professores e alunos sobre envelhecimento e educação em uma universidade aberta à terceira idade*. Dissertação de mestrado não publicada, Programa de Pós-Graduação em Psicologia do Desenvolvimento e Aprendizagem, Universidade Estadual Júlio de Mesquita Filho, Bauru.

Neri, A. L. (2001). O fruto dá sementes: processos de amadurecimento e envelhecimento. In: L. A. Neri (Org). *Maturidade e velhice: trajetórias individuais e socioculturais*. Campinas: Papirus.

Piaget, J. (n.d.). Os problemas e os métodos. In: *A representação do mundo na criança*. (pp. 5-28). Rio de Janeiro: Record. (Trabalho original publicado em 1926).

Piaget, J. (1990). *Seis estudos de psicologia*. Lisboa: Publicações Dom Quixote. (Trabalho original publicado em 1964).

Piaget, J. (2001). *Inteligência y afectividad*. Buenos Aires: Aique. (Trabalho original publicado em 1954).

Pulerwitz, j.; Gary, B. (2007). Measuring attitudes toward gender norms among young men in Brazil: Development and psychometric evaluation of the GEM scale, *Men and Masculinities*, Recuperado em 26 abril, 2011, de http://www.popcouncil.org/Horizons/ORToolkit/AIDSQuest/instruments/gemscale.pdf.

Ribeiro, M. P. O., & Rossetti, C. B. (2009). Os jogos de regras em uma abordagem piagetiana: o estado da arte e as perspectivas futuras. In: L. de Macedo (Org.). *Jogos, psicologia e educação: teoria e pesquisas* (pp. 11-33). São Paulo: Casa do Psicólogo.

Santos, C. C. (2007). *Análise microgenética de aspectos do funcionamento cognitivo de adolescentes e de idosos por meio do jogo Quoridor.* Dissertação de mestrado não publica, Programa de Pós-Graduação em Psicologia, Universidade Federal do Espírito Santo, Vitória.

Tajfel, H. (1983). *Grupos humanos e categorias sociais.* Lisboa: Livros Horizonte.

# A trapaça no contexto do juízo e da ação moral[1]

Alice Melo Pessotti
Antonio Carlos Ortega
Heloisa Moulin de Alencar

De acordo com Cortella e La Taille (2005/2009), as atuais mudanças de comportamento suscitam uma preocupação geral em relação aos valores, que está voltada, principalmente, para a resolução de problemas como a (in)disciplina e o (des)respeito.

Em decorrência dessas mudanças, esses autores assinalam o surgimento de uma crise denominada de mal-estar moral e ético entre as pessoas, em cujas relações predominam a desconfiança e a insensibilidade. Nesse contexto, despontaram problemas relacionados à conduta, que atestam a diminuição da capacidade de vida coletiva pela qual estamos passando.

No presente capítulo, abordaremos o tema da trapaça, considerado, ao mesmo tempo, comportamento de indisciplina, desrespeito e problema de conduta. Desta maneira, destacaremos os estudos que dizem respeito à trapaça, ao juízo e a ação moral. Apresentaremos, primeiramente, pesquisas que enfocam o tema do juízo e da ação moral e, posteriormente, da trapaça.

Ressaltamos que a revisão de literatura realizou-se entre o segundo semestre de 2008 e o primeiro de 2010 nas seguintes bases de dados: BVS-psic, CAPES, ERIC, Google Acadêmico, PsycInfo, Universia, Lilacs e Scielo. Salientamos também que as palavras-chave utilizadas foram ação moral, juízo moral, julgamento moral e trapaça, no português, e *moral action*, *moral judgment* e *cheat*, no inglês.

Em relação ao tema *juízo e ação moral* iniciaremos pelo estudo de Milgran (1963), que pretendia verificar de que forma os indivíduos tenderiam a obedecer às autoridades, ainda que sob ordens conflitantes com sua consciência pessoal. Para isso,

---

[1] Trabalho derivado da dissertação de mestrado intitulada *Moralidade e trapaça: um estudo com crianças de 5 e 10 anos* (Pessotti, 2010), defendida pela primeira autora, sob a orientação do segundo autor e co-orientação da terceira autora.

recrutou voluntários adultos, com idades entre vinte e cinquenta anos, com vários graus de escolaridade.

O referido experimento ocorreu com a participação de três pessoas (um pesquisador, um voluntário e um auxiliar de pesquisa) em uma sala dividida por um espelho unidirecional, na qual o auxiliar ficava isolado dos demais. Este retratava uma situação fictícia, na qual o pesquisador fazia perguntas ao auxiliar e, quando este errava a resposta, pedia ao voluntário que lhe aplicasse choques elétricos como punição. Desse modo, o auxiliar simulava o recebimento das descargas elétricas e, na medida em que recebia mais choques, pedia ao participante que parasse. A maior descarga elétrica emitida teve carga de 450 volts e, quando emitida, o auxiliar fingia ter desmaiado.

Quando o participante se recusava a emitir as descargas, o pesquisador dava as seguintes ordens: "(a) continue, por favor, (b) o experimento requer que você continue, (c) é essencial que você continue e (d) você não tem opção alguma. Deve continuar" (Milgran, 1963, p. 374).

O autor notou que 65% dos participantes entre 26 e 40 anos aplicaram uma descarga de 450 volts mesmo que incomodados em agirem desta maneira e, a partir desses resultados, formulou duas hipóteses. A primeira diz respeito à teoria do conformismo, baseada nos trabalhos de Solomon Asch, que diz que um sujeito que não tem habilidade nem o conhecimento para tomar decisões, particularmente em uma crise, a tomará a partir do grupo ao qual está inserido, bem como à sua hierarquia. A segunda hipótese retrata a obediência. Segundo Milgran (1963), a pessoa acredita que ela é um instrumento que realiza os desejos de outra pessoa e, portanto, não se considera a si mesmo responsável por seus atos. Para ela é fundamental respeitar uma autoridade.

A revisão bibliográfica efetuada por Blasi (1980) também tem grande relevância no estudo da ação moral. No decorrer de seu texto, o referido autor aponta a importância da ação moral para a verificação dos níveis de desenvolvimento e sugere que ela seja inserida nos métodos de avaliação. Além disso, ele enfatiza que o juízo moral é fundamental para a ação moral e que o estudo dessa relação é importante para entendermos a moralidade. Argumenta sobre o que pode ser considerado como ações morais e conclui que a cultura pode ser aquilo que delimita o que são comportamentos morais e imorais. Desse modo, o autor propõe que quase toda ação pode ser pertinente à moralidade, se assim for percebida pelo agente.

O referido autor notou que sua revisão foi composta por muitos trabalhos manuscritos, dissertações e teses por causa da dificuldade em encontrar trabalhos publicados na área ao qual se dedicava naquele momento: o juízo e a ação moral. Os temas analisados foram os mais variados e versavam sobre a relação entre o raciocínio moral e os seguintes aspectos: delinquência, comportamento da vida real, honestidade, comportamento altruístico, e resistência para conformidade. Dessa maneira, o autor ressaltou a necessidade dos pesquisadores debruçarem-se mais sobre pesquisas que englobem o juízo e a ação moral, visto que os estudos encontrados (a) não mencionaram uma clara correlação entre esses dois componentes da moralidade, apesar de terem notado a influência de um para com o outro e (b) não foram conclusivos.

Outra importante revisão é a de McCabe, Treviño, e Butterfield (2001). De acordo com estes autores, a pesquisa de Bowers, realizada em 1964, foi o primeiro grande estudo de trapaça em instituições acadêmicas, no qual participaram 5 mil estudantes em 99 universidades e faculdades, sendo que três quartos deles disseram ter participado de algum episódio de trapaça. Nessa pesquisa, Bowers (1964, como citado em McCabe, Treviño, & Butterfield, 2001) concluiu que fatores como respostas do corpo docente aos comportamentos de trapaça, ameaças de punição, aprendizagem e códigos de honra são grandes influenciadores dos comportamentos desonestos durante a faculdade.

Além disso, McCabe et al. (2001) acrescenta que a maioria das pesquisas entre as décadas de 1960 e 1990 enfocou aspectos individuais em relação à trapaça, como gênero, competição e autoestima, e que somente alguns estudos focaram fatores contextuais que influenciam os comportamentos de engano.

No que diz respeito à resistência à influência social ou autoridade Kupfersmid e Wonderly (1980) citam a pesquisa de Kohlberg e Turiel, realizada em 1971, em que um estudo semelhante ao de Milgran (1963) foi realizado. Observaram que 75% das pessoas de nível seis recusaram-se a dar choques elétricos para punir uma pessoa. A maioria dos participantes até o quinto nível sucumbia à autoridade. Desse modo, concluem que (a) o raciocínio moral pode predizer a ação moral e que (b) o juízo moral é fundamental para pensar a ação moral, mas não suficiente, pois existem outros elementos que influenciam o agir moralmente.

Como podemos observar em todos os estudos descritos, os dados obtidos não são conclusivos. Por isso, faz-se necessário que o juízo e a ação moral, bem como sua relação, sejam mais bem estudados. Porém, como nosso foco é abordar essa relação na *trapaça*, a partir de agora nos remeteremos a este tema. Para discuti-lo, fundamentamo-nos em conceitos encontrados em nossa revisão de literatura. Segundo Supon (2008), trapaça é definida como agir desonestamente. O termo traduz-se para a língua inglesa como *cheat* e é definido como um "procedimento fraudulento, ilícito, dolo. Procedimento para enganar ou iludir, logro, embuste" (Dicionário Larousse Cultural,

1992, p. 1108). Burrus, McGoldrick e Schuhman (2007) conceituaram a trapaça como (a) apropriação de um trabalho que não é próprio, (b) dar ou receber ajuda ilegal de outro e/ou (c) uso de conhecimento anterior de certos conteúdos, como conhecimento de um teste sem autorização do instrutor. Para Luna (2008) trapaça seria toda ação na qual uma pessoa age de má fé, com o intuito de lesar ou fazer com que o outro acredite em algo que não é verdadeiro.

Baseados em todas estas definições, podemos dizer que trapacear diz respeito a uma situação na qual uma pessoa usa de vantagens ilícitas para se beneficiar em relação a outras pessoas. Além disso, consideramos, assim como Luna (2008), que a trapaça exige malícia por parte daquele que a comete, bem como a capacidade de articulação de várias informações ao mesmo tempo. Desse modo, na situação de jogo, é necessário que a criança leve em consideração a estrutura da partida e tente ganhar desconsiderando o adversário, traindo a si mesma e ao jogo.

Assim, as regras do jogo servem justamente para não haver a trapaça. Elas são leis que fixam os limites dentro do jogo, aos quais os jogadores devem se submeter. Desse modo, formam um conjunto de procedimentos externos que foram ensinados por outrem e que precisam ser respeitados para a manutenção de uma boa relação durante o jogo e, caso este conjunto de leis seja desrespeitado, pode existir a quebra do laço social (Macedo, 1994/2002).

Macedo (1996/2003) comenta que, para jogar, há primeiramente um acordo prévio a respeito das regras, que leva à necessidade de obedecer ao que foi estabelecido pelo grupo. Para o autor, é ai que se encontra o "imperativo do jogo": respeitar as regras a qualquer custo. Assim, a regra é aquilo que não pode ser esquecido no contexto das relações, pois este esquecimento gera contradições no funcionamento do grupo que, caso não sejam resolvidos, determinam o fim da relação. Em uma situação de trapaça, por exemplo, o grupo pode excluir o trapaceiro do jogo para que esse tipo de comportamento não se torne reincidente.

Estabelecida uma relação entre o jogo de regras e trapaça, faremos agora uma exposição de alguns trabalhos em que a trapaça foi objeto de estudo. Falaremos primeiramente dos estudos realizados com adultos e adolescentes e, posteriormente, os realizados com crianças.

De acordo com Blasi (1980), os estudos que giraram em torno da hipótese de que quanto mais desenvolvido estiver o raciocínio moral, menos o sujeito enganará foram: Grinder (1964); Kohlberg (1965); Medinnus (1966); Fenys (1967); Nelsen, Grinder e Challas (1968); Nelsen, Grinder e Biaggio (1969); Schwartz, Feldman, Brown e

Heingartner (1969); La Vole (1974); Dunivant (1976); Gallagher (1975); Santrock (1975); Harris, Mussen e Ritherford (1976); Krebs e Kohlberg (1977); Simpson e Grahan (1975)2.

Ao analisar os resultados e os referenciais teóricos destes estudos, Blasi (1980) notou a facilidade de articulação entre os aspectos da trapaça e os estágios de desenvolvimento de Lawrence Kohlberg. Para Blasi (1980), nos níveis pré-convencionais o indivíduo não enganaria por medo, enquanto nos convencionais por causa das normas e expectativas sociais e nos pós-convencionais, não trapacearia pelo intuito de manter a confiança mútua.

Blasi (1980) não refuta a ideia que o pensamento moral influencia os comportamentos de trapaça, porém, acredita que existem outros determinantes que interferem no comportamento moral honesto. Segundo este autor, as pesquisas demonstram a existência de uma analogia entre juízo e ação moral, que está relacionada à maturidade do raciocínio moral, ou seja, quanto maior a maturidade do raciocínio moral, maior será a probabilidade de manter um comportamento honesto.

Kupfersmid e Wonderly (1980) fizeram uma revisão na qual procuraram analisar a influência social e a autoridade nos comportamentos de trapaça e não trapaça. Em relação a este tema, os autores destacam que o estudo de Schwartz et al., realizado em 1969, que utilizou um teste em uma amostra composta por 35 homens, calouros de uma faculdade. A tarefa dada consistia em escrever palavras, que eram ditadas pelos experimentadores. Estas palavras eram tidas como muito difíceis, das quais o conhecimento delas era praticamente improvável. Ao contarem suas pontuações, os pesquisadores notaram que 17% dos estudantes que apresentaram um nível de juízo moral alto, trapacearam. Em contrapartida 53% dos avaliados com níveis moralmente baixos, trapacearam. Conclui-se, dessa maneira, que os níveis de desenvolvimento influenciam a ação moral.

Outros dois estudos focando trapaça sugerem que não existe diferença no comportamento em função do raciocínio moral. Em ambos, a amostra foi composta por adolescentes ou pré-adolescentes do sexo masculino. Um deles é o de Fondor (1972, como citado em Kupfersmid & Wonderly, 1980), por meio do Ray Gun Game, no qual os participantes atiravam em um alvo e eles mesmos contabilizavam o número de acertos. Os dados não demonstraram diferença significativa em torno dos estágios morais e as ações de trapaça.

---

[2] Todos os autores citados neste parágrafo foram mencionados por Blasi (1980).

O outro estudo é o de Santrock (1975, citado por Kupfersmid & Wonderly, 1980) que uniu o Ray Gun Game e uma atividade chamada Tarefa do Vocabulário, utilizando os mesmos critérios do estudo citado anteriormente. Assim como Fondor (1972), Santrock (1975) não encontrou uma correlação das situações com o desenvolvimento moral. Desse modo, Kupfersmid e Wonderly (1980) colocam que não existe uma relação empírica entre o raciocínio moral e a ação moral, mas concordam com as considerações de Lawrence Kohlberg, que sugere uma relação entre comportamento e níveis de desenvolvimento.

Baird (1980), por exemplo, por meio de um questionário, investigou a frequência de trapaça e os métodos utilizados para trapacear em 200 universitários e constatou que 75% dos entrevistados tiveram comportamentos desonestos durante a faculdade. Para este pesquisador, existiu a tendência, entre esses participantes, de crescimento do comportamento desonesto com o decorrer da idade. Além disso, ele acredita que o sexo, o tempo dentro do qual o participante cursou a escola, a média de nota dos alunos de uma classe, a fraternidade e a participação em eventos extracurriculares influenciam nos comportamentos de trapaça.

Perry, Kane, Bernesser e Spicker (1990) analisaram os comportamentos de trapaça em situações competitivas e não competitivas com oitenta estudantes universitários, sendo que quarenta deles (16 mulheres e 24 homens) tinham notas "A" na escola e os outros quarenta (19 mulheres e 21 homens), notas "B" por meio do Teste de Personalidade. Os resultados indicaram que os alunos com notas "A" trapaceiam mais do que os que possuem notas "B", independentemente de situações de competição. Os autores notaram que quando os alunos com nota "A" percebiam que as expectativas de sucesso existentes em torno do grupo não poderia ser atendida, trapaceavam para alcançar o sucesso esperado

McCabe e Treviño (1993) também realizaram uma grande pesquisa que teve amostra composta por 6 mil estudantes universitários de 31 instituições. Baseados na teoria da aprendizagem social, os pesquisadores concluíram que existe grande influência dos colegas de universidade nos comportamentos de trapaça e que o ambiente influencia na desonestidade acadêmica. Além disso, notaram que existe a consideração de que não trapaceiros entrariam em desvantagem. Assim, trapacear seria um meio eficiente de sair à frente dos outros. Os dados obtidos demonstraram que estudantes mais jovens tendem a enganar mais do que os estudantes mais velhos, porém, os autores não conseguem perceber o quanto dessa relação é considerada por causa da idade ou pelo grau de escolaridade.

McCabe e Treviño (1997) fizeram outro estudo baseado em autorrelatos. Nele, alunos de nove instituições (entre ensino médio e universidades estaduais) foram indagados sobre as influências de fatores individuais e contextuais a respeito da trapaça. Os participantes dizem que os fatores individuais que influenciam os comportamentos desonestos são idade, sexo e a pontuação que obtém em sala de aula. Os fatores contextuais seriam a frequência de trapaça no contexto aos quais estão inseridos, a gravidade das sanções aplicadas em cada situação de engano e a aprovação ou desaprovação dos colegas, sendo este último o elemento mais influente.

Por sua vez, Baldwin, Dougherty, Rowley e Scwaarz (1996), realizaram uma pesquisa com quarenta escolares do segundo ano de medicina, submetendo-os a um questionário composto de três fases. A primeira expunha onze situações de trapaça, nas quais os estudantes eram solicitados a responderem o quanto concordavam ou não com a atitude narrada, baseados em uma escala de sete pontos, na qual 1 significava "concordo totalmente" e 7 "discordo totalmente". A segunda parte correspondia aos relatos de observações próprias em torno de comportamentos de trapaça de colegas de classe ou de trabalho. Desse modo, o pesquisador ilustrava situações de trapaça, a fim de definir este conceito aos estudantes, e eles diziam quais os comportamentos desonestos que observavam em seu contexto. Por fim, na terceira parte da pesquisa, o autor questionava a ocorrência de trapaça durante a vida escolar.

Os resultados do estudo de Baldwin et al. (1996) mostraram que a maioria dos participantes: (a) discordava fortemente da hipótese de trapacear diante de uma oportunidade, (b) divergia da ideia de que a trapaça não traria danos a ninguém, (c) concordava fortemente que é impossível eliminar a trapaça e (d) afirmava que o trapaceiro acaba causando danos a si mesmo. Além disso, o autor verificou que 47% dos estudantes que trapacearam na escola de medicina, trapacearam nas séries iniciais (70% no colégio e 69% na faculdade).

Os tipos de comportamentos de trapaça observados por Balwin et al. (1996) foram: cópia de respostas em um teste, cópia de respostas antes do exame, conseguir informações sobre o exame antes, plagiar um trabalho, utilizar colas escritas durante um exame, fazer um exame para outra pessoa e alterar a própria nota.

Outro trabalho realizado com adultos foi o de Kohn (2007), que procurou identificar a concepção do termo "trapaça" e o que leva os estudantes adolescentes a trapacearem. O pesquisador notou que a trapaça na escola é tão incidente entre os alunos do curso secundário de hoje, que a maioria deles se ocupa de comportamento desonesto em uma forma ou outra. Por sua vez, no estudo em questão, o autor menciona uma pesquisa realizada pelo Instituto Josephson de Ética, em 2006, com 36.000

adolescentes norte-americanos. Nesta pesquisa, foi verificado que 60% de estudantes de escola secundária admitiram ter colado em um teste ao longo do calendário escolar anterior. Destes, 14% e 35% admitiram respectivamente ter trapaceado duas ou mais vezes e 33% informaram que plagiaram documentos da internet.

Assim, baseado em sua própria pesquisa (Kohn, 2007) e na de McCabe, Trevino e Butterfield (2001), o primeiro autor observou que a maioria dos estudantes concorda que a prevalência de desonestidade acadêmica tem aumentado durante as últimas três décadas. Segundo Kohn (2007), esta tendência reflete mudanças maiores em normas culturais para tolerar comportamento desonesto, justificando isto como uns dos meios legítimos para um fim.

Kohn (2007) acredita que o comportamento humano é influenciado, entre outros fatores, pelo ambiente. Dessa forma, o comportamento dos professores seria um dos principais motivadores para a ocorrência dos comportamentos desonestos na escola. Assim, ignorar as necessidades dos alunos, dar-lhes tarefas consideradas enfadadas ou irrelevantes e focar a nota das avaliações e não o aprendizado são os principais motivos que levam os estudantes a serem desonestos com seus mestres. Portanto, o referido pesquisador conclui que o ambiente é a principal causa para enganar, sendo a competição existente na escola o elemento a mais na decisão de trapacear.

Rettinger e Kramer (2009) também trazem pontos de vista interessantes a respeito da trapaça. Eles estudaram o comportamento de desonestidade em adultos por meio de observação e método experimental. Nessa pesquisa, os participantes eram indagados a respeito do próprio comportamento de trapaça, da percepção sobre comportamentos e atitudes de nobreza, dentre outros. Os pesquisadores tiveram por objetivo responder tanto a questões sobre o papel da cultura em torno da trapaça na determinação deste comportamento quanto estabelecer as diferenças nas causas do comportamento em diversificadas situações de desonestidade. Assim, chegaram à conclusão que os participantes ora trapaceiam porque acreditam que os outros também trapaceiam, ora por pressão do grupo de iguais.

Outro trabalho importante é o de Leming (1978) que, sob o referencial teórico de Lawrence Kohlberg, investigou a influência entre diversas situações e o comportamento de trapaça em universitários por meio de um jogo de memória. Nesse trabalho foi utilizado o DIT3 para avaliar o estágio de desenvolvimento moral em cada partici-

---

[3] O DIT (*Defining Issues Test*) consiste em um instrumento de avaliação do nível de desenvolvimento moral fundamentado na teoria da moralidade de Lawrence Kohlberg. De acordo com Shimizu (2004), o teste possui duas versões, sendo a primeira (DIT-1) elaborada por Rest e colaboradores, em 1979, e a segunda (DIT-2), formulada por Rest e Narvaez, em 1998.

pante e o Teste dos Círculo de Hartshorne e May, que foi usado na sua forma original como instrumento para avaliar a incidência de trapaça. Os participantes foram indagados a tentar memorizar a localização de nove círculos de vários tipos em um pedaço de papel e foram instruídos a fechar seus olhos e escrever os números de um a nove nos círculos correspondentes. Depois de cinco tentativas, eles foram solicitados a corrigir os próprios testes e escrever a pontuação obtida em um gabarito, denominado "caixa de pontos". Os dados do Teste dos Círculos e do DIT foram cruzados e notou-se que 38% dos que atingiram níveis de desenvolvimento moral baixos, 16% dos medianos e 19% que alcançaram níveis altos, trapacearam.

Forsyth e Scott (1984) pesquisaram por meio de relatos de universitários a associação entre as concepções de trapaça e os estágios de desenvolvimento moral de Lawrence Kohlberg. Seus resultados não evidenciaram diferenças entre os sexos, mas indicaram três hipóteses padrão: (a) se aqueles que se encontram nos estágios 1, 2 e 3 enfatizam igualmente explicações de trapaça e de não trapaça, aqueles que estão nos estágios 4, 5 e 6 remetem-se mais a não trapaça do que a trapaça; (b) a trapaça foi abordada mais vezes pelos estágios menores (1, 2 e 3), que pelos maiores (4 e 5); e (c) no estágio 6 foram usadas pelos participantes apenas explanações de não trapaça. Assim, Forsyth e Scott (1984) concluíram que um baixo estágio de desenvolvimento moral leva a pensamentos mais voltados a trapaça, enquanto índices altos de desenvolvimento levam a uma menor incidência de pensamentos voltados para a não trapaça.

No que diz respeito às pesquisas com crianças nos reportaremos inicialmente ao trabalho de Kreb (1968, como citado em Mwamweda, 1992), que verificou em sua tese de doutoramento a existência de uma relação entre o nível de desenvolvimento moral e trapaça. Segundo ele, as crianças que se encontram nos primeiro e segundo estágios de Kohlberg tendem a trapacear mais que aquelas que se encontram nos terceiro e quarto estágios.

Jensen e Bahunan (1974) verificaram a influência dos tipos de recompensas (punição, recompensa e orientação) em um experimento com crianças. A amostra foi composta exclusivamente por meninas de quatro, seis e oito anos, realizada em uma sala de experimentos e observada por meio de um espelho. Durante o experimento, o pesquisador, que se encontrava na sala brincando com a criança, dizia que precisava sair e pedia que a criança não mexesse nos doces e em alguns brinquedos, dizendo que aplicaria sanções, caso estes objetos fossem tocados, ou recompensas caso não fossem. Assim, ela saia da sala e permanecia fora dela durante quinze minutos. Constatou-se que as crianças de quatro anos tocam menos os brinquedos quando estavam sozinhas se eram informadas de uma consequente punição, enquanto as de seis tocam menos quando sabiam que receberiam uma recompensa. Para as de oito anos, tanto a recompensa quanto a punição fazem diferença no comportamento de tocar ou não os brinquedos.

De acordo com Jensen e Bahunan (1974), o experimento em questão está de acordo com as concepções de Jean Piaget e Lawrence Kohlberg relativas à importância do papel das sanções, segundo os quais o comportamento moral das crianças pequenas depende das sanções. Além disso, esse estudo possibilitou os referidos autores notarem que, na idade pré-escolar, a punição é a mais poderosa e consistente que a recompensa.

Karniol (1982), por sua vez, realizou um trabalho com 46 crianças de 10 e 12 anos (23 meninos e 23 meninas) por meio de três histórias infantis, com base no referencial piagetiano sobre a trapaça. De acordo com esse referencial teórico, existem diferenças nos comportamentos de crianças que evidenciam o sistema de crenças da heteronomia moral e daquelas que evidenciam o sistema de crenças da autonomia moral (cooperação).

Desse modo, Karniol (1982) classificou as respostas obtidas por meio das histórias de acordo com os seguintes tipos: (a) IC (*Immanent causality*): indivíduos cujas respostas foram do tipo causalidade imanente; (b) PMC (*Psychologically Mediated Causal*): indivíduos que acreditavam que não haveria possibilidade de evitar uma punição direta diante de um ato errado ou atribuíam valor igual entre a imoralidade e ao risco pelas infelicidades e acidentes e, (c) CC (*chance contiguity*): indivíduos cujas respostas são relativas à oportunidade de trapacear.

O referido autor notou que a frequência de comportamento de trapaça foi mais elevada entre as crianças que utilizaram como explicação argumentos do tipo da categoria PMC, que, segundo os dados, também acreditam muito na justiça imanente, contrariamente ao que era esperado. Já aquelas crianças que emitiram respostas de explicação IC e CC tendem a não trapacear.

Toner e Potts (1981) analisaram a influência dos modelos adultos no comportamento, na escolha e no nível do juízo moral entre meninos de cinco a sete anos, também com base no enfoque piagetiano. Nesse experimento, um adulto foi usado como modelo e falava suas opiniões diante de dilemas morais hipotéticos. Ele sempre falava em resistir à tentação ou em desobedecer; porém, para suas escolhas comportamentais, utilizava argumentações entre ações morais maduras e/ou imaturas. Podemos observar a seguir os tipos de argumentos e as frases elaborados pelos autores:

... Resistência moral imatura (IR): "Se eu estivesse sozinho em uma sala que tivesse um pote de doces, não poderia comê-los porque poderia ser pego. E se eu for pego, serei punido. Eu não quero ser punido, então esse é o motivo pelo qual não como os doces, porque não quero ser punido". O desvio moral imaturo (ID): "Se eu estivesse sozinho em uma sala que tivesse um pote de doces, eu comeria alguns deles. Comeria alguns com o intuito de prová-los. Eu gosto de doces, porque eles são saborosos. Por isso que comerei alguns, porque são saborosos". Resistência moral madura (MR): "Se eu estivesse sozinho em uma sala que tivesse um pote de doces, não comeria nenhum porque não posso pegar algo que pertence à outra pessoa. Se os doces fossem meus, não iria gostar que alguém os comesse. Por isso não comerei os doces, porque eles pertencem à outra pessoa". Desvio moral maduro (MD): "Se eu estivesse sozinho em uma sala que tivesse um pote de doces, comeria somente alguns deles porque, ainda que pertençam a outra pessoa, acredito que seu dono não se incomodaria. Eu não me importaria se alguém comesse alguns dos meus doces, por isso eu comeria os doces, porque eu não me incomodaria se comessem os meus". (Toner & Potts, 1981, pp.156-157)

Os resultados do estudo em questão permitiram verificar que os meninos classificados como moralmente imaturos não diferiram significativamente no juízo moral dos meninos considerados mais maduros. Além disso, foi observado que o juízo moral foi independente do comportamento moral e não foi significativamente relacionado com a escolha moral. Assim, essa pesquisa demonstrou que a discriminação das crianças entre os modelos morais (comportamento moral hipotético) está baseado, em parte, mais na sua própria perspectiva sobre a moralidade do que no modelo.

Outro estudo realizado com crianças foi o de Rizzieri (2008), que teve como amostra escolares com idades entre seis e dez anos. A pesquisadora procurou observar, identificar e analisar a consciência e a prática das regras nos jogos, nas aulas de Educação Física do Ensino Fundamental, de acordo com a teoria do desenvolvimento moral de Piaget. Para isso, foram utilizadas sete provas piagetianas, que compreenderam cinco aspectos da moralidade, além da observação das crianças em sala de aula, no recreio e nas aulas de Educação Física. Nove atividades lúdico-recreativas, que priorizavam a consciência e a prática das regras, foram utilizadas.

Os resultados indicaram a prevalência da moral heterônoma, bem como do egocentrismo e da dificuldade de pensar de maneira autônoma. Além disso, Rizzieri (2008) notou que, as crianças mais novas (seis e sete anos) tendem a não dar tanta importância para as regras do jogo quanto os maiores. Para elas, portanto, se houver a possibilidade de burlar a regra e ninguém reclamar, o jogo continua normalmente. Caso haja reclamação quanto à regra, as crianças voltam atrás a fim de restabelecer a ordem sem maiores problemas. No jogo das mais velhas (oito, nove e dez anos) a regra ganha importância gradativamente e os casos de trapaça são tomados de maneira mais severa.

Rizzieri (2008) conclui que o ambiente oferecido na sala de aula é coercitivo e tenso, o que resulta em indisciplina e ansiedade. Esses aspectos influenciam as aulas de Educação Física de forma negativa, pois as crianças têm poucas oportunidades de desenvolver a reciprocidade, o respeito mútuo e de refletirem sobre os conflitos que acontecem nas aulas de sala e de quadra.

A pesquisa realizada por Luna (2008) com três meninos de dez anos é também baseada no enfoque piagetiano. Trata-se de um estudo de caso que procurou identificar as ações de indisciplina/disciplina de crianças no contexto das oficinas de jogos. Para isso, vários jogos foram utilizados: Feche a Caixa, Dominó das Quatro Cores, Pega Varetas Gigante, Xadrez, Cara a Cara, Quarto, Caça Palavras, Imagem e ação, Figura – Fundo, Sete Erros, Percurso Gigante, Tangran, Guerra dos Peões e Papa Capim.

Vários aspectos foram notados durante essa oficina, inclusive a trapaça, que foi classificada como um comportamento de indisciplina. Para a pesquisadora, uma criança trapaceia durante um jogo devido ao desejo de ter o título de vencedora para si. Porém, ao atingir este desejo de maneira fraudulenta, a criança desrespeita a si própria, uma vez que duvida da sua capacidade em vencer seguindo as regras. Como bem assinala Macedo (1994/2002),

> Para o transgressor, a vitória não vale nada, porque ele sabe que é falsa, sabe que seu jogo é outro. Além disso, se alguém passa a saber que o adversário transgride, simplesmente deixa de jogar com ele, porque nas regras o que seduz é justamente ganhar o jogo dentro do seu contexto de regras. (p. 85)

Assim, consideramos a hipótese de que a vitória por meio da desonestidade não seria de grande valia para o trapaceiro, mas que o fato de ser visto pelos companheiros como o vencedor de jogo seria algo representativo.

Luna (2008) ressalta que o ato de trapacear apareceu poucas vezes entre as crianças pesquisadas e que foi a atitude de indisciplina com a menor frequência. Entre os três participantes observados na oficina (C1, C2 e C3), C1 tentou trapacear uma vez (tentou mudar uma peça do lugar sem que o colega percebesse, mas foi pego pelo colega), C2 tentou quatro vezes ([a] buscou ler a mensagem na mão da professora durante o jogo Qual a mensagem?, [b] tentou olhar a "carta de adivinhação" do adversário no jogo Cara a Cara, [c] burlou as próprias respostas erradas no *Memorex* e [d] soprou as varetas do adversário durante o jogo de *Varetas Gigantes*) e C3 tentou roubar do colega durante o jogo *Guerra dos Peões*. Assim, as ações de trapaça observadas durante as oficinas de jogos foram: mudar as peças do jogo de lugar sem que o colega perceba, tentar ver as cartas que ainda não foram vistas e tentar roubar o adversário.

Por último, apresentaremos o trabalho realizado por Pessotti (2010), que teve por objetivo investigar, em uma perspectiva psicogenética, a trapaça no que diz respeito à relação entre o juízo hipotético, a observação da ação e o juízo da própria ação de crianças em uma situação de jogo de regras, com base na teoria piagetiana. Participaram do estudo, quarenta crianças de duas escolas particulares do município de Linhares, Espírito Santo, com idades de cinco e dez anos, distribuídas igualmente de acordo com a idade e o sexo. Foram utilizados os seguintes instrumentos: uma história e um roteiro de entrevista envolvendo a trapaça no Jogo da Velha; o jogo Cara a Cara e um roteiro de entrevista pós jogo Cara a Cara.

A pesquisa foi realizada em três fases: (a) juízo hipotético sobre a trapaça, (b) observação da ação da trapaça e (c) juízo a respeito da ação da trapaça. Os resultados obtidos permitiram observar, quanto ao juízo hipotético sobre trapaça, que ao serem solicitadas a estabelecerem um juízo a respeito da atitude narrada, a totalidade dos participantes disse que a atitude de trapacear estava errada, sendo que o maior número de justificativas mencionadas entre as crianças de cinco anos foi "argumentos circulares". Em contrapartida, a categoria citada mais vezes pelos participantes de dez anos foi "desobedeceu à regra do jogo". No que concerne à observação, foi possível notar que, na ausência da experimentadora, a trapaça ocorreu mais entre as crianças de cinco anos do que entre as de dez anos. Contrariamente, na presença da experimentadora, não foi verificada diferença relevante na frequência de trapaça entre as duas idades. Além disso, constatamos uma variedade de comportamentos para trapacear. Em relação ao juízo a respeito da ação da trapaça, notamos que, quando perguntados indiretamente sobre a ação, as crianças de cinco anos fazem menção mais frequentemente a respeito da trapaça. Do mesmo modo, ao perguntarmos diretamente sobre a atitude mantida durante o experimento, mais crianças de cinco anos dizem ter trapaceado que de dez anos. Por meio destes resultados, foi possível notar que as crianças sabem que trapacear não é correto, mas muitas trapaceiam e poucas admitem, principalmente entre os mais velhos.

Com base nesta revisão, notamos que dos vinte e dois trabalhos que investigam a trapaça, oito abordam a relação entre juízo, ação e trapaça em experimentos com crianças. Apesar desta quantidade de estudos sobre juízo, ação e trapaça, apenas três utilizaram jogos de regras como instrumento. No entanto, verificamos que existem poucos trabalhos sobre juízo e ação em relação à trapaça que se fundamentam no referencial teórico piagetiano, sendo que apenas dois deles analisam a trapaça por meio de jogos de regras.

Dessa maneira, este capítulo contribui para o estudo da moralidade porque destaca a importância da dimensão da ação. Consideramos que essa dimensão constitui ainda uma grande lacuna no estudo da moralidade, que tem sido investigada prioritariamente em relação ao juízo moral e que, deve envolver mais estudos voltados para a relação entre juízo e ação. Partindo dessas considerações, ressaltamos que pesquisas sobre essa temática seriam importantes para a elaboração de trabalhos de intervenção, pois maiores esclarecimentos a respeito desses dois aspectos permitiriam que os programas de educação moral fossem mais eficientes e, consequentemente, as crianças adquirissem mais autonomia.

Consideramos ainda que conhecer as divergências e aproximações entre os aspectos práticos e teóricos envolvidos nas regras morais propicia direcionamentos de ações em vários âmbitos educacionais: na escola, na família e em programas de educação moral.

## Referências

Baldwin, D. C. Jr, Dougherty, S. R., Rowley, B. D., & Scwarz, M. D. (1996). Cheating in medical school: a survey of second-year students at 31 schools. *Academic Medicine*, 71(3), 267-273.

Baird, J. S. (1980). Current trends in college cheating. *Psychology in the Schools*, 17 (4), 515-522.

Blasi, A. (1980). Bridging moral cognition and moral action: a critical review of the literature. *Psychological Bulletin*, 88(1), 1-45.

Burrus, R. T., McGoldrick, K. M., & Schuhman, P. W. (2007). Self-reports of student cheating: does a definition of cheating matter? *Journal of economic education*, 38(1), 3-16.

Cortella, M. S., & La Taille, Y. (2009). *Nos labirintos da moral*. São Paulo: Papirus 7 Mares. (Trabalho original publicado em 2005).

Forsyth, D. R., & Scott, W. L. (1984). Attributions and moral judgments: Kolberg's stage theory as a taxonomy of moral attributions. *Bulletin of the Psichonomic Society*. 22(4), 321-323.

Jensen, L., & Buhanan, K. (1974). Resistence to temptation following three types of motivational instructions among four, six and eight year old female children. *Journal of Genetic Psychology*. 125(1), 51-59.

Karniol, R. (1982). Behavior and cognitive correlates of various immanent justice responses in children: deterrent versus punitive moral systems. *Journal of Personality and Social Psychology*. 43(4), 811-820.

Khon, A. (2007) Who's cheating whom? *Education digest: essential readings condensed for quick review*. 73(5), 4-11.

Kupfersmid, J. H., & Wonderly, D. M. (1980). Moral maturity and behavior: failure to find a link. *Journal of Youth and Adolescence*, 9(3), 249-261.

*Larousse Cultural: Dicionário da língua portuguesa* (1a ed.). (1992). São Paulo: Nova Cultural.

Luna, F. G. (2008). *A (in)disciplina em oficinas de jogos*. Dissertação de mestrado não publicada, Universidade de São Paulo, São Paulo.

Macedo, L. (2002). *Ensaios Construtivistas*. São Paulo: Casa do Psicólogo (Trabalho original publicado em 1994).

Macedo, L. (2003). *Cinco Estudos de Educação Moral*. São Paulo: Casa do Psicólogo (Trabalho original publicado em 1996).

McCabe, D. L., & Treviño, L. K. (1993). Academic dishonesty: Honor codes and other contextual influences. *Journal of Higher Education*, 64, 522–538.

McCabe, D. L., & Treviño, L. K. (1997). Individual and contextual influences on academic dishonesty: a multicampus investigation. *Research in Higher Education*, 38, 379–396.

McCabe D. L, Treviño, L. D., & Butterfield, K. D. (2001). Cheating in academic institutions: a decade of research. *Ethics & Behavior*, 11(3), 219-232.

Milgran, S. (1963). Influence and reward in structured two-person interactions. *Journal of Abnormal and Social Psychology*, 67(4), 371-378.

Mwamwenda, T. S. (1992). Moral development and behavior. *Psychological Reports*, 71, 499-502.

Perry, A. R., Kane, K. M., Bernesser, K. J., & Spicker, P. T. (1990). Type A behavior, competitive achievement-striving, and cheating among college students. *Psychological Reports*, 66, 459–465.

Pessotti, A. M. (2010). *Juízo moral e trapaça: um estudo com criança de 5 e 10 anos*. Dissertação de mestrado não publicada. Universidade Federal do Espírito Santo, Vitória.

Rettinger, D. A., & Kramer, Y. (2009). Situational and personal causes of student cheating. *Higher Education*, 50(3), 293-313.

Rizzieri, L. (2008). *O jogo como dono da bola e a regra como dona do jogo: um estudo sobre a construção da moralidade infantil*. Dissertação de mestrado não publicada, Universidade Federal de Mato Grosso, Cuiabá.

Supon, V. (2008). Teachers: Recognize important steps to reduce cheating. *Journal of Instructional Psychology*. 35(4), 376-379.

Shimizu, A. M. (2004). Defining Issues Test-2: Fidedignidade da versão brasileira e ponderações acerca de seu uso em pesquisas sobre moralidade. *Psicologia: Reflexão e Crítica*, 17(1), 5-14.

Toner, I. J., & Potts, R. (1981). The effect of modeled rationales on moral behavior, moral choice, and level of moral judgment in children. *Journal of Psychology*. 107 (2), 153-162.

# Juízos de surdos sobre humilhação no trabalho *versus* sobrevivência da família[1]

Alline Nunes Andrade
Heloisa Moulin de Alencar

## Introdução

Nesta pesquisa, procuramos refletir sobre o valor da honra nos juízos de valor moral e de representação da realidade de pessoas surdas acerca da decisão de um dilema moral que contrapõe humilhação constante no trabalho e sobrevivência da família.

A honra é concebida por Pitt-Rivers (1992) tanto como um sentimento quanto como um fato social objetivo. Como sentimento, honra diz respeito ao ". . . estado moral que provém da imagem que cada um tem de si e que inspira ações as mais temerárias ou a recusa de agir de uma maneira vergonhosa, seja qual for a tentação material" (p. 18). Como fato social objetivo, o autor considera que a honra pode evocar o valor moral de uma pessoa, com referência à sua virtude, prestígio, *status*, como também seu direito à precedência. A honra é, portanto, ". . . o valor que uma pessoa tem aos seus próprios olhos, mas também aos olhos da sociedade. É a sua apreciação do quanto vale . . ., mas é também o reconhecimento dessa pretensão, a admissão pela sociedade da sua excelência" (Pitt-Rivers, 1932/1965, p. 13).

Considerada como uma estrela cadente, pelo menos no que concerne ao discurso, Harkot-de-La-Taille (1999) observa que a honra tem como finalidade ". . . proteger o sujeito de possíveis vergonhas". (p. 95) A experiência da vergonha comum a qualquer um de nós, como observa Gautheron (1992), seria a ". . . prova primeira de uma referência à honra" (p. 11), nesse caso, do risco de perda dela. A honra é um sentimento

---

[1] Este capítulo é derivado da dissertação de mestrado *Vozes do silêncio: juízos morais de jovens e adultos surdos sobre situações de humilhação*. Alline Nunes Andrade é mestre e doutoranda em Psicologia pelo Programa de Pós-Graduação em Psicologia da Universidade Federal do Espírito Santo, e foi orientada pela professora Drª Heloisa Moulin de Alencar, que atualmente a orienta no doutorado.

que está, de tal maneira, ". . . vinculado às crenças mais profundas do sujeito sobre si mesmo, a ponto de este não o diferenciar de sua pessoa: honra ferida significa pessoa ferida" (Harkot-de-La-Taille & La Taille, 2004, p. 79).

La Taille (2006) descarta as definições usuais no senso comum de honra como honrarias, reputação cavalheiresca ou da moral sexual, tampouco das ações que são engendradas "em nome da honra" (p. 63), mas trata da honra interior, aquela que norteia a definição formulada por Pitt-Rivers (1932/1965). Eis, portanto, ". . . o sentimento do próprio valor moral" (La Taille, 2006, p. 63), ou seja, o autorrespeito. Nesse sentido, para o autor, a honra está atrelada ao mérito moral de uma pessoa. Esse valor moral, além de ser reconhecido aos próprios olhos de uma pessoa, verifica-se na exigência que tal pessoa comunica a outrem para que seja reconhecida e respeitada.

Lévy, Muxel e Percheron (1992) assinalam que ". . . se ainda há lugar para a honra, é menos numa relação de exterioridade que numa relação de interioridade que é preciso procurar" (p. 95). Assim, a honra depende muito menos da reputação, associando-se a uma ". . . moral fundada no respeito por si e pelos outros, na confiança mútua e na dignidade de si" (p. 96).

Em se tratando de respeito mútuo, entre outros valores, temos a contribuição de Piaget (1994), publicada originalmente em 1932, que, ao apresentar uma teoria do desenvolvimento moral, destaca a importância das relações de cooperação e do sentimento de respeito mútuo entre pares para instauração da autonomia moral. Neste, o acordo mútuo e a reciprocidade estabelecem as leis comuns. Mas, para atingir a autonomia moral, antes mesmo que se estabeleçam relações de igualdade entre pares, a criança terá vivenciado a heteronomia moral, no qual prevalece o sentimento de respeito unilateral em relações de coação, sendo as figuras de autoridade tanto temidas quanto amadas. Dessas relações de coação emanam-se instruções ". . . impostas à criança por pessoas para com as quais ela tem respeito, frequentemente em situações particularmente emotivas, [desencadeando] no seu espírito obrigações de consciência, isto é, o sentimento de deveres precisos" (p. 133). Anteriormente à heteronomia moral, o autor considera a existência de uma fase primária, conhecida como anomia. Esta é caracterizada pela ausência de regras e pela existência de rituais próprios da criança, sem que tenha havido, pelo menos, indícios de submissão desse indivíduo a regras exteriores.

A perspectiva piagetiana, portanto, destaca o decisivo papel do respeito mútuo no âmbito do desenvolvimento da moralidade e complementa ao considerar que esse tipo de respeito implica em não se contradizer moralmente. Em outras palavras, conforme assinala Piaget (1954/2001), uma pessoa não pode valorizar o seu par e agir de modo a ser desvalorizado por ele.

Essa exigência provocada pelas relações de reciprocidade também se verifica na definição de honra como um sentimento próprio de "altivez fundada sobre estar de acordo consigo mesmo", o que implica uma "concordância entre a imagem que se tem ou que se quer dar de si e o olhar que o outro tem de si" (Lévy et al., 1992, p. 96). Para os referidos autores, a importância da imagem de si, bem como a sua fragilidade ao olhar do outro, podem ser atestadas por meio da vergonha, da inferiorização, da humilhação.

Etimologicamente, humilhação deriva do "latim *humiliare*, abaixar" (Nascentes, 1955, p. 269) e, conforme Machado (1952), esse termo está associado ao radical latino *humus*, que significa terra, bem como transmite a ideia de algo ". . . que não tem vida" (Nascentes, 1955, p. 269). Recorrer à etimologia nos possibilita apreender o sentido que as palavras tiveram em sua origem. Assim é possível relacionar humilhação a rebaixamento, cuja existência, no âmbito das relações interindividuais, remete ao desrespeito à dignidade alheia. Para Tugendhat (1996), ". . . o próprio respeito é algo afetivo, e levá-lo a sério é algo que se dá a entender ao outro afetivamente (mais claramente compreensível na atitude oposta, quando rebaixamos o outro e também lhe damos a entender isto)" (p. 198).

A humilhação é frequente na sociedade (Alencar, 2003; Andrade, 2006; Andrade & Alencar, 2008; La Taille, 1996, 2002), indicando que "muitas pessoas não possuem um freio moral que lhes impediria cometê-las" (La Taille, 2002, p. 215). Embora seja um fenômeno frequente, a humilhação é tema ainda pouco estudado, conforme salientam Alencar e La Taille (2007), para quem é necessária a realização de novas pesquisas.

Em recente revisão de literatura sobre pesquisas de pós-graduação realizadas no Brasil nos últimos dez anos, utilizando os termos humilhação e *humiliation*, identificamos algumas contribuições das áreas Psicologia e Educação. Verificamos que a humilhação nas relações de trabalho é a principal temática no que concerne principalmente aos resultados das referidas pesquisas (Ades, 1999; Coutinho, 2004; Gonçalves, 2006; Soares, 2006; Souza, 2007; Trombetta, 2005).

Ainda assim, existem poucos estudos sobre os efeitos psicológicos da humilhação (La Taille, 1996), embora algumas reflexões sobre a humilhação associem-na ao sentimento de vergonha. Considerando uma distinção entre ambos os sentimentos, "humilhação refere-se ao fato de ser e sentir-se inferiorizado, rebaixado por alguém ou um grupo de pessoas, *sem que se aceite necessariamente (intimamente, poderíamos dizer) a "má imagem" que esses querem impor"* (La Taille, 2002, p. 95). A semelhança verifica-se no sentimento de inferiorização, mas ao sentir vergonha, "... compartilha-se a imagem negativa imposta, enquanto que na humilhação ela pode não ser aceita. E, se for aceita, teremos os sentimentos de humilhação e de vergonha somados" (p. 95).

Eis, portanto, a desonra. Em pesquisa realizada por Lévy et al. (1992) com a participação de 1300 estudantes franceses, verificou-se que humilhação foi a segunda palavra mais considerada por crianças como evocativa de desonra. Além disso, observa-se que "... os insultos julgados os mais graves são os que atingem [a imagem de si] ou ainda os que deixam entrever o fracasso e o prejuízo associado ao fato de ser acusado injustamente" (p. 96). Os dados dessa pesquisa revelam que a honra não se refere mais aos caracteres do heroísmo, mas seu uso se verifica nas situações concretas e cotidianas.

Em um de seus estudos, La Taille (1996) entrevistou 52 crianças, entre sete e doze anos, com o intuito de investigar quais são os juízos infantis em torno de humilhação e honra, usando, para isso, de situações que evocavam ataques à honra. Para o autor, os dados indicam a existência de uma evolução moral no que tange à condenação moral da humilhação. Em outras palavras,

> ... embora sensível a esse tipo de violência representada pela humilhação, a criança pequena ainda não tem estrutura moral para condená-la. ... Após ter construído regras morais que condenam a humilhação, poderão ver no agressor não mais alguém poderoso que "tem razão", mas sim o autor de um gesto condenável. (p. 144)

Considerando uma pesquisa similar, porém com participantes entre 18 e 25 anos e entre 40 e 55 anos, Ades (1999) investigou a concepção de humilhação, os juízos sobre as atitudes em relação à humilhação e sobre o valor da defesa da honra. Em linhas gerais, os resultados apresentados por La Taille (1996) e por Ades (1999) assemelham-se, porém, no último estudo, observa-se a proposta de diálogo como uma das principais estratégias de solução dos problemas.

Conforme Ades (1999), "... todo mundo precisa ser alguém" (p. 33), logo procuramos desempenhar um papel na sociedade sobre o que temos a expectativa de que os outros compreenderão, aceitarão e nos darão crédito. Para a autora, essa aprovação é uma preocupação diária e o fato de não sermos aceitos ou sermos desacreditados geram um sofrimento decorrente da humilhação.

Esse tipo de sofrimento foi destaque em uma pesquisa realizada por Andrade e Alencar (2008). As autoras investigaram o tema da humilhação a partir dos juízos morais de jovens e adultos surdos, e obtiveram relatos a respeito de exemplos pessoais de humilhação, vivenciados frequentemente pelos participantes, especialmente situações de exclusão e impossibilidade de comunicação.

Para Marques (2008), as pessoas surdas ". . . sempre estiveram subjugadas a uma visão da normalidade ou, mais precisamente, a um ideal que deveriam ser como as pessoas não surdas" (p. 27), sendo comum a busca por respostas tecnológicas, patológicas e culturais que de alguma forma minimizasse a responsabilidade de apreender o som, bem como ". . . não fossem colocadas numa condição de inferiores perante o mundo" (p. 27). Essa visão deslocou para a visão médica uma concepção de surdez que poderia ser mais ampla. De acordo com o autor, uma concepção de surdez deve referir-se à experiência da pessoa surda cujas funcionalidades sensoriais e de percepção são diferenciadas, o que permite interpretar o mundo de uma forma específica, bem como estabelecer modos específicos de interação com esse mundo.

Perlin (2003) defende a ". . . ideia de uma cultura surda como os sistemas partilhados de significações constituídos por sujeitos que utilizam a experiência visual" (p. 26), na qual cada movimentação gera significados para os surdos, incrementando a referida cultura. A autora observa que fora dessa cultura, entre os ouvintes, ". . . o surdo vive . . . na iminência de desaparecer. . . . O surdo se sente um deslocado, um estrangeiro, um único" (pp. 62-64). Culturalmente, a experiência de humilhação na relação com os ouvintes parece fato. Perlin (2003) ressalta que os ouvintes sempre foram os normais, não havia outros normais além deles, ". . . eles eram os outros, as alteridades modelo, a pedagogia modelo. Eles eram os homens" (p. 65).

Seguir esses modelos impostos pela maioria de pessoas ouvintes acarretou situações de humilhação, conforme relato das pessoas surdas entrevistadas por Andrade e Alencar (2008). No âmbito educacional, em que a surdez era definida a partir de uma concepção médica, em termos de perda parcial ou total da audição, profunda ou média, com possibilidades ou não de intervenção cirúrgica, uso de aparelhos auditivos e desenvolvimento da fala oral, jovens e adultos surdos relataram sua experiência de aquisição clandestina da língua de sinais (Andrade & Alencar, 2008). Embora não fosse reconhecida pelo enfoque educacional em voga e, portanto, duramente repreendida, especialmente nas décadas de 1970 e 1980, a língua de sinais manteve-se como fenômeno constante na maior parte das relações estabelecidas por pessoas surdas. Quadros (2003) esclarece que a cultura surda tem características específicas, principalmente porque ela é visual, bem como as organizações do pensamento e da linguagem ocorrem de outra maneira, ". . . elas são de outra ordem, uma ordem com base visual" (p. 86).

Atualmente a língua de sinais é permitida e estimulada em nossa sociedade, porém Gesueli (2006) observa que assumir a surdez e a participação na cultura surda não é uma tarefa fácil, uma vez que essa cultura, por não ser considerada diferente, é tida como minoritária e usualmente discriminada. Interessa-nos, portanto, investigar os juízos de jovens e adultos surdos sobre a solução de um dilema que contrapõe humilhação no trabalho e sobrevivência da família em condição de surdez e não surdez do protagonista.

Consideramos que os juízos podem ser de valor moral (JVM) ou juízos de representação da realidade (JRR). Os primeiros incidem sobre o que deve ser feito ou o que seria correto fazer em determinada situação; os JRR são juízos sobre a representação da condição e da ação, em resposta a perguntas sobre o que se é/faz, podendo estar de acordo com o JVM ou diferir dele, depende de como o participante interpreta a situação em questão. Com o intuito de investigar a relação entre ambos os juízos, propusemos a comparação com enfoque nos JVM e nos JRR, bem como os JRR sobre a ação do personagem do referido dilema em contexto de não surdez.

## Método

Participaram doze pessoas surdas, usuárias da língua de sinais brasileira (Libras), provenientes da região da Grande Vitória, Espírito Santo, sendo seis participantes entre 15-25 anos (jovens) e seis participantes entre 35-45 anos (adultos), igualmente divididos quanto ao sexo.

Coletamos os juízos dos participantes sobre a solução de um dilema que contrapunha humilhação constante no trabalho e sobrevivência da família. Essa história foi adaptada com base no dilema utilizado por La Taille (1996) e Ades (1999). A seguir, apresentamos a história e as respectivas questões.

*Pedro é surdo e trabalha em um escritório. Trabalha muito bem e é muito esforçado. Todo o dia, na frente das outras pessoas, seu chefe Marcos dá bronca em Pedro, dizendo que seu trabalho não é bom, que ele não sabe fazer nada direito. O chefe até chama Pedro de burro e de incapaz. Pedro não aguenta mais e pensa em sair do emprego. Mas o dinheiro que ganha no emprego é muito importante para a família. Ele tem três filhos. A esposa trabalha, mas ganha pouco e é muito difícil arranjar um novo emprego.*

*(Versão feminina: Ana e Maria)*

1. O que Pedro/Ana deve fazer: sair ou continuar no emprego? Por quê?

2. O que Pedro/Ana faz: sai ou continua no emprego? Por quê?

3. Se Pedro/Ana fosse ouvinte, o que ele/ela faria? Por quê?

As entrevistas foram realizadas individualmente em um cômodo vazio. Foi necessário filmá-las na íntegra para posterior transcrição dos dados, uma vez que utilizamos a língua de sinais. A filmadora foi posicionada em um ângulo lateral que pudesse focalizar tanto a entrevistadora quanto o participante. O registro audiovisual das entrevistas é mantido em nosso arquivo pessoal, cuja utilização se restringe aos objetivos da pesquisa. Usamos nomes fictícios para resguardar as identidades dos participantes, seguidos pela idade em anos, de acordo com os padrões éticos vigentes (Brasil, 1996, 2000). Os dados foram analisados com base na teoria piagetina e na sistematização proposta por Delval (2002).

## Resultados e discussão

Os resultados serão apresentados de acordo com uma ordem estabelecida nas questões formuladas aos participantes e dizem respeito ao contexto de surdez do protagonista: a) juízos de valor moral (JVM) sobre a decisão da personagem; b) juízo de representação da realidade (JRR) sobre a decisão da personagem; c) juízo de representação da realidade (JRR) sobre a decisão da personagem em contexto de não surdez.

Antes de considerar os dados propriamente ditos, vale observar que, além de terem reprovado imediatamente a atitude do chefe (Marcos/Maria), os participantes reconheceram que tal situação de humilhação no trabalho é comum em suas vidas. Perlin (2003) comenta que "as situações de vivência da diminuição entre os surdos são sucessivas e gritantes ... mas esse sentimento envolve não somente a língua" (p. 107), como também o aspecto cognitivo.

Passemos aos resultados referentes à pergunta: *O que Pedro/Ana deve fazer: Continuar no emprego ou sair dele?* Sobre essa decisão, dez (de doze) participantes responderam que o certo seria a personagem "*continuar no trabalho*". Esse resultado assemelha-se aos dados apresentados por La Taille (1996) e por Ades (1999), nos quais a maior parte dos entrevistados, tanto as crianças do primeiro estudo (La Taille, 1996) quanto os adultos do segundo (Ades, 1999), responderam que a personagem deveria continuar no trabalho.

Notamos que esse *"continuar no trabalho"* implica, para cinco participantes, adotar atitudes específicas, a saber: 1) atitudes que resultam em tentativa de solução do problema entre o funcionário e o chefe, como esclarecer a situação com o chefe; 2) comportamentos que demonstram que a personagem deve procurar resolver a situação por si só, internamente.

Sobre o primeiro tipo, uma postura seria a de que a personagem deveria procurar saber que tipo de erro estava cometendo, como uma tentativa de esclarecer a situação, sem colocar em risco o próprio emprego: "Perguntar é certo: 'O que está errado? Fique calma! Me diz onde está errado?'. Ela deve falar isso com cuidado, senão vai ser mandada embora" (Hortência, 36). Notemos que, para a participante, a protagonista está no limiar de ser demitida, o que não a impediria de, com cautela, "enfrentar" a chefe.

A outra atitude propõe que sejam avaliados os conhecimentos do chefe a respeito do trabalho que compete ao funcionário. Neste caso, verificamos a necessidade de saber se o chefe realmente sabe desempenhar o trabalho do funcionário e a busca da valorização daquilo que o funcionário domina: "Pedro diz para o chefe: 'Burro? Não'. Ele convida o chefe para sentar e mostrar para ele como se faz o trabalho. Ele pede uma prova do chefe para saber se o chefe sabe fazer o trabalho de Pedro" (Mauro, 36).

Uma vez que Pedro/Ana é caracterizado(a) pela história como um(a) funcionário(a) competente e esforçado(a), o que parece estar em jogo é o seu autorrespeito. As referidas condutas denotam que, para os três participantes que apresentaram respostas que vão além de apenas continuar no emprego, é lícito enfrentar o chefe, resolver a situação sem intermediários. O fato é que não se trata apenas de sair ou continuar, mas de continuar com dignidade.

As atitudes do segundo tipo (a personagem deve procurar resolver a situação internamente) foram observadas nas entrevistas com duas jovens. A primeira delas acredita que o certo é a personagem continuar no trabalho, ignorando a chefe. Esse *"ignorar"* é caracterizado, então, como uma maneira de se resguardar de um sofrimento provocado pela humilhação. É como se, agindo dessa maneira, a personagem se colocasse em posição superior em que não poderia ser afetada por questões consideradas menos importantes do que a própria vida, conforme o trecho a seguir: "Ignorar a chefe. É melhor trabalhar, é melhor para a vida dela. A pessoa fala mal de mim? Deixe-a para lá. A minha vida é mais importante" (Letícia, 16).

Portanto, não se trata de ignorar por completo, como se a protagonista (Ana) não soubesse a respeito de seus defeitos e qualidades, mas, já tendo ficado claro que a personagem era dotada dos pré-requisitos para estar naquele emprego e estava consciente de sua condição, ser chamada de "burra" não é expressão da verdade, portanto não a deve afetar. A honra, nesse caso, é composta por um simulacro, ". . . a soma das aspirações do indivíduo" (Pitt-Rivers, 1992, p. 18), no qual a injúria proferida em tal contexto de humilhação não tem efeito. Essa postura mencionada por Letícia (16) é coerente com as características que se assemelham à autonomia moral. Lembramos que na autonomia moral, conforme perspectiva piagetiana, é destacada a importância das relações de cooperação em que os próprios pares interagem mutuamente e que respeitam as normas comuns a todos. Ora, se o agressor personificado pela chefe, personagem da história dilema, age de maneira incoerente com a verdade, não é a honra do funcionário em questão que será afetada.

A outra jovem defende a continuidade no trabalho, respeitando unilateralmente a chefe. Lembramos que o respeito unilateral não reconhece em quem deve respeitar o direito de ser respeitado, portanto aquele que está sendo humilhado é que tem de respeitar a chefe. A busca por uma resolução interna, sem o contato direto com o agressor ou com intermediários, parece ser a única característica que aproxima essas posturas caracterizadas pelo segundo tipo, pois a expressão de ambas indica, respectivamente, autonomia e heteronomia: a) Ignorar a mensagem equivocada transmitida pela chefe; e b) Respeitar, unilateralmente, a chefe.

Vimos que a opção "*continuar no trabalho*" foi considerada pela maior parte dos JVM, enquanto sair foi a opção de dois participantes. As justificativas estão de acordo com os seguintes argumentos: a) "*necessidade financeira pessoal*" (n=5); b) "*necessidade financeira familiar*" (n=4); c) "*dificuldade de encontrar emprego*" (n=4); d) "*dificuldade em suportar a constante humilhação*" (n=2). Um mesmo participante apresentou mais de uma justificativa. Portanto, apresentaremos a análise com base no registro de frequência por argumento.

A "*necessidade financeira pessoal*" (n=5), considerada por três jovens e dois adultos, é um tipo de argumento em que outras pessoas não são mencionadas. Embora a história caracterize o protagonista como um provedor de família, as justificativas apontam apenas para a necessidade financeira desse personagem.

A "*necessidade financeira familiar*" (n=4) foi mencionada por quatro participantes que destacam o auxílio à família, em especial a criação dos filhos. Jonas (36) demonstra essa preocupação, acrescentando que, como consequência, o protagonista precisaria procurar emprego, se ficasse sem aquele trabalho: "Como ele vai cuidar da família? A esposa ganha pouco e ele tem filhos para criar. É difícil. Se ele sair, terá que ir para a rua e procurar emprego". Além de Jonas (36), outro adulto e dois jovens consideraram a "*necessidade financeira familiar*".

A "*dificuldade de encontrar emprego*" (n=4) é considerada como uma das maiores preocupações atuais por dois jovens e dois adultos. A "*dificuldade de encontrar emprego*" levou um participante a considerar que o desemprego pode repercutir até mesmo no suicídio da personagem: "Ele precisa. Se ele sair, vai ser difícil. Onde ele vai encontrar emprego? Ele fica preocupado e morre, se mata. Então ele pensa e suporta o chefe" (Jonas, 36). La Taille (2006, 2009) observa que o suicídio resulta de uma falta de sentido na vida, logo, algumas pessoas "põem intencionalmente um fim às suas vidas em razão de experiências episódicas de desespero, em razão de alguma dor aguda, física ou moral" (La Taille, 2006, p. 43). Quanto a suportar o chefe, Perlin (2003) observa que esta é "a posição de muitos surdos que hoje ocupam espaços ouvicêntricos. Espaços em que estão obrigados a resistir, pois que sofrem violência" (p. 104). A autora considera ainda que ao permanecer nesses espaços, o surdo insiste para conquistar o seu lugar, o "seu direito a ser diferente" (p. 104), já que, pela própria experiência, não será igual aos ouvintes.

Restam, no entanto, as justificativas de um jovem e de uma adulta que responderam que o certo seria a personagem sair do emprego. Seus argumentos centrais versam sobre a "*dificuldade em suportar a constante humilhação*" (n=2), porém observamos diferenças qualitativas nessa "intolerância" à humilhação: o jovem pauta sua resposta pela necessidade de respeito mútuo, informando que sem respeito há o xingamento, há ofensas. Uma vez que a personagem realiza seu trabalho adequadamente, sem dar motivos para ser insultado pelo chefe, não resta alternativa que não seja sair do emprego. Nota-se, com esse argumento, o sentimento do próprio valor moral, ou seja, aquilo que corresponde, segundo La Taille (2006), ao "sentido fundamental da honra: o valor moral que a pessoa tem aos próprios olhos e a exigência que faz a outrem para que esse valor seja reconhecido e respeitado" (p. 62). Na justificativa da adulta, não há menção ao respeito, mas apenas à dificuldade em trabalhar dessa maneira.

Depois de termos questionado aos participantes qual seria a solução correta a ser tomada, passamos à investigação sobre a representação da ação, com a seguinte pergunta: *O que Pedro (Ana) faz: sai ou continua no emprego?* Entre uma opção e outra, dez (de doze) participantes respondera "*continuar no trabalho*", da mesma forma como ocorreu em relação ao JVM.

Os JRR que versam sobre "*continuar no trabalho*" aparecem de duas maneiras: 1) Apenas continua, e 2) Continua, mas também procura saber o que está errado. O segundo tipo de resposta, apresentado por dois adultos, tem como ponto central a necessidade de esclarecer a situação. Para um dos participantes, ao procurar saber que tipo de erro a personagem cometeu, existe a possibilidade de aprender mais:

"Pedro trabalha, fica, suporta o chefe, ele está inocente. Ele procura saber o que está errado e vai aprendendo mais ainda" (Mauro, 36). O outro participante ainda sugere que, como garantia, depois da conversa inicial, o protagonista submeta seu trabalho à supervisão do chefe.

Nota-se uma atitude que parece caminhar para a autonomia, ao mesmo tempo em que à personagem ainda é cabível certa submissão à autoridade. É como se, com essa submissão à supervisão do chefe, a personagem tivesse a certeza de que as humilhações cessariam, uma vez que se estava certificando de que seu trabalho estava sendo realizado de maneira adequada. Em sua pesquisa, Ades (1999) constatou que a primeira atitude revelada pelos entrevistados é a de tentar entender o que se passa. Essa atitude revela a preocupação com o seu posto de trabalho, de onde se tira o sustento pessoal e de sua família. Há algo a ser resolvido em que a melhor estratégia é, à primeira vista, a busca pelo diálogo.

Sobre *"sair do emprego"*, dois participantes haviam respondido que essa seria uma ação correta da personagem no JVM; no âmbito do JRR, um participante manteve a resposta enquanto uma jovem modificou o juízo. Esta oscilou entre o suicídio da personagem e a opção por continuar no trabalho, porém não houve uma escolha definitiva, demonstrando o quanto era difícil solucionar essa questão no que concerne à representação da realidade. A resposta *"sair do emprego"* mencionada por apenas uma participante demonstra que essa opção é pouco considerada pelos participantes, assim como também observaram Ades (1999) e La Taille (1996).

As justificativas dos JRR reportam-se, em primeiro lugar, à *"necessidade financeira familiar"* (n=7), seguida pela *"necessidade financeira pessoal"* (n=2), *"dificuldade de encontrar emprego"* (n=2) e *"dificuldade em suportar a humilhação"* (n=1). Na categoria *"outros"* (n=2), as justificativas foram: vergonha pela falta do emprego e necessidade de a personagem se corrigir. Destacamos, a seguir, algumas considerações realizadas pelos participantes.

Para cinco jovens e dois adultos que utilizam o argumento *"necessidade financeira familiar"* (n=7), o protagonista continua no trabalho, sempre. Nesse sentido, podemos considerar que o trabalho absorveu a personagem porque essa mesma personagem foi, antes, absorvida pela responsabilidade em manter a sobrevivência de sua família.

Em relação à *"dificuldade de encontrar emprego"* (n=2), mais uma vez surge a preocupação com a não existência de trabalho, conforme o relato a seguir: "Se ele for embora, como vai ficar o trabalho? Nada de trabalho! Dinheiro é difícil! Ele vai procurar em um lugar e não tem trabalho; vai a outro e não tem" (Fernando, 24).

A dificuldade de *"suportar a constante humilhação"* (n=1) foi mencionada por uma adulta. Lígia (38) menciona o estado de confusão mental em que fica a personagem, resultante de tais humilhações, conforme as próprias palavras: "Sim, ela fica confusa, zonza, não aguenta e sai do emprego". Nesse sentido, sair denota uma resolução gerada pela dificuldade de enfrentar a chefe agressora. A humilhação constante no trabalho repercute, segundo Lígia (38), em um estado de vulnerabilidade, a tal ponto que a alternativa é *"sair do emprego"*. Em Ades (1999) encontramos uma observação de que a impossibilidade de tolerar um trabalho humilhante, para alguns de seus entrevistados, representa uma solução honrosa.

Dando continuidade, houve ainda, na categoria *"outros"* (n=2), uma jovem que justifica a opção por continuar no emprego, enfatizando a vergonha pela falta do emprego que, nesse caso, parece implícito ao sentimento de honra. Para a participante, ter dívidas perante a família, consequência da falta de emprego e do dinheiro, resultaria em desespero: "Se ela sair, será pior porque o dinheiro vai acabar, ela vai ficar devendo e vai sentir vergonha da família. Isso é pior. Ela vai ficar desesperada na rua, é pior" (Viviane, 25). Observamos que a honra, sentida como um autorrespeito, pode estar associada ao compromisso com a própria família. Nesse sentido, ficar sem o emprego seria uma desonra perante a família, configurando o fracasso e os prejuízos que podem ser gerados a partir dessa decisão. Assim, "podemos creditar à honra . . . o valor que a vergonha nos permitiu experimentar quando nos fizeram perdê-la" (Gautheron, 1992, p. 11). Para Viviane (25), a vergonha perante a família é um forte argumento para suportar a humilhação constante no trabalho.

Tendo refletido sobre os JRR referentes à decisão da personagem, perguntamos o seguinte: *Se Pedro/Ana fosse ouvinte, o que ele/ela faria?* Curiosamente, foi necessário enfatizar que a história, em geral, era a mesma, mas a única característica modificada foi a de que a personagem era, então, ouvinte. Essa necessidade se fez clara quando, por exemplo, dois participantes perguntaram: "Se Ana for ouvinte, a pessoa a humilha também?" (Letícia, 16) ou "Pedro, sendo ouvinte... o chefe reclamaria com ele?" (Mauro, 36).

Com esses questionamentos, percebemos um distanciamento de considerações sobre situações que não se refiram diretamente a pessoas surdas, como se somente funcionários surdos passassem por humilhação no trabalho. Assim, tivemos a possibilidade de observar alguns juízos que os participantes elaboraram a respeito das pessoas ouvintes. Um deles diz respeito às características dos ouvintes, expressas por uma jovem que, após mencionarmos que o protagonista não é surdo, diz: "Ela tem como ouvir? Para ela é muito fácil respeitar, estudar, conversar. Para ouvinte é fácil, para surdo é difícil e ele é chamado de burro" (Luciana, 19). Uma participante adulta caracteriza pessoas ouvintes como aquelas que sabem "as coisas da vida" (Hortência, 36).

Nota-se, portanto, que, para a metade dos entrevistados, a condição de surdez parece suficiente para determinar uma divisão da sociedade em grupo de ouvintes e grupo de surdos. Passar a considerar o protagonista como ouvinte fez com que a história fosse modificada pelos participantes, mesmo que, no decorrer das entrevistas, tenhamos enfatizado que a história se manteve conforme a original. Essa reação dos participantes à mudança da condição de surdez para não surdez do protagonista é legítima, especialmente aos nos reportarmos a Perlin (2003) que reflete sobre a superioridade estabelecida pela normalidade das pessoas ouvintes, além de Gesueli (2006) lembrar que a cultura surda é considerada minoritária e é comumente discriminada.

Diante dos comentários sobre as primeiras reações de nossos participantes, vamos, então, apresentar a discussão dos resultados. Em âmbito geral, não houve alterações na escolha por "*continuar no trabalho*" (n=10) e "*sair do emprego*" (n=2), porém houve uma alteração na maneira como a personagem agiria sendo ouvinte. No que se refere a "*continuar no trabalho*", temos: a) apenas continua no trabalho (n=6); b) continua e procura a justiça (n=2); c) continua, e ignora o chefe (n=1); d) continua e procura saber o que está errado (n=1).

Continuar, mas também procurar a justiça, foi uma nova forma de a personagem se manter no trabalho, até então inédita nos juízos tanto de valor moral quanto de representação da realidade no contexto de surdez. Como veremos ao discutir as justificativas, a condição de não surdez da personagem parece ter contribuído para a menção da possibilidade de denúncia que, nesse caso, parece não ser pura e simples, pois existe a menção de procurar por um juiz.

La Taille (2002) observou que a denúncia, como uma maneira de apelar para autoridades superiores, foi uma alternativa bastante lembrada por crianças de sete anos, participantes de sua pesquisa. O autor informa que 65% das crianças menores optaram por apelar a autoridades superiores, enquanto um número menor de crianças de doze anos, apenas 28%, optou pela denúncia. Para Piaget (1932/1994), quanto mais nova for a criança, mais ela achará justo recorrer a autoridades para solucionar os seus conflitos, pois para elas "existe um meio mais legítimo e, ao mesmo tempo, mais eficaz de obter reparação: é recorrer ao adulto" (p. 225). O processo é inverso quando a reciprocidade se verifica nas relações estabelecidas entre as crianças de aproximadamente doze anos. Para estas, será mais justo elas resolverem seus próprios conflitos, sem recorrer a nenhuma autoridade, não prevalecendo "esta submissão ou este apelo à justiça adulta" (p. 226), mas um sentimento de justiça que se afirma com a idade. Em contrapartida, os adultos entrevistados por Ades (1999) não mencionaram a denúncia como forma de apelar a uma autoridade ou procurar a justiça.

Porém, tratando-se dos dados que encontramos, não consideramos que "procurar a justiça" se trate de uma denúncia como apelo à autoridade adulta, portanto um juízo que fosse coerente com a heteronomia moral, conforme as considerações de La Taille (2002) e Piaget (1932/1994). Se observarmos que na humilhação a possibilidade de respeito mútuo é imediatamente transgredida, logo pode não restar uma tentativa de solução direta com o agressor, tampouco com a constatação de que a humilhação é constante. Recorrer formalmente à justiça pode indicar uma postura autônoma, considerando que um indivíduo é portador de direitos legais.

Dando prosseguimento à análise, uma participante adulta respondeu que a personagem, sendo ouvinte, continuaria no emprego, porém ignorando a chefe, como se as humilhações contínuas não afetassem a protagonista ouvinte: "Ouvinte não se importa. Entra por um ouvido e sai pelo outro. Ela continua digitando" (Hortência, 36).

Ignorar o chefe também aparece nos JVM, considerando a personagem em condição de surdez. Porém, diferentemente do JVM, não parece existir, neste momento, a questão de que a própria vida é mais importante para a personagem sendo ouvinte, como aconteceu anteriormente. La Taille (1996) e Ades (1999) constataram que pessoas ouvintes se importam com o tema da humilhação no trabalho, independentemente da idade. Além disso, Ades (1999) observou que os participantes de sua pesquisa, "na maioria das vezes, se identificavam com o protagonista da história" (p. 51). A autora também ilustra, por meio dos dados, a reprovação que esses participantes fizeram sobre o comportamento do agressor. Ou seja, 77% dos jovens adultos e 69% dos mais velhos são categóricos ao reprovar a atitude de humilhar (Ades, 1999).

Com relação às justificativas, notamos novos argumentos dos participantes denominados como "*características de pessoas ouvintes*" (n=7). Em sequência, temos as categorias restantes: "*necessidade financeira pessoal*" (n=4), "*dificuldade de encontrar emprego*" (n=1), "*necessidade financeira familiar*" (n=1) e "*outros*" (n=1).

Na categoria "*características de pessoas ouvintes*" (n= 7), apresentada por três jovens e dois adultos, observamos os seguintes argumentos: a) ouvinte sabe falar sobre a humilhação para um juiz, b) ouvinte consegue outro emprego rapidamente, e c) ouvinte não suporta ser humilhado.

Ao iniciar pelo argumento de que ouvinte sabe falar sobre a humilhação para um juiz, para duas jovens a questão central é a possibilidade de comunicação: "Porque se o surdo for falar na justiça, como ele vai falar? Ouvinte fala na justiça que aconteceu humilhação" (Letícia, 16). Essa comunicação, provavelmente em modalidade oral, é percebida por uma das participantes como um facilitador, "o juiz vai entender o que acontece com ela no trabalho" (Luciana, 19).

Outra característica dos ouvintes seria referente à rapidez de conseguir outro emprego, ou seja, para dois adultos, uma pessoa ouvinte consegue emprego mais rapidamente do que pessoas surdas, portanto se explica o não importar-se com as humilhações e também se justifica a opção por sair do emprego: "ouvinte sai e é fichado em um trabalho rápido!" (Jonas, 36).

A outra participante justifica o fato de a personagem continuar, sem se importar com as humilhações, considerando haver mais empregos para pessoas ouvintes, o que possibilita que a personagem se sinta livre, isenta de preocupações. Como contraposição à justificativa dessa participante, recordamos que a história é finalizada com a informação de que a situação é difícil para a personagem, pois ela tem filhos e atualmente tem sido difícil arranjar emprego. Porém, a participante replicou da seguinte maneira:

> Mas ela tem marido. O marido de Ana, surda, ganha pouco. O marido de ouvinte ganha mais do que o de surda. Também não se preocupa porque para ouvinte sempre tem outro lugar para trabalhar. Para o surdo é mais difícil. Para ouvinte, é fácil, é só conversar que consegue rápido. O surdo pensa que para ele nunca vai ter outro trabalho, então não quer perder aquele emprego. (Hortência, 36)

O segundo argumento que obteve mais registros foi *"necessidade financeira pessoal"* (n=4), fornecido por um jovem e três adultos. Nessa justificativa, menciona-se apenas a preocupação da personagem com o próprio sustento, sem a referência a outras pessoas.

Lembramos, ainda, que a *"necessidade financeira familiar"* foi uma das justificativas com maior ocorrência (n=7) quando se tratava da representação da decisão da personagem, sendo surda. Quando modificamos a condição da personagem, de surda para ouvinte, os argumentos que mencionavam a família foram reduzidos de sete para um.

Por fim, a justificativa que versa sobre irritabilidade da vítima, categorizada em *"outros"* (n=1), aparece apenas no JRR de um adulto sobre a decisão da personagem em contexto de não surdez. Tendo apresentado os principais resultados, passemos às considerações finais.

## Considerações finais

No que concerne às primeiras impressões dos participantes a respeito da historia dilema, observamos que esse tipo de humilhação é comum no cotidiano dos entrevistados. Sobre os juízos de valor moral (JVM) e os de representação da realidade (JRR), bem como os juízos em condição de não surdez, verificamos que a opção por "*continuar no trabalho*" foi apresentada por dez (de doze) participantes.

Algumas diferenças qualitativas foram averiguadas nas justificativas dos participantes. A "*necessidade financeira familiar*" obteve mais registros quando investigávamos os JRR (n=7), em comparação com as justificativas dos JVM (n=4), além de os jovens terem apresentado mais argumentos (n=5) do que os adultos (n=2) ao responderem sobre a representação da ação da personagem. A "*dificuldade de encontrar emprego*" apareceu em maior quantidade de justificativas (n=4) quando se considerava o JVM, em comparação com o JRR (n=2). Porém, embora em apenas um argumento, o sentimento de vergonha foi mencionado ao justificar os JRR, indicando uma possibilidade de desonra perante a família, caso o protagonista deixasse o emprego. Notamos que o JRR pôde contribuir para uma interpretação diferenciada sobre a ação da personagem em comparação com o JVM. Os resultados indicaram que uma reflexão inicial ocorreu para justificar os JVM, influenciando novas elaborações, modificando ou incrementando, assim, alguns dos argumentos sobre os JRR.

Com a mudança da condição do protagonista, de surdez para não surdez, não parece ter havido, pela metade dos participantes, a consideração de outros aspectos presentes nas informações da história, como o fato de a personagem ter três filhos, um cônjuge que ganha pouco e um contexto social em que é difícil arranjar emprego, como relevantes nas decisões da personagem. Embora a opção por "*continuar no trabalho*" tenha sido mantida, os argumentos que mencionavam a família foram reduzidos de sete para um, surgindo, em contrapartida, uma nova categoria. Abriu-se espaço para a reflexão sobre as representações dos participantes em torno das "*características de pessoas ouvintes*" (n=7), além de a "*necessidade financeira pessoal*" ter aparecido mais quando a personagem foi considerada ouvinte. Logo, os juízos dos participantes foram influenciados pela condição de surdez e de não surdez do protagonista.

Consideramos que propostas de investigação sobre JRR e JVM podem contribuir tanto com a área da Psicologia da Moralidade quanto com aqueles que visem à implantação de projetos de Educação Moral, em uma perspectiva ética, especialmente no que diz respeito ao valor da honra. Sobre a investigação dos JRR acerca da decisão da personagem em condição de não surdez, temos informações relevantes que nos fazem refletir sobre as relações interindividuais que se têm estabelecido entre pessoas diferentes, especialmente em como essas questões têm sido tratadas no âmbito escolar, onde se tem a proposta de uma educação inclusiva.

## Referências bibliográficas

Ades, L. (1999). *Em nome da honra: reações a uma situação de humilhação*. Dissertação de mestrado não publicada, Instituto de Psicologia, Universidade de São Paulo, SP, Brasil.

Alencar, H. M. de. (2003). *Parcialidade e imparcialidade no juízo moral: gênese da participação em situações de humilhação pública*. Tese de doutorado não publicada, Instituto de Psicologia, Universidade de São Paulo, SP, Brasil.

Alencar, H. M. de; La Taille, Y. De. (2007). Humilhação: o desrespeito no rebaixamento moral. *Arquivos Brasileiros de Psicologia, 59*(2), 217-231.

Andrade, A. N. (2006). *Vozes do silêncio: juízos morais de jovens e adultos surdos sobre situações de humilhação*. Dissertação de mestrado, Programa de Pós-Graduação em Psicologia, Universidade Federal do Espírito Santo, Vitória, ES, Brasil.

Andrade, A. N.; Alencar, H. M. de. (2008). Vozes do silêncio: juízos morais de jovens e adultos surdos sobre situações pessoais de humilhação. *Boletim de Psicologia, LVIII* (128), 55-72.

*Resolução 196/1996*. Diretrizes e normas regulamentadoras de pesquisas envolvendo seres humanos. (1996). Brasília: Ministério da Saúde. Recuperado em 5 de abril de 2009, de http://www.conselho.saude.gov.br/resolucoes/reso_96.htm.

*Resolução 016/2000*. Diretrizes e normas regulamentadoras de pesquisas em Psicologia com seres humanos. (2000). Brasília: Conselho Federal de Psicologia.

Coutinho, J. T. (2004). *Sofrimento psíquico no trabalho: estudo de assédio moral em organizações*. Dissertação de mestrado não publicada, Programa de Pós-Graduação em Psicologia da Saúde da Universidade Metodista de São Paulo, SP, Brasil.

Delval, J. (2002). *Introdução à prática do método clínico: descobrindo o pensamento das crianças*. (F. Murad, Trad.). Porto Alegre: Artmed.

Gautheron, M. (1992). *A honra: imagem de si ou dom de si. um ideal equívoco*. Porto Alegre: L&PM.

Gesueli, Z. M. (2006). Língua(gem) e identidade: a surdez em questão. *Educação e sociedade, 27*(94), 277-292.

Gonçalves, R. C. (2006). *O assédio moral no Ceará: naturalização dos atos injustos no trabalho*. Dissertação de mestrado não publicada, Programa de Pós-Graduação em Psicologia da Universidade de Fortaleza, CE, Brasil.

Harkot-de-La-Taille, E. (1999). *Ensaio semiótico sobre a vergonha*. São Paulo: Humanitas publicações FFLCH/USP, 1999.

Harkot-de-La-Taille, E.; & La Taille, Y. de. (2004). A construção ética e moral de si mesmo. In M. T. C. C. de Souza, (Org.). *Os sentidos da construção: o si mesmo e o mundo*. São Paulo: Casa do Psicólogo.

La Taille, Y. de. (1996). Os conceitos de humilhação e honra em crianças de 7 e 12 anos de idade. In Z. Trindade & C. Camino (Org.). *Cognição social e juízo moral* (pp. 137-154). Coletâneas da ANPEPP. Rio de Janeiro: Associação Nacional de Pesquisa e Pós-Graduação em Psicologia (ANPEPP).

La Taille, Y. de. (2002). *Vergonha, a ferida moral*. Petrópolis: Vozes, 2002.

La Taille, Y. de. (2006). *Moral e ética: dimensões intelectuais e afetivas*. São Paulo: Artmed.

La Taille, Y. de. (2009). *Formação ética: do tédio ao respeito de si*. Porto Alegre: Artmed.

Lévy, M.F.; Muxel, A.; Percheron, A. (1992). Quadros de honra. In M. Gautheron (Org.). *A honra: imagem de si ou dom de si – um ideal equívoco*. (C. Cavalcanti, Trad.). Porto Alegre: L&PM.

Machado, J. P. (1952). *Dicionário etimológico da língua portuguesa*. Lisboa: Confluência.

Marques, R. R. (2008). *A experiência do ser surdo: uma descrição fenomenológica*. Tese de doutorado não publicada, Programa de Pós-Graduação em Educação da Universidade Federal de Santa Catarina, Florianópolis, SC, Brasil.

Nascentes, A. (1955). *Dicionário etimológico de língua portuguesa*. Rio de Janeiro: Acadêmica.

Perlin, G. (2003). *Ser e estar sendo surdo: alteridade, diferença e identidade*. Tese de doutorado não publicada, Programa de Pós-Graduação em Educação, Universidade Federal do Rio Grande do Sul, Porto Alegre, RS, Brasil.

Piaget, J. (1994). *O juízo moral na criança*. (2ª ed.). (E. Lenardon, Trad.). São Paulo: Summus. (Trabalho original publicado em 1932).

Piaget, J. (2001). *Inteligencia y Afectividad*. (M. S. Dorin, Trad.). Buenos Aires: Aique. (Trabalho original publicado em 1954).

Pitt-Rivers, J. (1965). Honra e posição social. In J. Peristiany (Org.). *Honra e vergonha: valores das sociedades mediterrânicas*. Lisboa: Fundação Calouste Gulbenkian. (Trabalho original publicado em 1932).

Pitt-Rivers, J. (1992). A doença da honra. In M. Gautheron (Org.). *A honra: imagem de si ou dom de si – um ideal equívoco*. (C. Cavalcanti, Trad.). Porto Alegre: L&PM.

Quadros, R. M. de. (2003). Situando as diferenças implicadas na educação de surdos: inclusão/exclusão. *Ponto de Vista* (5), 81-111.

Soares, L. Q. (2006). *Assédio moral no trabalho e interações socioprofissionais: "Ou você interage do jeito deles ou vai ser humilhado até não aguentar mais"*. Dissertação de mestrado não publicada, Programa de Pós-Graduação em Psicologia, Universidade de Brasília, DF, Brasil.

Souza, J. V. (2007). *Assédio moral: uma abordagem sobre as humilhações sofridas por professores no exercício da docência na educação superior*. Dissertação de mestrado não publicada, Programa de Pós-Graduação em Educação Superior, Centro Universitário do Triângulo, Araguari, MG, Brasil.

Trombetta, T. (2005). *Características do assédio moral a alunos-trabalhadores nos seus locais de trabalho*. Dissertação de mestrado não publicada, Programa de Pós-Graduação em Psicologia, Universidade Federal de Santa Catarina, Florianópolis, SC, Brasil.

Tugendhat, E. (1996). *Lições sobre ética*. (Grupo de doutorandos do curso de pós-graduação em Filosofia da Universidade Federal do Rio Grande do Sul, Trad.). Petrópolis: Vozes.

# A generosidade em contraposição à obediência à autoridade: juízos morais de crianças e adolescentes[1]

Liana Gama do Vale
Heloisa Moulin de Alencar

No panorama das produções científicas da área da moralidade, há uma predominância de estudos sobre a justiça e pouca referência às demais virtudes. Visando a contribuir para a expansão desse campo de conhecimento, temos dedicado parte de nossos estudos à generosidade. Neste trabalho, investigamos, em um contexto psicogenético, que lugar essa virtude ocupa no universo moral de crianças e adolescentes em contraposição à obediência a uma autoridade.

Antes de levá-los ao conhecimento de nossa pesquisa, apresentaremos, brevemente, os estudos de Piaget (1932/1994) e Kohlberg (1992) sobre a gênese do juízo moral, abordando, em linhas gerais, a sensibilidade moral sublinhada por Gilligan (1982) para, então, discorrermos sobre as acepções e peculiaridades da generosidade. Na sequência, mostraremos, a partir de pesquisas dedicadas a essa virtude, a importância de elegê-la como objeto de investigação da psicologia da moralidade.

Ocupemo-nos, inicialmente, de um dos autores que se propuseram a elucidar os processos mentais que presidem o desenvolvimento moral: o epistemólogo suíço Jean Piaget (1932/1994). Embora tenhamos utilizado as contribuições de outros autores da área, esta foi a principal perspectiva teórica adotada em nossa investigação.

Piaget (1932/1994) é considerado o pioneiro nas pesquisas sobre a moralidade infantil na área da Psicologia. Embora o autor não tenha prosseguido seus estudos sobre o tema, sua obra intitulada *O juízo moral na criança*, publicada originalmente em 1932, tornou-se um clássico da literatura psicológica contemporânea e uma referência indispensável para pesquisadores da área da moralidade.

Partindo da ideia de que a moralidade infantil esclarece, de certa forma, a moralidade humana, Piaget (1932/1994) realizou entrevistas clínicas com crianças de cinco a doze anos sobre jogos de regras e dilemas morais que refletiam situações do cotidiano infantil como: dano material, roubo, mentira, punição, entre outras. Nessas entrevistas, as crianças desempenhavam o papel de pequenos juízes, cuja tarefa consistia em tomar uma posição sobre as diversas situações apresentadas. Empregando esse método, Piaget tinha acesso ao juízo moral de cada entrevistado, e não à sua ação ou sentimento. Nas primeiras páginas de sua obra sobre o tema, o autor adverte o leitor a esse respeito, e a mesma ressalva pode ser encontrada em sua discussão sobre o método empregado: ". . . procuremos estudar não o ato, mas simplesmente o julgamento do valor moral. Em outras palavras, analisemos não as decisões da criança nem mesmo as lembranças de suas ações, mas a maneira pela qual ela avalia esta ou aquela conduta" (p. 95).

Os resultados das pesquisas levaram Piaget (1932/1994) a sustentar a tese de que há um desenvolvimento do juízo moral, e que esse desenvolvimento segue um caminho necessário em direção à autonomia, caracterizada pela reciprocidade universal, na qual todo e qualquer ser humano tem lugar, independentemente da posição social que ocupa. Nas palavras do autor: "A autonomia só aparece com a reciprocidade, quando o respeito mútuo é bastante forte para que o indivíduo experimente interiormente a necessidade de tratar os outros como gostaria de ser tratado" (p. 155). Piaget destaca, ainda, que a moral não é meramente interiorizada pela criança, mas é produto de um processo de construção, que passa por fases sucessivas e hierarquizadas, a partir das interações da criança com o meio social e de processos psíquicos individuais de autorregulação (ou auto-organização). O autor distingue, assim, três fases do desenvolvimento do juízo moral: a anomia, a heteronomia e a autonomia.

Antes dos quatro anos em média, as regras derivadas da moral estão associadas a regularidades espontâneas ou hábitos de conduta, e não a valores como o bem e o mal, o certo e o errado. A anomia ". . . corresponde ao estágio do desenvolvimento durante o qual a criança ainda não adentrou o universo moral" (La Taille, 2006b, p. 97). O ingresso nesse universo só ocorre na segunda fase do desenvolvimento: a heteronomia.

A moral heterônoma traduz-se pelo *realismo moral*, que, segundo Piaget (1932/1994), comporta pelo menos três características. A primeira delas consiste em considerar moralmente correto todo ato que revela uma obediência às regras impostas pela figura de autoridade. Aqui, tais regras não são elaboradas nem mesmo compreendidas pela criança, já que esta se limita a segui-las. De tal fato emana a segunda característica: as regras são interpretadas ao pé da letra, e não no seu espírito. E a terceira característica é a importância dada à responsabilidade objetiva do ato, ou seja, a gravidade da ação é considerada moralmente mais relevante que a intenção do autor do delito.

De acordo com Piaget (1932/1994), o realismo moral é produto do pensamento espontâneo infantil e das relações de coação social, cujo protótipo é, geralmente, a relação hierárquica de mandamentos e obediência estabelecida entre a criança e seus pais. Nesse tipo de relação, há um predomínio do respeito unilateral (não recíproco), que é condição necessária, porém não suficiente, para a promoção do desenvolvimento moral na criança.

Piaget (1932/1994) menciona, ainda, que, na heteronomia, o respeito da criança às regras morais decorre da fusão entre os sentimentos de medo e amor. "Ora, é justamente pelo fato de os pais inspirarem, ao mesmo tempo, medo e amor, que eles inspiram respeito" (La Taille, 2006b, p. 109). A pequena maturidade intelectual da criança dessa fase ainda não lhe permite uma real avaliação do valor das regras, logo, a criança respeita as regras porque respeita as pessoas que lhes impuseram essas regras, e respeita tais pessoas porque elas lhes inspiram, simultaneamente, medo e amor. O medo provém da perspectiva de uma possível perda do amor dos pais e das inevitáveis e desagradáveis punições. O medo deriva também do simples fato de a criança pequena se ver fraca diante dos pais, considerados grandes, fortes e poderosos. O amor, por sua vez, consiste no apego e na admiração naturais que a criança tem pelos seus pais ou pelas pessoas significativas para ela. O amor e o medo são, portanto, os dois sentimentos responsáveis pela obediência voluntária heterônoma, que consiste na primeira expressão do dever (La Taille, 2002a). Tal dever, segundo La Taille (2002a), não deixa de ser um primeiro passo em direção ao dever moral propriamente dito, que ocorrerá na terceira e última fase do desenvolvimento moral: a autonomia.

Por volta dos nove anos de idade, se o convívio social permitir relações simétricas de cooperação, a criança começa a apresentar sinais de autonomia. Nas palavras de Piaget (1932/1994):

> Se a criança . . . encontra com os irmãos e irmãs ou com seus amigos de brinquedo uma sociedade que desenvolve sua necessidade de cooperação e de simpatia mútua, criará em si uma moral de um novo tipo, moral da reciprocidade e não da obediência. Essa é a verdadeira moral da intenção e da responsabilidade subjetiva. (p. 113)

Na autonomia, o respeito unilateral por uma figura de autoridade dá lugar ao respeito mútuo, fruto de uma igualdade entre os membros no convívio. Nessa fase, as regras não são apenas incorporadas, mas compreendidas e interpretadas a partir de princípios. A criança torna-se capaz de fazer suas próprias avaliações morais, de participar na elaboração das regras e de verificar se estas trazem benefícios para o grupo em que vive. Um ato moralmente correto passa a ser o que está de acordo com os princípios da reciprocidade e do respeito mútuo, e não mais o que revela uma obediência à ordem imposta pela autoridade. A criança começa a experimentar interiormente a necessidade de tratar o outro como gostaria de ser tratada. E essa moral da reciprocidade é, como diz Piaget (1932/1994), "... a verdadeira moral da intenção e da responsabilidade subjetiva" (p. 113), que predomina paulatinamente sobre a moral da responsabilidade objetiva. Agora, a intenção do autor de um delito tende a ser moralmente mais importante para a criança do que a qualidade ou a quantidade do dano causado.

No que diz respeito ao sentimento presente nessa última fase, Piaget (1932/1994) afirma:

> O elemento quase material do medo, que intervém no respeito unilateral, desaparece então progressivamente em favor do medo totalmente moral de decair aos olhos do indivíduo respeitado: a necessidade de ser respeitado equilibra, por conseguinte, a de respeitar; e a reciprocidade que resulta dessa nova relação basta para aniquilar qualquer elemento de coação. (p. 284)

É importante mencionar, ainda, que Piaget (1932/1994) dedicou parte de seu ensaio sobre a moralidade infantil ao estudo da justiça, a mais racional de todas as noções morais. Aqui, o autor também encontrou uma fase de heteronomia anterior a uma fase de autonomia. Abordaremos aqui os dois aspectos investigados dessa noção: a justiça distributiva, caracterizada pela igualdade; e a justiça retributiva, definida pela proporcionalidade entre o ato e a sanção. A partir dos resultados encontrados em seus estudos, Piaget estabeleceu três grandes períodos no desenvolvimento da justiça na criança.

O primeiro período estende-se até por volta dos sete/oito anos de idade e "é caracterizado pela indiferenciação das noções do justo e do injusto com as noções de dever e de desobediência: é justo o que está de acordo com as ordens impostas pela autoridade adulta" (Piaget, 1932/1994, p. 236). Nesse período, quando a criança é colocada diante de um conflito entre a obediência e a igualdade, sua decisão é sempre a favor da obediência, o que deixa claro a primazia da autoridade sobre a justiça. Todavia, nas situações de justiça distributiva entre crianças que não envolvem conflito com uma figura de autoridade, a igualdade já aparece como uma necessidade. Nessa fase, a sanção constitui uma obrigação moral, e o valor da punição é medido pela sua severidade. Assim, no campo da justiça retributiva, a criança tende a optar pela sanção expiatória, cujo conteúdo não possui relação alguma com a natureza do delito.

O segundo período se inicia em torno dos sete/oito anos aproximadamente e é marcado pelo desenvolvimento progressivo da autonomia e pela primazia da igualdade sobre a autoridade. Aqui, o igualitarismo desenvolve-se e prevalece sobre qualquer outra preocupação. No que diz respeito à justiça retributiva, a criança considera justa apenas a sanção por reciprocidade, isto é, quando há relação entre a natureza da falta e o conteúdo da punição e uma proporcionalidade entre a gravidade daquela e o rigor desta.

O terceiro e último período tem início em torno dos onze/doze anos aproximadamente e é caracterizado pelo sentimento de equidade, que, segundo Piaget (1932/1994), ". . . é apenas um desenvolvimento do igualitarismo no sentido da relatividade: em lugar de procurar a igualdade na identidade, a criança não concebe mais os direitos iguais dos indivíduos, senão relativamente à situação particular de cada um" (p. 237). No campo da justiça distributiva, a criança não mais compreende a lei como igual para todos, mas considera as circunstâncias de cada pessoa. "Longe de levar ao privilégio, tal atitude conduz a tornar a igualdade mais efetiva do que era antes" (Piaget, 1932/1994, p. 238). Em relação à justiça retributiva, a criança passa a considerar as particularidades atenuantes de cada caso e, assim, não mais sugere a aplicação da mesma sanção para qualquer situação.

Embora tenhamos mencionado as idades médias relacionadas a cada fase, vale frisar que não podemos marcar rigidamente a passagem da heteronomia para a autonomia. Piaget (1932/1994) ressalta que esses dois conceitos não nos remetem a estágios propriamente ditos, mas a tendências dominantes por meio das quais a criança pensa a moral. De acordo com o autor, traços de ambas as tendências podem, inclusive, ser encontrados, em determinado momento, na mesma criança. Nesse sentido, não podemos afirmar, por exemplo, que, a partir dos nove anos de idade, uma criança deixa de ser heterônoma e passa a ser plenamente autônoma. Com base nas elaborações piagetianas, podemos dizer apenas que, a partir dessa idade (aproximadamente), se as interações com o meio social forem favoráveis, as concepções infantis a respeito da moral começam a mudar, o que não significa que essa nova forma de pensar a moral substitua inteiramente a anterior.

Assumindo alguns pressupostos básicos de Piaget (1932/1994), o psicólogo norte-americano Lawrence Kohlberg (1992) elaborou um modelo psicogenético de desenvolvimento moral, contribuindo para a consolidação desse campo de conhecimento.

Embora Kohlberg (1992) admita, com Piaget (1932/1994), que o desenvolvimento do juízo moral caminhe da heteronomia para a autonomia, o autor apresenta uma conceituação mais precisa e discriminada sobre o assunto, postulando uma sequência hierárquica e universal de seis estágios, distribuídos em três níveis: pré-convencional, convencional e pós-convencional.

No estágio 1 do nível pré-convencional, a moral é interpretada como obediência à autoridade e orientada para as consequências físicas da ação. No estágio 2, um ato moralmente correto é definido com base na satisfação das necessidades próprias e na manutenção das relações de trocas concretas. Aqui, a reciprocidade e a igualdade já aparecem, mas são ainda interpretadas de modo pragmático.

No nível convencional, encontramos os estágios 3 e 4. No estágio 3, o moralmente certo corresponde a uma adequação às expectativas da família e do grupo em que se vive. Trata-se da moralidade do conformismo a imagens estereotipadas que ganham a aprovação de pessoas próximas. No estágio 4, há uma orientação em direção à autoridade, a regras fixas e à manutenção da estabilidade social. A moral aqui é definida como o cumprimento do dever social, em função da ordem e do bem-estar da sociedade.

O nível pós-convencional, como os anteriores, é dividido em dois outros estágios. O estágio 5 é marcado por uma orientação para o contrato social democrático. Embora haja um reconhecimento da importância das regras para a preservação da ordem social, existe, nesse estágio, uma consciência clara do relativismo de valores e opiniões pessoais. Valores universais, como a vida e a liberdade, são defendidos independentemente da variedade dos juízos alheios, mas admite-se, aqui, a possibilidade de modificação de determinadas leis em função de considerações racionais de utilidade social. Tal modificação é buscada por meio de mecanismos legais e formais de acordo, contrato e imparcialidade objetiva. O sexto e último estágio transcende limites comunitários e sociais e enfatiza os princípios universais de justiça, que garantem a igualdade dos direitos humanos e o respeito à dignidade de cada indivíduo. Nesse estágio, as leis e os contratos sociais são válidos desde que se apoiem em tais princípios.

Se a evolução do juízo moral proposta por Kohlberg (1992), conforme acabamos de ver, segue em direção à legitimação de princípios universais de justiça, podemos afirmar que o autor nomeia essa virtude como o eixo do universo moral, e o desenvolvimento do juízo moral na sua teoria é, portanto, o desenvolvimento da noção de justiça. "Enquanto Piaget elegeu a justiça como objeto de pesquisa, mas sem afirmar que ela é a virtude maior da moral, Kohlberg fechou a questão: a justiça é a virtude moral por excelência, e não apenas uma entre outras" (La Taille, 2006b, p. 24).

Uma das críticas centrais à teoria moral de Kohlberg (1992) pode ser encontrada nos trabalhos da psicóloga norte-americana Carol Gilligan (1982), que questiona o princípio de justiça como única fonte da moralidade. A autora defende a existência de duas orientações morais: a ética do cuidado (*care*), mais presente nos juízos das mulheres; e a ética da justiça, que domina os juízos masculinos. Suas elaborações partem da concepção de que autores consagrados, como Piaget e Kohlberg, menosprezam, de diferentes maneiras, as mulheres, julgando-as inferiores aos homens no que diz respeito à moral. Tal interpretação, segundo a psicóloga, está relacionada a uma tendência a eleger o comportamento masculino como padrão universal da moralidade, e a experiência feminina, como uma espécie de desvio desse padrão. Nas palavras de Gilligan:

> Adotando implicitamente a vida masculina como norma, tentaram vestir a mulher com um traje masculino ... Assim, quando as mulheres não se ajustam aos padrões da expectativa psicológica, as conclusões têm sido, em geral, que alguma coisa está errada com as mulheres (p. 16, 24).

A sensibilidade às necessidades dos outros e a presunção de responsabilidade por cuidar, de acordo com Gilligan (1982), "... infundem a psicologia do desenvolvimento das mulheres e são responsáveis pelo o que é tido em geral por problemático em sua natureza" (p. 27). Ao lado da ética da justiça, que vinha fundamentando a psicologia do desenvolvimento moral, a autora propõe, então, uma ética do cuidado, cujo silêncio das mulheres nas narrativas do desenvolvimento humano não nos permitia perceber.

Gilligan (1982) não associa explicitamente a ética do cuidado à generosidade em seus textos, mas, com La Taille (2002b), acreditamos na validade de tal associação. Ao definir a inclinação moral feminina e exemplificá-la com trechos das entrevistas realizadas, a autora se aproxima, decisivamente, da generosidade, o que nos leva a considerá-la a "... virtude típica da ética do cuidado" (La Taille, 2001, p. 93).

Comte-Sponville (1995/1997) define generosidade como a virtude do dom. Para o autor, ser generoso é oferecer ao outro algo que não lhe pertence, mas que lhe falta. A generosidade, segundo La Taille (2006a), não está relacionada a um direito alheio, pois, quando somos generosos, damos ao outro o que corresponde a uma necessidade singular, e não o que lhe compete de direito. E, se o que fazemos pelo outro quando somos generosos não configura um direito seu, não temos o dever de fazê-lo. O exercício dessa virtude não corresponde a uma exigência social e depende de uma decisão livre do sujeito. Conforme afirma La Taille (2006a), "... ninguém pode, com legitimidade, exigir ser tratado de forma generosa, somente pode desejá-lo" (p. 10). Nesse contexto, as leis, as sanções, as imposições de figuras de autoridade e as obrigações formais são irrelevantes. A justiça, por sua vez, pode sim ser objeto legítimo de reivindicação pessoal, já que é a única virtude que corresponde ao binômio direito/dever: "... se é reconhecido a alguém um direito, os outros têm o dever de respeitá-lo" (La Taille, 2000, p. 114).

Não pretendemos, aqui, desprezar a justiça como noção incontornável da moralidade, mas, com La Taille (2000), defendemos o estudo de outras virtudes, como a generosidade, que não dizem respeito apenas a condutas determinadas por direitos alheios. Um importante argumento utilizado pelo autor em favor de um estudo psicológico da generosidade é a possibilidade desta desempenhar um papel na gênese da moralidade. La Taille et al. (1998), a partir da realização de pesquisas sobre as virtudes morais segundo as crianças, constataram que a generosidade faz parte do universo moral infantil. Os autores verificaram que a maioria das crianças de seis anos já afirma que um personagem que se priva de uma fruta predileta para dá-la ao irmão (generosidade) é moralmente mais admirável do que outro que segue uma regra justa como dividir um pacote de biscoitos destinado a ele e ao irmão.

Os resultados de um outro estudo que realizamos (Vale, 2006; Vale & Alencar, 2008) vão ao encontro da constatação desses autores. Ao apresentarmos um conflito entre a manifestação de generosidade para com o outro e a oportunidade de satisfazer um interesse próprio a crianças de sete anos de idade, 90% delas optam pela generosidade, o que evidencia, mais uma vez, a presença dessa virtude no início do desenvolvimento moral infantil.

Os resultados dessas pesquisas destacam a relevância psicológica da generosidade na gênese da moralidade: "Vale dizer que podemos levantar a hipótese de que, no caminho para a construção do ideal de justiça, a generosidade (e outras virtudes altruístas, que levam em conta o outro na sua especificidade) desempenha um papel" (La Taille, 2000, p. 118).

A essa primeira hipótese, La Taille (2006a) acrescenta uma outra: "... a generosidade não somente é virtude presente no início da gênese da moralidade, como é melhor assimilada e, portanto, integrada à consciência moral, do que a justiça nesta mesma fase do desenvolvimento" (p. 16). Mas vimos anteriormente que, no início da gênese da moralidade, o respeito da criança às regras morais decorre da fusão entre os sentimentos de medo e amor pelas figuras que representam a autoridade, notadamente os pais. Como a criança pequena poderia, então, melhor assimilar a generosidade, se essa virtude, diferentemente da justiça, é tão pouco dependente das imposições do adulto?

Piaget (1932/1994) afirma que a vida moral infantil vai além das relações de coação e da obediência cega à autoridade. Com base nessa afirmativa, La Taille (2006b) menciona, ao lado do amor e do medo, outros sentimentos que comparecem no despertar do senso moral, entendido pelo autor como a fase do desenvolvimento em que se instalam as bases afetivas do dever. Eis os outros sentimentos eleitos por La Taille a partir de suas leituras e pesquisas: confiança, simpatia, indignação e culpa. Dos sentimentos citados, destacamos a simpatia, que, de acordo com o autor, tem íntima relação com a generosidade.

A simpatia, segundo Piaget (1954), é um sentimento baseado em juízos de valor mútuos entre os indivíduos e ocorre mediante um contato perceptual. Em um pequeno trecho de sua obra sobre o juízo moral na criança (1932/1994), o autor chega a mencionar a presença da simpatia na mais tenra infância e a relevância desse sentimento e, consequentemente da generosidade, no desenvolvimento da responsabilidade subjetiva, característica da autonomia. Referindo-se à responsabilidade objetiva, traço marcante da heteronomia, Piaget (1932/1994) ressalta: "É somente por um esforço contínuo de simpatia e de generosidade que resistimos a tal tendência e procuramos compreender as reações de outrem em função da intenção. Que a criança seja capaz, muito cedo, desta 'intropatia', é evidente" (p. 145). Nas últimas páginas do mesmo livro, o autor reafirma a precocidade da simpatia e a sua importância na gênese da moralidade: ". . . o comportamento da criança quanto às pessoas demonstra, desde o princípio, tendências à simpatia e reações afetivas, nas quais é fácil encontrar o estofo de todas as condutas morais ulteriores" (p. 296).

Para o filósofo Adam Smith (1759/1999), a simpatia nos faz experimentar as situações de outras pessoas e dividir com estas os sentimentos que tais circunstâncias tendem a despertar. Tal acepção aproxima-se de uma das definições de simpatia apresentadas no dicionário: faculdade de compenetrar-se das ideias ou sentimentos de outrem (Houaiss & Villar, 2001). A mesma proximidade pode ser encontrada no conceito de empatia apresentado nos trabalhos de Hoffman (1978) e de outros autores. Para Cecconello e Koller (2000), por exemplo, a empatia consiste em compartilhar emoções percebidas do outro, seja positivas seja negativas. Já a simpatia, segundo as autoras, geralmente se refere a sentimentos de tristeza ou lamento e consiste em uma intensa preocupação com o sofrimento alheio.

No que diz respeito à preferência por um conceito ou outro e às nuanças que separam as definições, La Taille (2006a) ressalta que tanto a simpatia quanto a empatia se referem a um "operador emocional", passível de motivar uma pessoa a preocupar-se com outra. Para fins didáticos, em nosso trabalho, utilizaremos apenas a palavra simpatia, entendida aqui como a capacidade humana de comover-se com os estados afetivos alheios.

Definido o sentimento de simpatia no contexto deste estudo, estabeleçamos, fazendo uso das palavras de La Taille (2006a), a sua relação com a virtude generosidade:

> No que tange à relação entre generosidade e simpatia (ou empatia), ela é clara, uma vez que o exercício da referida virtude pressupõe perceber-se a necessidade singular de uma determinada pessoa (ou grupo de pessoas), e contemplá-la por intermédio de um 'dom de si'. Uma pessoa por ventura incapaz de simpatia talvez nem percebesse a necessidade alheia, certamente não se comoveria com ela, e, por conseguinte, não agiria de forma generosa. (p. 12)

Se a generosidade é inspirada pela simpatia, o exercício dessa virtude é produto da sensibilidade da criança mais do que de sua disposição para obedecer à autoridade adulta (La Taille, 2006b). É justamente esse aspecto que leva La Taille (2006a) a apresentar a hipótese de que a generosidade é mais bem assimilada do que a justiça por parte das crianças pequenas. Sabemos que, na fase da heteronomia, as regras de justiça são impostas pelo adulto e, de acordo com Piaget (1932/1994), permanecem exteriores à consciência da criança. Os atos de generosidade inspirados pela simpatia, todavia, são espontâneos e, para La Taille (2006b), favorecem uma compreensão mais autônoma do valor dessa virtude. Segundo o autor, ". . . enquanto a regra imposta dá mais ênfase à obediência do que à pessoa-alvo da ação proibida, a simpatia faz o contrário, dando mais visibilidade a outrem e, por conseguinte, a uma das razões essenciais de ser da moral" (La Taille, 2006b, p. 118).

Para testar sua hipótese, La Taille (2006a) realizou uma pesquisa com crianças de seis a nove anos de idade. O autor solicitou aos participantes que atribuíssem sentimentos a personagens injustos e não generosos. Os resultados mostraram que as crianças de seis anos, em sua grande maioria, atribuem sentimentos positivos ao personagem que comete uma injustiça, já que ele conquistou o que queria com tal ato. As mesmas crianças, no entanto, atribuem sentimentos negativos ao personagem que falta com a generosidade, concebendo o desconforto experimentado por ele. O resultado encontrado nos leva a considerar, portanto, que a generosidade ocupa, sim, um lugar diferenciado no universo moral infantil.

Se a generosidade não só já faz parte do universo moral infantil como ocupa um lugar diferenciado nesse universo, torna-se urgente abrir espaço para a sua expressão e favorecer a sua legitimação. Mas o que fazer para que a criança cultive a generosidade? De quê forma podemos introduzir essa virtude na formação moral do indivíduo? É o último ponto que devemos analisar.

Segundo Piaget (1931/1998), os educadores devem entender que o ensino precisa ser oferecido de acordo com a evolução dos interesses da criança, visto que uma prática educativa só terá alcance se responder a uma necessidade e corresponder a realidades experimentadas e espontaneamente vividas pelo próprio aluno. De acordo com o autor: "Deve-se conduzir a criança do individual para o universal. E o único meio de fazê-lo é 'dirigir a natureza obedecendo-lhe', ou seja, utilizar a psicologia da criança" (pp. 76-77). Piaget (1930/1996) ressalta que ". . . sem uma psicologia precisa das relações das crianças entre si e delas com os adultos, toda discussão sobre os procedimentos de educação moral resulta estéril" (p. 2).

Antes de dedicarmo-nos à elaboração de uma proposta de educação moral que favoreça a construção do valor da generosidade, faz-se necessário, portanto, debruçarmo-nos sobre a singularidade dessa virtude e investigar o seu lugar no universo moral infantil e adolescente. Assim, este estudo teve como objetivo pesquisar, em um contexto psicogenético, o lugar que ocupa o valor da generosidade em contraposição à obediência a uma autoridade, ou seja, averiguar o que alunos de sete a treze anos julgam ser mais importante: a generosidade ou a obediência à autoridade.

## A pesquisa: generosidade versus obediência à autoridade

A fim de alcançarmos o objetivo proposto, realizamos entrevistas individuais com trinta alunos de uma escola pública do município de Vitória, Espírito Santo: dez alunos de sete anos, dez de dez anos e dez de treze anos de idade, igualmente divididos quanto ao sexo.

Utilizamos como instrumento uma história-dilema que exigia uma tomada de decisão, por parte dos participantes, acerca do que deveria fazer um personagem diante de um conflito entre a possibilidade de manifestar a generosidade para com um colega e a obediência a uma autoridade. Eis a história e as perguntas apresentadas aos participantes:

*Bruno e Paulo têm sete anos de idade e estudam na mesma classe. Bruno é um menino inteligente e tem facilidade para aprender as lições da escola. Paulo tem dificuldade para fazer contas. Um dia, a professora precisou deixar a sala de aula por um instante e passou um problema de matemática no quadro para os seus alunos resolverem enquanto ela não voltava. Antes de sair, pediu que todos fizessem a atividade sozinhos, em seus lugares, sem conversar com o colega. Bruno resolveu o exercício rapidamente e, quando olhou para Paulo, percebeu que ele estava quase chorando porque não conseguia encontrar a solução do problema.*

*O que você acha que Bruno deveria fazer? Por quê?*

*(Versão feminina: Bruna e Paula)*

Todas as entrevistas foram gravadas na íntegra e transcritas. Priorizamos a análise qualitativa dos dados e utilizamos, em termos percentuais, uma referência quantitativa, que nos auxiliou na apresentação e discussão dos resultados. Assim, elaboramos categorias para as respostas e justificativas dos participantes. Como nosso objetivo está relacionado a um interesse psicogenético, cruzamos as categorias elaboradas com as idades dos participantes da pesquisa. Conheçamos os resultados encontrados.

Diante do conflito entre a generosidade e a obediência à autoridade, 56,6% dos participantes responderam que o personagem deveria manifestar a virtude, enquanto 43,4% dos entrevistados optaram por obedecer à autoridade. Como pode ser observado no Figura 1, encontramos uma evolução clara das respostas em função da idade: há uma predominância da opção pela obediência à autoridade nas crianças de sete anos e uma diminuição da mesma opção na faixa etária de treze anos. A idade intermediária de nosso estudo, por sua vez, mostrou-se igualmente dividida entre os dois elementos contrapostos. Como podemos interpretar essa variação psicogenética?

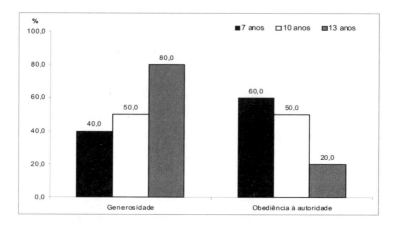

*Figura 1* – Comparação das respostas dos participantes conforme a idade.

Comecemos discutindo os resultados referentes à menor faixa etária de nosso estudo e, para tanto, retomemos alguns pontos já apresentados. Ressaltamos anteriormente que a generosidade é virtude presente no início da gênese da moralidade e está relacionada à simpatia, uma capacidade emocional precoce. Os dados encontrados em um outro estudo que realizamos (Vale, 2006; Vale & Alencar, 2008) comprovam essa afirmação, já que, conforme dissemos anteriormente, 90% das crianças de sete anos apresentaram a generosidade como solução de um dilema que contrapunha essa virtude à satisfação do próprio interesse. Diante desses argumentos, como podemos explicar a diminuição da porcentagem, na presente pesquisa, das respostas que apontam para a generosidade nos participantes mais novos? Por que, aqui, a ação generosa não foi a opção mais comum dos entrevistados de sete anos?

Procuremos responder a essas questões, utilizando os resultados encontrados por Piaget (1932/1994) ao apresentar a crianças de seis a doze anos histórias que contrapunham a justiça à autoridade adulta. Embora a generosidade, inspirada pela simpatia, seja mais bem assimilada do que essa virtude por parte das crianças pequenas, ao colocarmos a ação generosa em conflito com a obediência à autoridade, obtemos dados que vão ao encontro dos resultados achados pelo autor quando contrapôs a justiça ao mesmo elemento em questão.

As pesquisas de Piaget (1932/1994) mostram que há "... uma evolução clara em função da idade: os menores pendem para a autoridade e acham mesmo muito justo o que foi mandado à criança . . ., enquanto os maiores pendem pela igualdade e acham injusta a ordem descrita na história" (p. 210). A proximidade dos dados encontrados pelo autor com os resultados deste estudo torna-se ainda mais clara ao observarmos os tipos de respostas relatados por Piaget (1932/1994). De acordo com o autor, as crianças que apresentam o primeiro tipo de resposta consideram justo o que está de acordo com as ordens impostas pela autoridade adulta. No segundo tipo, as crianças já são capazes de considerar a ordem de uma autoridade como injusta, mas a regra da obediência deve ter primazia sobre a justiça. No terceiro, há a predominância da justiça em relação à obediência, e, no quarto tipo, os participantes consideram a ordem injusta, mas preferem a submissão por complacência à discussão ou à revolta.

Vimos que, para 60% dos participantes mais novos de nosso estudo (Figura 1), a obediência à autoridade tem primazia sobre a generosidade. A maioria dessas respostas corresponde ao segundo tipo destacado por Piaget (1932/1994), ou seja, a maior parte dos entrevistados de sete anos que optou pela obediência reconhece que a ação generosa é boa, porém resguarda-se de que nada poderia ser feito quando essa ação vai de encontro a uma ordem da autoridade: "*Aí fica difícil porque ela deveria ajudar, mas a professora não deixou. Então, ela deveria ficar no lugar dela*" (Ana, 7; 5)[1]. Dos entrevistados de sete anos que optaram pela obediência à autoridade, apenas um não apresentou esse tipo de resposta. Esse dado reforça a ideia de que a generosidade é uma virtude valorizada pela criança pequena. O que os resultados deste estudo apontam, todavia, é que, em conflito com uma ordem imposta pela autoridade, a opção pela ação generosa tende a cair para o segundo plano.

Quando a história apresentada às mesmas crianças não envolve uma autoridade, a generosidade volta a ocupar o primeiro plano, como na situação utilizada no estudo citado anteriormente (Vale, 2006; Vale & Alencar, 2008). Tal fato também foi observado por Piaget (1932/1994) em relação à justiça: "... no campo da justiça entre crianças, a igualdade já constitui uma necessidade, mas à qual o indivíduo só dá livre curso onde nenhum conflito é possível com a autoridade" (p. 237). Essa primazia da obediência à autoridade, presente nas respostas dos participantes de sete anos, pode ser explicada pela moral heterônoma, predominante em crianças dessa faixa de idade. Poderíamos, então, afirmar que as crianças mais novas de nosso estudo que optaram pela generosidade apresentam sinais de autonomia?

Ao analisarmos as respostas de generosidade das crianças de sete anos (40%), verificamos que a maioria sugere que a ação generosa seja realizada burlando-se a autoridade:

*Ele deveria ir lá, escondido da professora, e ajudá-lo rapidinho. Aí, na hora que a professora chegasse, ele já teria terminado os deveres e estaria sentado como todo mundo. Então, ele deveria ajudar a fazer o dever rapidinho porque ele já sabia, aí, ele voltaria e deixaria uma folha escrita com todas as continhas. Aí, ele ficaria olhando a folha e, depois, ele amassaria a folha com todas as continhas que ele passou e jogaria no lixo para a professora não perceber nada. Aí, ela não iria perceber e iria passar outra matéria.* (Leandro, 7; 9)

Diante desse novo dado, não podemos afirmar que tais respostas apontam para uma moral autônoma. De acordo com La Taille (2006b), na autonomia, "... se a regra for considerada ruim, a desobediência pode passar a ser uma ação moralmente legítima..." (pp. 98-99). Ora, não parece ser este o caso de nossos participantes mais novos, já que eles precisam esconder da autoridade que desobedeceram à ordem que lhes foi imposta.

---

[1] Todas as vezes que citarmos a resposta ou a justificativa de um participante, apresentaremos, em seguida, um nome próprio e dois números separados por ponto e vírgula, ambos entre parênteses. O primeiro dado diz respeito ao nome fictício do entrevistado para não comprometermos o seu anonimato. Já os números representam a idade do participante em anos e meses. Assim, "7; 5" indica 7 anos e 5 meses de idade.

Entre os participantes de dez anos que optaram pela ação generosa, apenas um mencionou que esta deveria ser realizada sem que a autoridade soubesse. Notamos, portanto, uma variação psicogenética entre as respostas de generosidade apresentadas: os mais novos preocupam-se em esconder a ação generosa da autoridade, já que essa ação vai de encontro à ordem estabelecida. Essa preocupação parece, no entanto, diminuir com a idade, inexistindo entre os participantes mais velhos de nosso estudo.

Nossos entrevistados de treze anos, conforme apresentamos na Figura 1, mantêm uma porcentagem alta (80%) de respostas que apontam para a generosidade. Tal dado pode ser explicado pela construção de uma moral autônoma, que pode ser observada em crianças a partir dos nove anos, aproximadamente. Como vimos anteriormente, na autonomia, o que é moralmente correto não está, necessariamente, de acordo com as regras impostas pela autoridade.

Vejamos, agora, as razões que os participantes apresentaram para suas respostas. Como podem ser observadas na Tabela 1, as justificativas mencionadas foram distribuídas em seis categorias. Vale destacar que a grande maioria dos participantes apresentou mais de uma justificativa para suas respostas, por isso o número total de justificativas é superior à quantidade de entrevistados.

Tabela 1 – *Distribuição das justificativas dos participantes conforme a idade*

| Justificativa | 7 anos | | 10 anos | | 13 anos | | Geral | |
|---|---|---|---|---|---|---|---|---|
| | Nº | % | Nº | % | Nº | % | Nº | % |
| Condições de quem precisava de ajuda | 3 | 30,0 | 4 | 40,0 | 4 | 40,0 | 11 | 36,7 |
| Reciprocidade | 1 | 10,0 | 1 | 10,0 | 3 | 30,0 | 5 | 16,7 |
| Consequências negativas para quem precisava tomar a decisão | 8 | 80,0 | 3 | 30,0 | 2 | 20,0 | 13 | 43,3 |
| Obediência cega às regras impostas pela autoridade | 3 | 30,0 | 4 | 40,0 | 0 | 0,0 | 7 | 23,3 |
| As regras impostas pela autoridade são passíveis de modificação | 0 | 0,0 | 0 | 0,0 | 4 | 40,0 | 4 | 13,3 |
| Outros | 1 | 10,0 | 5 | 50,0 | 2 | 20,0 | 8 | 26,7 |

A categoria *condições de quem precisava de ajuda* aparece entre as justificativas apresentadas pelos participantes que optaram pela generosidade. As condições mencionadas pelos entrevistados, na maioria das vezes, faziam parte do conteúdo da própria história: *"Porque a Paula estava com dificuldade e estava quase chorando"* (Lorena, 10; 3). Alguns participantes, diante das condições que apresentávamos, ressaltavam as possíveis implicações da falta de generosidade para o personagem que precisava de ajuda: *"Porque o garoto estava com dificuldade nessa matéria e, no final do ano, por exemplo, ele poderia ficar com a nota ruim por causa de uma continha que a professora não deixou os meninos ajudarem"* (Daniel, 13; 9). Ao falarem dessas condições, nossos participantes não demonstram uma capacidade de comoção com o estado em que o outro se encontrava? Não há aí um tipo de sensibilidade para com o sofrimento do outro? Ou melhor: não podemos destacar o sentimento de simpatia nessas justificativas? Parece-nos lícito responder que sim. Considerando que essa categoria prevalece entre as justificativas de respostas de generosidade, nossos resultados demonstram que esse sentimento parece ser forte motivação para juízos que apontam para o exercício dessa virtude.

A *reciprocidade* foi mencionada por 16,7% dos entrevistados para justificar a decisão pela ação generosa: *"Ai, sei lá, porque, se eu fosse o Paulo, eu não iria entender o exercício e estaria quase chorando. Aí, aquela outra pessoa, o meu colega, poderia me ajudar porque eu o havia ajudado no exercício. Aí, eu o ajudava em um exercício, e ele me ajudava em outro"* (Henrique, 10; 8).

De acordo com a distribuição apresentada na Tabela 1, não encontramos uma evolução clara em função da idade nas duas categorias de justificativa mencionadas até aqui. Vejamos agora as categorias que parecem apontar para uma gênese.

A maior parte das justificativas apresentadas (43,3%) encontra-se na categoria *consequências negativas para quem precisava tomar a decisão*. A maioria dos participantes que mencionou essa justificativa optou pela obediência à autoridade e apontou a punição como possível consequência da desobediência: *". . . porque, assim, a menina que estava ajudando seria prejudicada . . . Tipo assim: a professora poderia brigar com ela, levá-la para a coordenação porque ela desobedeceu à professora"* (Maria, 10; 6).

A experiência pessoal, certamente, exerce forte influência na apresentação dessas justificativas, já que as instituições escolares parecem ainda fazer uso de recompensas e punições para que seus alunos cumpram as regras estabelecidas. Vale lembrar, ainda, que o medo do castigo (ir para a coordenação, por exemplo) é característico de uma moral heterônoma, tendência dominante nas crianças de sete anos. Sabemos, também, que, por volta dos nove anos, as concepções infantis a respeito da moral começam a mudar, e a criança pode passar a apresentar características da autonomia. Nossos resultados parecem coincidir com tal fato. Conforme pode ser verificado na Tabela 1, embora essas justificativas tenham sido encontradas em todas as faixas etárias pesquisadas, a referida categoria predomina na idade de sete anos (80%) e diminui nas faixas de idade seguintes, apontando, portanto, para uma possível gênese.

Vale destacar que um participante de sete anos utilizou a possibilidade da punição como justificativa para realizar a ação generosa, burlando a autoridade. Kamii e Kato (2005) citam o cálculo de riscos, o conformismo cego e a revolta como os três possíveis resultados do castigo. Sobre o primeiro deles, as autoras argumentam: "A criança que é punida frequentemente repete o mesmo ato, mas tenta evitar ser pega na próxima vez" (p. 17). Ora, é o que esse participante parece apontar. O medo do castigo não é suficiente para fazê-lo seguir as regras colocadas pela autoridade, mas para fazê-lo realizar o cálculo de riscos, ou seja, transgredir essas regras de forma que a professora não tenha conhecimento do ocorrido.

Outra característica da moral heterônoma fica evidente na categoria *obediência cega às regras impostas pela autoridade*. Nessa categoria, como seu próprio nome indica, incluímos justificativas da opção pela obediência. Como exemplo, citamos a fala de Norma (7; 7): *"Porque a professora falou que não era para ninguém conversar e nem sair do seu lugar e, se a Bruna ajudasse a Paula, ela estaria conversando."* Há aí uma obediência cega, já que não se procura refletir sobre o valor intrínseco das normas impostas, mas segui-las por serem provenientes de uma autoridade. Os participantes que apresentam justificativas dessa categoria demonstram ter compreendido o sentido das regras impostas e suas formas de aplicação, mas não parecem estar intelectualmente convencidos de que tais regras são boas. Encontramos aqui claros exemplos do realismo moral, característico da heteronomia, já que as regras são consideradas como subsistentes em si, independentes da consciência (Piaget, 1932/1994).

Como pode ser observado na Tabela 1, encontramos porcentagens semelhantes dessa categoria nas duas primeiras faixas etárias do estudo e nenhuma justificativa desse tipo na última idade pesquisada. Esta, por sua vez, é única na categoria seguinte da referida tabela, a saber: *as regras impostas pela autoridade são passíveis de modificação*.

Nas justificativas dessa categoria, os participantes, além de compreenderem o sentido e a aplicabilidade das regras, refletem sobre a razão de ser delas. Aqui, há uma busca por princípios que expliquem e legitimem a ordem imposta pela autoridade:

*Por que a professora não queria que ela ajudasse a Paula? Não precisava dar a resposta, era só ajudá-la. Por que a professora não queria? A professora não havia falado nada do porquê ela não queria que ajudasse o outro, entendeu? . . . isso não é motivo. Porque eu acho que, se ela ajudasse a Paula, ela não estaria fazendo nenhuma coisa errada, entendeu? Se ela estivesse fazendo alguma coisa errada, ela precisaria esconder.* (Alice, 13; 10)

Observamos, nesse tipo de justificativa, sinais da autonomia moral, já que os participantes se liberam da obediência rigorosa às regras, consideradas passíveis de modificação: *"Porque ajudar os outros é bem melhor, entendeu? Mesmo estando um pouquinho errado . . . Mas a professora iria entender porque ele estaria fazendo uma coisa certa: ajudar quem não sabe"* (Fábio, 13; 5). Aqui, o que é certo fazer não está mais subordinado à autoridade adulta. Os participantes demonstram, inclusive, uma confiança de que a professora seria conivente com a decisão tomada. Além disso, o medo do castigo, predominante nas justificativas dos entrevistados mais novos, não aparece como consequência da desobediência:

> *Porque, se a professora visse, não iria mandá-la para a coordenação por causa de um negocinho desses. Ela está ajudando a colega dela, não é motivo para mandá-la para a coordenação. Então, ela poderia correr esse risco porque ela não iria para a coordenação. E, se fosse, não estaria certo.* (Tatiana, 13; 7)

Na última categoria da Tabela 1 (*outros*), incluímos as justificativas que não puderam ser introduzidas nas categorias citadas anteriormente nem apareceram com uma frequência suficiente para abrirmos uma nova categoria. É útil saber que a maior parte dessas justificativas foram adicionais, ou seja, correspondiam a uma segunda ou até mesmo terceira razão apresentada pelos participantes para suas respostas. Destaquemos algumas delas.

Dois participantes das duas primeiras faixas etárias do estudo mencionaram as condições de quem precisava tomar a decisão como uma de suas justificativas para a decisão pela generosidade: *"Porque ele terminou o dever rapidinho e tinha facilidade"* (Leandro, 7; 9). A amizade também foi citada como consequência da ação generosa por um participante de dez anos para justificar a sua opção pela generosidade.

Por fim, destacamos, ainda nessa categoria, uma das justificativas apresentadas por Karina (13; 10): *"Porque, se você não ajudar, você vai ser aquela pessoa chata. Se você faz o dever de casa e dá para o colega copiar, você é uma pessoa legal. Se você não der, você é aquela pessoa chata, uma pessoa certinha"*. Notamos, nessa justificativa, uma preocupação da participante com o olhar do outro. O que o outro pensaria a respeito de alguém que optasse pela obediência à autoridade em detrimento da ação generosa para com um colega de classe? Aqui, em lugar de encontrarmos o medo da punição, deparamos com o medo totalmente moral de decair aos olhos do outro, já destacado por Piaget (1932/1994) ao comentar sobre a passagem da heteronomia para a autonomia. Ao optar pela generosidade, essa participante parece apresentar a busca por uma boa imagem de si e, segundo La Taille (2006b), o juízo alheio desempenha um papel essencial na construção dessa imagem por parte da criança. "Ela tende a ser vista como é vista, a assumir as representações de si que acredita corresponder às representações que os outros têm dela..." (La Taille, 2006b, p. 140). Segundo o autor, esse fato é fundamental para o porvir do desenvolvimento moral.

## Considerações finais

De posse dos resultados encontrados, podemos afirmar que a generosidade é valorizada pelas crianças pequenas, mas, quando contraposta à ordem de uma autoridade, a obediência à regra imposta prevalece em suas respostas. O mesmo não acontece com os adolescentes, que tendem a manter a decisão pela generosidade mesmo quando a ação generosa vai de encontro a uma norma estabelecida pelo adulto. Essa diferença pode ser explicada pelas características da heteronomia e da autonomia, evidenciadas nas justificativas apresentadas pelos participantes. A obediência cega às regras da autoridade e o medo do castigo, típicos de uma moral heterônoma, podem ser constatados nas justificativas dos participantes de sete e dez anos. Grande parte dos entrevistados de treze anos, contudo, consideram que as regras impostas pelo adulto são passíveis de modificação, apresentando, assim, sinais de autonomia moral.

Os dados aqui disponíveis contribuem para a expansão do campo de pesquisas sobre a moralidade e podem ser utilizados como linha de base para práticas educacionais que considerem o processo de desenvolvimento infantil e incluam virtudes como a generosidade na formação moral do aluno.

Este trabalho apresenta apenas uma abordagem inicial ao estudo da generosidade. Pretendemos dar continuidade a essas investigações a fim de compreendermos com maior perspicuidade a importância dessa virtude no desenvolvimento moral da criança.

## Referências

Cecconello, A. M., & Koller, S. H. (2000). Competência social e empatia: um estudo sobre resiliência com crianças em situação de pobreza. *Estudos de Psicologia, 5*(1), 71-93.

Comte-Sponville, A. (1997). *Pequeno tratado das grandes virtudes* (E. Brandão, Trad.). São Paulo: Martins Fontes. (Trabalho original publicado em 1995)

Gilligan, C. (1982). *Uma voz diferente* (N. C. Caixeiro, Trad.). Rio de Janeiro: Rosa dos Tempos.

Hoffman, M. (1978). Desenvolvimento moral. In P. H. Mussen (Org.), *Psicologia da criança: socialização* (pp. 1-170). São Paulo: EDUSP.

Houaiss, A., & Villar, M. S. (2001). *Dicionário Houaiss da língua portuguesa*. Rio de Janeiro: Objetiva.

Kamii, C., & Kato, Y. (2005). Bom comportamento não é suficiente. *Pátio Educação Infantil*, Ano III (7), 16-19.

Kohlberg, L. (1992). *Psicologia del desarrollo moral*. Spain: Desclée de Brouwer.

La Taille, Y. (2000). Para um estudo psicológico das virtudes morais. *Educação e Pesquisa, 26*(1), 109-121.

La Taille, Y. (2001). Desenvolvimento moral: a polidez segundo as crianças. *Cadernos de Pesquisa*, 114, 89-119.

La Taille, Y. (2002a). Cognição, afeto e moralidade. In: M. K. Oliveira; D. T. R. Souza, & T. C. Rego (Orgs.). *Psicologia, educação e as temáticas da vida contemporânea* (pp. 135-158). São Paulo: Moderna.

La Taille, Y. (2002b). *Vergonha, a ferida moral*. Petrópolis: Vozes.

La Taille, Y. (2006a). A importância da generosidade no início da gênese da moralidade na criança. *Psicologia: Reflexão e Crítica, 19*(1), 9-17.

La Taille, Y. (2006b). *Moral e ética: dimensões intelectuais e afetivas*. Porto Alegre: Artmed.

La Taille, Y., Micelli, A., Domingues, C., Kravosac, D. B., Jamra, F. A., Fiorini, F. P., Bronstein, M., & Neto, S. O. (1998). *As virtudes morais segundo as crianças* (Relatório Científico FAPESP não publicado/1998), Instituto de Psicologia da Universidade de São Paulo, São Paulo.

Piaget, J. (1954). *Les relations entre l'affectivité et l'intelligence dans le développement mental del'enfant*. Paris: Centre de Documentation Universitaire de la Sorbonne (Paris V).

Piaget, J. (1994). *O juízo moral na criança* (2ª ed.). (E. Lenardon, Trad.). São Paulo: Summus. (Trabalho original publicado em 1932)

Piaget, J. (1996). Os procedimentos da educação moral (M. S. S. Menin, Trad.). In L. de Macedo (Org.), *Cinco estudos de educação moral* (pp. 2-36). São Paulo: Casa do Psicólogo. (Trabalho original publicado em 1930)

Piaget, J. (1998). O espírito de solidariedade e a colaboração internacional. In S. Parrat-Dayan & A. Tryphon (Orgs.), *Sobre a pedagogia* (pp. 59-78). São Paulo: Casa do Psicólogo. (Trabalho original publicado em 1931)

Smith, A. (1999). *Teoria dos sentimentos morais*. (L. Luft, Trad.). São Paulo: Martins Fontes. (Trabalho original publicado em 1759).

Vale, L. G. (2006) *Desenvolvimento moral: a generosidade sob a ótica de crianças e adolescentes*. Dissertação de mestrado não publicada, Universidade Federal do Espírito Santo, Vitória, ES, Brasil.

Vale, L. G., & Alencar, H. M. (2008). Generosidade *versus* interesse próprio: juízos morais de crianças e adolescentes. *Psicologia: Teoria e Pesquisa, 24*(4), 423-431.

# Sobre os autores

**Alice Melo Pessotti** – Psicóloga, mestre e doutoranda em Psicologia pela Universidade Federal do Espírito Santo (*e-mail*: alicemelopessotti@gmail.com).

**Alline Nunes Andrade** – Psicóloga, mestre e doutoranda em Psicologia pela Universidade Federal do Espírito Santo (*e-mail*: lineandrade@gmail.com).

**Antonio Carlos Ortega** – Psicólogo, doutor em Psicologia pela Fundação Getúlio Vargas, Rio de Janeiro. Professor colaborador do Programa de Pós-Graduação em Psicologia da Universidade Federal do Espírito Santo. Membro do Grupo de Trabalho (GT) da Associação Nacional de Pesquisa e Pós-Graduação em Psicologia (ANPEPP) "Os jogos e sua importância para a Psicologia e a Educação" (*e-mail*: acortega@terra.com.br).

**Carolina Akerman** – Quintanista do curso de graduação em Psicologia da Pontifícia Universidade Católica de São Paulo (PUC-SP), e bolsista do Programa Institucional de Bolsas de Iniciação Científica do Conselho de Ensino e Pesquisa (PIBIC-CEPE) da PUC-SP.

**Claudia Broetto Rossetti** – Doutora em Psicologia Escolar e do Desenvolvimento Humano pelo Instituto de Psicologia da Universidade de São Paulo (IPUSP), docente do Departamento de Psicologia Social e do Desenvolvimento e do Programa de Pós-Graduação em Psicologia da Universidade Federal do Espírito Santo. Membro do Grupo de Trabalho (GT) da Associação Nacional de Pesquisa e Pós-Graduação em Psicologia (ANPEPP) "Os jogos e sua importância para a Psicologia e a Educação" (*e-mail*: cbroetto.ufes@gmail.com).

**Claudia Patrocínio Pedroza Canal** – Doutora em Psicologia pela Universidade Federal do Espírito Santo. Professora da Universidade de Vila Velha e das Faculdades Salesianas de Vitória.

**Claudimara Chisté Santos** – Psicóloga, mestre em Psicologia pelo Programa de Pós-Graduação em Psicologia da Universidade Federal do Espírito Santo e doutoranda pelo mesmo programa. Professora da Faculdade Brasileira Univix. Membro do Grupo de Trabalho (GT) da Associação Nacional de Pesquisa e Pós-Graduação em Psicologia (ANPEPP): "Os jogos e sua importância para a Psicologia e a Educação" (*e-mail*: claudimarachiste@uol.com.br).

**Daiana Stursa** – Psicóloga, mestre e doutoranda em Psicologia pela Universidade Federal do Espírito Santo (e-mail: daianastursa@yahoo.com).

**Diego Caldas Oliveira** – Quintanista do Curso de Graduação em Psicologia da Pontifícia Universidade Católica de São Paulo (PUC-SP) e bolsista do Programa Institucional de Bolsas de Iniciação Científica do Conselho de Ensino e Pesquisa (PIBIC-CEPE) da PUC-SP.

**Heloisa Moulin de Alencar** – Psicóloga, doutora em Psicologia pela Universidade de São Paulo (USP). Professora do Departamento de Psicologia Social e do Desenvolvimento, e do Programa de Pós-Graduação em Psicologia da Universidade Federal do Espírito Santo. Membro do Grupo de Trabalho (GT) da Associação Nacional de Pesquisa em Psicologia (ANPEPP) "Psicologia e Moralidade" (*e-mail*: heloisamoulin@gmail.com).

**Liana Gama do Vale** – Psicóloga, mestre e doutoranda em Psicologia pela Universidade de São Paulo (USP) (e-mail: lidovale@hotmail.com).

**Lino de Macedo** – Professor titular do Departamento de Psicologia da Aprendizagem, do Desenvolvimento e da Personalidade do Instituto de Psicologia da Universidade de São Paulo (IPUSP), coordenador do Grupo de Trabalho (GT) da Associação Nacional de Pesquisa e Pós-Graduação em Psicologia (ANPEPP) "Os jogos e sua importância para a Psicologia e a Educação" (*e-mail*: lmacedo@usp.br).

**Maria Thereza Costa Coelho de Souza** – Livre-docente do Departamento de Psicologia da Aprendizagem, do Desenvolvimento e da Personalidade do Instituto de Psicologia da Universidade de São Paulo, coordenadora do Laboratório de Estudos sobre o Desenvolvimento e a Aprendizagem do IPUSP (LEDA-USP), (*e-mail*: mtdesouza@usp.br).

**Marilda Pierro de Oliveira Ribeiro** – Doutora em Psicologia Escolar e do Desenvolvimento Humano pelo Instituto de Psicologia da USP, docente da Faculdade de Psicologia e do curso de especialização em Psicopedagogia da Pontifícia Universidade Católica de São Paulo (PUC-SP) (*e-mail*: marildaribeiro@ajato.com.br).

**Meire Andersan Fiorot** – Psicóloga, doutora em Psicologia pela Universidade Federal do Espírito Santo. Coordenadora e professora do curso de Psicologia da Faculdade Pitágoras, unidade Linhares, Espírito Santo. Membro do Grupo de Trabalho (GT) da Associação Nacional de Pesquisa e Pós-Graduação em Psicologia (ANPEPP) "Os jogos e sua importância para a Psicologia e a Educação" (*e-mail*: meire@pitagoras.com.br).

**Priscila Cerqueira Ferrreira** – Quintanista do curso de graduação em Psicologia da Pontifícia Universidade Católica de São Paulo (PUC–SP) e bolsista do Programa Institucional de Bolsas de Iniciação Científica do Conselho de Ensino e Pesquisa (PIBIC-CEPE) da PUC-SP.

**Sávio Silveira de Queiroz** – Psicólogo, doutor em Psicologia pelo Programa de Pós-Graduação em Psicologia Escolar e do Desenvolvimento Humano do Instituto de Psicologia da Universidade de São Paulo (IPUSP), professor do Departamento de Psicologia Social e do Desenvolvimento e do Programa de Pós-Graduação em Psicologia da Universidade Federal do Espírito Santo (UFES). Membro do Grupo de Trabalho (GT) da Associação Nacional de Pesquisa e Pós-Graduação em Psicologia (ANPEPP) "Os jogos e sua importância para a Psicologia e a Educação". Coordenador da Rede de Estudos e Pesquisas em Epistemologia Genética (REPEG) (*e-mail*: savioqueiroz@terra.com.br).

Impresso por :

gráfica e editora
Tel.:11 2769-9056